农业时代，教育缺乏的是资源和效率。工业时代，人类为了解决资源短缺的问题，选择高效的现代学校教育模式。信息时代是一个信息和学习资源过剩的时代，学习所得到的信息和知识是碎片化和孤立的。翻转课堂的责任和使命，就是在发挥自主学习优势的基础上，帮助学习者将知识碎片进行融会贯通，培养创新型智慧人才。

透视翻转课堂
——互联网时代的智慧教育

王奕标 著

SPM 南方出版传媒
全国优秀出版社　全国百佳图书出版单位　广东教育出版社
·广　州·

图书在版编目（CIP）数据

透视翻转课堂：互联网时代的智慧教育 / 王奕标著.
—广州：广东教育出版社，2016.9（2020.11重印）
ISBN 978-7-5548-1275-4

Ⅰ.①透… Ⅱ.①王… Ⅲ.①课堂教学—教学研究—中小学 Ⅳ.①G632.421

中国版本图书馆CIP数据核字（2016）第190593号

责任编辑：陈晓红　马曼曼
责任技编：黄　康
装帧设计：何　维

TOUSHI FANZHUAN KETANG：HULIANWANG SHIDAI DE ZHIHUIJIAOYU

广东教育出版社出版发行
（广州市环市东路472号12-15楼）
邮政编码：510075
网址：http://www.gjs.cn
北京一鑫印务有限责任公司印刷
（北京市顺义区北务镇政府西200米）
787毫米×1092毫米　16开本　17.5印张　2插页　267 000字
2016年9月第1版　2020年11月第3次印刷
ISBN 978-7-5548-1275-4
定价：45.00元

质量监督电话：020-87613102　邮箱：gjs-quality@nfcb.com.cn
购书咨询电话：020-87615809

信息技术与教育教学融合
创新的一个切入口

　　奕标老师是我厅教育技术中心（电化教育馆）的教研员、中学高级教师。他毕业于华南师范大学教育信息技术学院，曾先后任职省外语师范学校教师和班主任、省中小学教师教育中心教研员和电教工程师，现为教育厅"世行项目"管理办公室综合管理组负责人。他的专著《透视翻转课堂》即将由广东教育出版社出版发行，邀我撰序。坦率地讲，当奕标打来电话时我有些犹豫，一是因为他是我直接分管部门的同事，我还从来没有为同事出书写过序；二是因为我也没有看过书稿，不问书稿内容为序言而序言，单纯挂个名我不乐意。当奕标把书稿给我，我首先被金陵老师的文字吸引了，然后几乎一口气阅读了全书。奕标对教育信息化的深刻认识，对翻转课堂的真知灼见我非常赞同，可以说与我不谋而合，故欣然接受为本书撰序，并郑重向广大读者特别是教育工作者尤其是大中小学学校的老师们推荐，本书值得一读。

　　我了解到，奕标老师多年潜心教育信息化和教师教育研究，指导、主持或参与多个省市级科研课题，在《电化教育研究》等核心期刊发表论文数十篇，是一位勤奋学习、刻苦钻研、学有所成的教育工作者。最近几年，随着微课视频和翻转课堂在我国学校教育的广泛应用，他又根据工作的需要对其进行深入研究，并积极、热心指导中小学的翻转课堂实践。《透视翻转课堂》一书是他近年对翻转课堂与微课设计制作应用进行深入、系统研究的成果总结，如今即将出版面世，可喜可贺。作为省电化教育馆的一名研究人员和教学指导人员，他将研究的兴趣聚焦于翻转课堂的背景、本质、内涵和翻转的基本原理，以及翻转课堂的教学模式、设计和策略，并收集和筛选了一线教师的翻转课堂实践案例和故事，以成功案例引导教师开展翻转课堂实践。这对于中小学教师在教学实践中实施和应用翻转课堂既具有理论指导意义，又具有很强的操作性指引。

长期以来，我们中小学学校的教育教学始终围着"分数""成绩"至上转圈，教师满堂灌，学生被动学，一切为了分数，为了所谓的"成绩"，为了升中学、考大学，而忽视学生能力的培养，尤其是创新能力的培养。教育信息化虽然实施多年，但在教育教学上的深度融合尚未真正体现其应有的内涵与价值。我们说教育信息化将带来教育的深刻变革甚至是革命，那么，"变"在哪儿？"革"谁的"命"？我以为，"变"就变在彻底改变以传授知识为主导，以教师满堂灌、学生被动学的"填鸭式"教育为基本范式，以应试升学为唯一目标的传统教学形态，转为以培养能力为主导，以学生自主学、互动学习、探究学习，教师"导学"为基本范式，以立德树人、素质教育为根本目标的信息化教育教学新模式，并成为常态。一句话，就是"革"应试教育的"命"，使能力培养、个性成长、素质教育真正落地、生根。这也是《透视翻转课堂》一书的精髓。

奕标老师讲述的"翻转课堂"与应试教育的"翻转课堂"划清了界线，再三强调莫以应试思维"翻转"课堂。他认为信息化背景下的"翻转课堂"不是一般意义上的教学流程变革，而应以促进学生的创造性个性化发展为根本，以"智慧教育"为目标和价值追求。观点鲜明，立意新颖，见解独到。我以为，翻转课堂绝对不应该拿来强化"知识灌输"，否则就是作者所批判的"穿新鞋走老路"，我再加补一句，"势必走进死胡同"。翻转课堂必须以激发学生的学习兴趣和主动学习，鼓励学生独立思考，通过互动、合作、探究学习，在全面发展的基础上，促进学生个性化成长，以培养学生创新能力为依归，这是教育信息技术与教育教学深度融合的意义所在，也就教育信息化的根本目的和价值追求。

据我了解，当今一些翻转课堂的研究者和实践者由于对翻转课堂的理念、内涵和原理理解不到位、不准确，而导致许多地区和学校的翻转课堂实验基本上是按照应试教育思维"翻转"课堂。可以说是"电灌""网灌"再加"互联灌"，把应试教育推到了极端。《透视翻转课堂》一书批判了这种"翻转"，它不仅关注如何实施翻转课堂，更关注为何实施翻转课堂；它关注如何允许学生掌管自己的学习，做出选择，并对自己的成败负责，更关注如何最充分地利用学生面对面交流、合作、探究的时间；它关注课堂的改变，从而满足每一个学生的需要，更关注学校教育目标如何适应时代的变化而变化。作者还再现了许多教师实践翻转课堂的经历，分享了他们自己对翻转课堂的思考和行动，展示了原来以教师为中心和外部管理模式转变成为以学生为中心和学生自我管理模式的显著成果。不仅提高了学习成绩，更重要的是培养了学生的批判性思维和创造能力，促进了学生全面发展、个性发展和健康成长。故事动人，案例典型，方法明了，极具操作和复制性。期待《透视翻转课堂》一书的出版，有利于研究者和实践者准确把握翻转课堂实验的本质和方向，促进翻转课堂实践的健康发展。

翻转课堂是信息技术与教育教学融合创新的一个切入口。我期待，翻转课堂的广泛推广应用，能为信息化和全球化视野下的课程课堂改革开辟一条新的路径，为学生全面发展、个性化成长、创新能力培养提供触手可及的支持，为家长、学校、学生之间交流、沟通提供便捷开放的线上线下平台，为学校以及教育部门的管理、监测、评价提供可量化的数据、可视化的图像、可触摸的教育质量。我更期待，走进翻转课堂，我们的每一位教师都能利用丰富的信息化教学资源，点亮学生的学习热情，激发学生的学习兴趣，培养学生的聪明才智，自主学习、互动学习、合作学习、探究学习成为课堂教与学的常态。

祝愿奕标老师工作、学习顺利，在不久的将来，取得更多的教育信息化研究成果奉献给大家。

赵康

广东省教育厅党组成员、巡视员

2016年6月6日

序

3

关于翻转课堂的多维度批判性思考

奕标嘱我为其著作写序，书名《透视翻转课堂》，副标题是"互联网时代的智慧教育"。其时正值"冷思考"热烘烘而起，且有方兴未艾之势之时。

我本无意分身额外的写作。因为，我刚刚启动新作《新体系：微课程教学法》的写作，同时，在为如今刚刚圆满落幕的"翻转课堂本土创新暨微课程教学法教学观摩会"的来自小学、初中、高中的20节翻转课堂的课堂教学做教务与教研上的准备。

但是，奕标的研究精神，多维度思考的批判性思维，勇于直面"冷思考"的勇气，令人感动。他的著作，成为继《翻转课堂理论研究与实践探索》《学习的革命：翻转课堂——聚奎中学的探索与实践》和《翻转课堂与微课程教学法》之后的又一部翻转课堂本土创新的力作，丰富着翻转课堂本土创新学术园地中的成果。

况且，2015年与2016年之交，翻转课堂已经成为信息技术与课程深度融合中最具活力的因素，也是实验者、欣赏者和反对者共同关注的主题。"实践拓展，研究深化，反对声亦来"，就是这一特定时代背景下的真实写照。即便基础教育课程改革倡导者之一的钟启泉教授，也对翻转课堂提出了掷地有声的批评。

翻转课堂的先行者如何直面误解？如何让置身于翻转课堂实验之外的关注者发现翻转课堂的真谛，从而聚集起更多有志于基础教育课程改革的同道，向着理想的教育前行？奕标所著正好要回应这些不可回避的问题。

我没有理由推辞。于是接收电子文稿，先睹为快起来。

读奕标的大作，自然感受到不少新意。

其一，书的体例颇有新意。细观文稿你会发现，每一章的开始，均有"导读"和问题导向的"学习任务单"。作为"自主学习任务单"的始作俑者，我自然会格外倾心，发现作者通过一系列问题，引导读者关注每一章的核心内容，使著作顿时鲜活起来。

部分章节的后面附有"拓展阅读"，有利于帮助读者开拓视野，在比较中形成倾向性的意见，这有利于引导读者带着批判性思维的视角走进著作，在比较中寻找思想的源泉。而这一切，正好折射出作者喜欢批判性思考的个性。

其二，大量收集国内外资料。这反映了作者治学严谨，努力从追溯翻转课堂源头中提炼立论的思路。虽然，我对用"基于信息技术的翻转课堂"去替换它的上位概念——"翻转课堂"并不持赞同态度，而且，我对翻转课堂的理论基础也有着不同的见解，但是，这并不妨碍我对这种提炼观点的方法的赞赏。

我们看到，奕标把翻转课堂分为初级翻转与全面翻转，提出翻转课堂在操作层面上是包括课堂内与课堂外、学生学习与教师服务、线上学习与线下学习、知识与智慧等四个联通在内的"联通教育"，在本质上是以发展学生智慧为目的的智慧课堂，藉此与应试教育划清界限。对此我很欣赏。

奕标显然不赞同那些重走应试教育老路的"翻转课堂"。他说："明确这一点，不仅有助于提高翻转课堂教学的品位和品质，使其不局限于为应试教育服务，也有利于智慧教育的发展。"说明他胸中有着顺应时代发展的教育理想蓝图，有志于推进课程改革，教育工作者值得读一读这本书。

其三，着力于构建基于技术的翻转课堂教学体系。奕标对翻转课堂的理论基础、教学模式、教学设计和视频制作等方面做了认真的探索，尤其出彩的是对翻转视频的研究。

他认为翻转视频要处理好十大关系，提出有用、有效、有趣等三个设计原则和选题设计、内容设计、结构设计等三个设计步骤，独创"三段式教学视频"，并详细介绍手机+白纸拍摄、三脚架拍摄、录屏软件+PPT、手写板+录屏软件、直接使用PPT2013录制等多种视频录制方法，每一种方法都配有示范的照片和说明的文字，十分方便读者自学。

此外，作者对"微课"做了深入的研究。奕标追踪"微课"创始人、广东佛山教育局信息中心胡铁生老师"微课观"进化的足迹，提炼出资源观、过程观、课程观等三个发展阶段，并对"微课"的应用策略做了详尽的探讨，提出通过长度、宽度、粒度、深度、高度等"四度"评价来提升"微课"质量，还对"微课"的特征、优势、互动性，以及实践中发现的问题等做了认真的探讨，并且提供实例，供学习者举一反三。这一切，对于实验中的一线教师来说，都是大有裨益的。

其四，敢于直面热烘烘的"冷思考"。随着翻转课堂实验面的扩大，中美都出现了反对之声，形式很雷同，大致可以归为两类：

一类属于"不实践、不研究、不了解、爱批评"。他们可以不经过研究和调查，就猜测臆想翻转课堂存在多么大的问题。连课程改革领路人之一的钟启泉教授，也受他们影响，尚未深究，就对翻转课堂做出"掷地有声"的批评。

还有一类属于"有挑战，就后退，还批评"的。他们轻言学生没有自主学习习惯，而草率地反对翻转课堂倡导的课前自主学习，好像中国学生不该具有自主学习能力似的。他们没有发现，正是灌输式的教育导致了学生自主学习能力的退化。

这类批评者借口翻转课堂对教师提出更高要求而加以反对，似乎中国教师不应该提高业务素养，只有处于职业倦怠之中，其生存状态才是"正常"的。

这一类批评者还认为，翻转课堂对软硬件环境提出了新的要求，我国有些地区或学校没有这样的条件，不适合搞翻转课堂。且不说翻转课堂的道路是多元的，他们居然能够容忍满足于落后现状而不想改善。

奕标著作细数"冷思考"的不实之处，有助于读者明辨"假冷真热"的实质，这对于在反对声中坚定信念、继续推进翻转课堂实验是非常难能可贵的。

我在拙著《翻转课堂与微课程教学法》中，曾经通过中美翻转课堂的比较分析，提出"翻转课堂的道路是多元的"观点。《透视翻转课堂》的问世，将丰富翻转课堂的实践模式和研究成果，成为翻转课堂百花园中一枝充满活力和魅力的花朵，为一线教师实验翻转课堂提供新的途径。

这一切表明，翻转课堂实践和研究正在健康发展。这难道不是极其令人欣慰的吗？

金陵

微课程教学法创始人、苏州市电化教育馆原馆长

2016年4月5日

重新定义课堂

科技创新推动社会发展和转型，也推动着教育的变革。信息技术作为一种基础性、变革性的技术，改变了人类知识创造与传播的方式，互联网新思维、新技术已经完成了对整个教育生态的渗透，推动着教育理念、教学内容、教学方法、学习方式和管理模式的深刻变革。网络技术教学应用的深入发展催生了一系列新型教育教学模式，如翻转课堂、网络自组织学习、大规模在线开放课程等，它们从不同角度颠覆了以班级授课制为核心的学校教学模式。

信息社会需要具有能够从事创造性劳动的人才，而不是工业社会里从事标准化劳动的工人。全球视野、信息素养、批判性思维、数据建模与分析、复杂问题解决、数字化学习能力等已成为信息社会人才的基本要求，传统的课堂教学已无法满足信息时代创新人才培养的要求。

技术创新为变革传统课堂教学提供了新的可能。网络技术为学校拓宽教育教学时空、改变教学内容呈现方式、革新教学组织方式、转变师生关系提供了新的手段，成为现代学校的基础支持和创新动力。学校教学环境由原来的封闭教室演变为自由开放的教学时空，传统的师授生接的教学方式也逐步深化为多样化的自组织、个性化学习，建构于网络思维之上的翻转课堂、大规模在线开放课程，把学校传统的封闭式标准化课堂教学转变为开放、融合、个性化的教学系统，让所有学生时时可学、处处可学。

翻转课堂作为一种突破传统课堂的新模式，席卷全球基础教育界。它借助网络的连接技术，突破了传统课堂的时空边界，拓宽了课堂时空，变革传统教学流程，重新定义了学校的课堂。翻转课堂的普及与传播，推动了新一轮课堂教学改革实践的热潮。国内外大量中小学开始实践翻转课堂式教学，尝试应用翻转课堂的理念与模式优化传统的教学结构，连接校内与校外教学，融合群体教学与个别化学习，整合学校教育与网络学习。但国内的翻转课堂实践还处于初期的学习模仿甚至是生搬硬套阶段。如何帮助教师适应与实践这样一种新的教学模式，作为翻转课堂的领跑者、呐喊者，王奕标老师梳理与分享了他的思考与实践，以"透过现象，看清翻转课堂的本质和规律"为宗旨，清晰阐述了翻转课堂的本质及变革意义，详细论述了翻转课堂的教学设计与实施模式，为一线教师开展实践提供了大量有益的建议与案例。非常值得教育信息化特别是翻转课堂研究者和一线教师研读。

翻转课堂为新一代学习者的学习提供了更多的选择和自由。尽管目前我们还不敢下结论说，翻转课堂已经变革了传统的学校课堂，但我们已看到了信息时代教育大变革的曙光。翻转课堂的研究者与实践者们，已经站在信息时代学校教育艰难转型的起点上。

柯清超

华南师范大学教授、博师生导师

2016年3月26日

关于翻转课堂本质的透视

　　2013年9月我在聚奎中学开始研究、实践和推动翻转课堂。在研究、实践和推动翻转课堂的过程中，我发现翻转课堂的研究者和先行者的教育理念各有不同，用于支撑翻转课堂的学习理论也不一样，因而他们对翻转课堂的认识不一致，实践表现形态多样化。一线教育工作者在开始接触翻转课堂时，面对各种不同的认识和实践，面对着各种纷繁复杂的声音，难免会感到茫然和无所适从，甚至引向错误的认识和实践。此情此景，我认为非常需要头脑清醒者，透过层层迷雾，抓住翻转课堂的本质规律并对一线教师加以目标和方向的正确引领。

　　王奕标老师在对传统课堂教学模式与时代需求之间的矛盾进行深入分析后，多次在"透视翻转课堂"群和博文中论述这样的观点："传统课堂教学模式存在压制个性和创造的两大'顽疾'，而翻转课堂的神圣使命就是医治这两大'顽疾'。"在《透视翻转课堂》一书中，王老师对这个观点进行了整理和深化，并且将其贯穿其中。我认为，他的这些论述基于当前我们教育面临的客观问题和已有的关于翻转课堂实践事实，把握了当前教育发展方向，给翻转课堂赋予了恰当的科学价值和意义，能够给予一线教师以正确的指导，这也正是本书精华之所在。

　　自2013年以来，我接待了数百个到聚奎中学参与翻转课堂交流的学校代表团，也到全国各地做了近百场关于翻转课堂的培训报告。在交流活动中，王老师提出的这些问题也往往是被问得最多的，说明这些问题是一线教育工作者最关心的。可见王老师的这本书抓住了一线教育工作者的痛点、痒点和兴奋点，这是一本"接地气儿"、既有理论又有实践、既实用又不缺乏深度的关于翻转课堂的好书。

羊自力
重庆市江津中学副校长、聚奎中学原副校长
2016年2月28日

自　序

　　20世纪90年代末我国开始实施教育信息化战略，经过了十几年的努力，教育信息化基础设施和资源建设等方面确实取得了巨大成就，但信息技术在教育领域的应用困难重重，效益低下，导致期望与现实之间存在巨大的落差，极大地影响着教育信息化的进一步发展。突出地表现在如下几个方面：①信息技术在学校教育的应用没有改变教与学的方式；②信息技术的应用没有促进学生的理解；③网络没有带来有效的交互。根本原因在于人们对信息技术与学校教育的关系、信息技术在教育改革中的作用和价值缺乏全面的认识。事实上，信息技术与学校教育的关系不仅表现为信息技术可以用于支持教育教学过程，更重要的是信息技术带来人的社会生活和存在方式的变革，加速了信息社会的到来。人的变化给培养人的学校教育提出新的要求，促进学校教育的改革与创新。因此，信息技术在教育领域的应用要超越技术和教育的视野，从社会文化变迁的角度看待信息技术与学校教育的关系。面对信息化对社会的冲击和挑战，我们需要接受信息社会对教育提出的新要求，对教育系统进行重新思考和设计，重要的是根据新的育人目标，重新思考和决定教育的育人方式，让育人方式符合育人目标的需要。

　　纵观教育技术发展史，人们往往非常关注信息技术在

序

11

教育教学中的应用，却忽视了信息技术在学校教育改革中的深层次影响，技术在教育教学中的应用难以突破原来教育系统的排斥和制约。近百年来，每次新技术的出现，无论电影、电视，还是计算机，都曾给教育工作者带来过无限的希望——希望这些技术能够改善教学环境、增强教学效果，提高教育质量，真正做到让每个人都能享受到高质量的教育。但是，尽管投入了大量的人力物力，技术在教育中应用的深度和广度却极为有限，对教育的影响也微乎其微，从根本上来说，技术在教育领域的巨大潜能尚未被成功地挖掘和发挥。"互联网+"时代的到来，使我们切身感到现代信息技术会对教育带来前所未有的冲击。这一波教育信息化的新浪潮能否从真正意义上达到彻底革除教育的诸多弊端，提高教学质量，将教育提升到一个全新的层面，决定于信息技术在教育教学中的应用与信息技术在学校改革中的应用能否结合起来，决定于育人方式的改革能否与育人目标的改革结合起来。

在农业时代，土地上的主人是社会的主角。社会发展到19世纪的工业时代，机器生产取代了手工劳动，流水线上的工人成了社会的主角。社会进入到20世纪的后工业时代，这个世界属于一群高喊知识就是力量、重视理性分析的特定族群——会写程序的计算机工程师，专搞诉状的律师，和玩弄数字的工商管理硕士。但随着信息时代的到来，世界将属于具有高感性能力的另一族群——能独立思考、有创造力、具同理心、能观察趋势，以及为事物赋予意义的人。而现在的学校教育，还停滞在工业经济时代的批量同质人才培养阶段。学校输出的人才远不能满足社会发展的期待，两者的落差不断加剧了社会对学校教育特别是课堂教学的批判。在学校内部，一线教师和研究者也早已意识到千人一法和以教师为中心的教学压制了学生的个性发展，禁锢了学生的创造潜能。处于内忧外困中的教育工作者们，开展多种课堂教学改革尝试，如进行大规模的课程改革，设计培养自主学习能力和解决问题能力的探究式学习，研究性学习，合作学习，项目式学习和任务式学习等。信息技术手段也不断被引入课堂教学，给学习者提供营造便利的学习环境和适切的学习支架。即便如此课堂教学中不少重要的问题仍未得到解决，如学习者的主动学习状态并未完全迸发，个性化需求未得到满足，学习水平多徘徊在识记和理解的浅层阶段等。此时翻转课堂的出现让不少处于迷茫中的研究者和一线教师为之一振。起源于美国的翻转课堂，是互联网时代的智慧教育。它发挥信息技术与教育教学高度融合的优势，对课堂内外的学习时间和学习空间进行重新规划和利用，不仅借助技术让学生获得随时随地自主学习的学习体验和协作探究的学习经历，而且以促进学生的智慧发展为目标，实现育人标准和育人方式的创新。翻转课堂一经引入，就深深吸引了广大一线教师。各种形式和类型的翻转课堂实验和尝试层出不穷，而且取得意想不到的效果。但在众多的翻转课堂实践中，也出现了许多徒有"翻转形式"，无"翻转实质"的现象。翻转课堂和教育教学改革的深层次问题，如翻转课堂的本质和规律等，还有待进一步深入研究，翻转课堂的潜力有待进一步挖掘。

2013年10月笔者创建"透视翻转课堂"群，开始与各位一线教师一起研究和交流翻转课堂，并以写博客、培训、观课评课等形式指导教师开展翻转教学，帮助解决翻转教学实践问题。在工作过程中，笔者深感需要有一本书既能分享笔者对翻转课堂的思考和理解，又尽可能揭示翻转课堂和教育教学改革的深层次问题，帮助教师们辨析翻转课堂的本质。因此才有了摆在读者面前的《透视翻转课堂》这本小书。

透视是透过事物的表面和纷繁的现象，看清事物的本质。透视翻转课堂的意义，在于透过翻转课堂的表面形式和表面现象，看穿翻转课堂的真面目并引领翻转课堂的发展。那么，翻转课堂的真面目是什么样子的呢？现在是一个翻转的时代，翻转的不仅是教学流程，而是整个教育。因为它改变的不仅是育人的方式，更重要的是对育人目标的重构。翻转课堂的最大潜力，在于学生最自主的学习，课堂最大的时间和空间，师生最有效的互动、协作、探究和创造。未来翻转课堂的核心是培养学生的批判性思维和创造能力，促进学生的智慧发展。全书着眼于信息背景下学校教育的改革与创新，系统论述了开展翻转课堂的基本理论、基本方法、基本过程、基本模式，内容包括翻转课堂的使命与力量、翻转课堂的起源与发展、翻转课堂的本质、翻转课堂的教学模式、翻转课堂的设计、翻转视频的制作、翻转课堂实践中的常见问题、翻转课堂的经典故事，从多个侧面、多个角度对翻转课堂进行多维透视，力求构造一幅立体化、全息化翻转课堂景象。内容体系新颖，理论与实践结合，大量案例来自一线教学实践经验，可供教育信息化实践者、学科教师和教学研究人员参考。因笔者研究水平有限，疏漏、不当之处，恳请各位教育同仁批评指正，不吝赐教。

王奕标

2016年4月3日

序

目 录

第一章
翻转课堂的使命与力量

　　无论是翻转课堂的开创者乔纳森·伯尔曼和亚伦·萨姆斯，还是后来的研究者和实践者，对翻转课堂的观察和思考，大多数都囿于"教学流程的改变"。他们实施翻转课堂，以"让学生在家中或课外观看视频中教师的讲解"为基础，以"把课堂的时间节省出来进行面对面的讨论和作业的辅导"为目标。因此，在他们看来，翻转课堂的使命就是"增加更多的互动交流时间"。但如果对翻转课堂和我国教学制度进行深入的思考，就会发现，这样的认识非常肤浅，不利于发挥翻转课堂的优势和解决我国教育教学的难题。因此，我们需要展开对翻转课堂使命和力量的深入探究。

透视
翻转
课堂

[本章导读]

　　学习和实践翻转课堂，既要脚踏实地，又要登高望远。首先要解决的问题是，翻转课堂要解决哪些教育教学问题，找准努力方向和目标，它要肩负怎样的神圣使命？何以让它肩负如此使命？传统课堂教学模式存在压制个性和创造的两大弊端，虽然经过课程改革和信息技术课堂应用改革的尝试，都未能有所改观。于是乎，解决传统课堂教学两大难题的重任，就落在翻转课堂改革的"肩膀上"，成为翻转课堂改革的神圣使命。而完成这么神圣的使命，需要挖掘翻转课堂模式的六大潜力。

[学习任务单]

　　一、如何重构信息化背景下的学校教育？

　　二、传统课堂教学模式存在哪些问题和弊端？

　　三、翻转课堂的使命是什么？

　　四、翻转课堂比传统课堂具有哪些优势？

第一节 信息时代的学校教育变革

一、信息技术带来的变化和冲击

随着信息技术的广泛应用，它已经引起了社会各个方面，各个领域的深刻变革。叶澜教授在《"全球化、信息化背景下的学校教育改革"课题研究结题总报告》（华东师范大学出版社）中认为，信息化的存在形态至少涉及三个层面：基础性的技术存在；结构性的社会存在和生命性的个体存在。据此，我们可以认为信息时代的信息化特征可以包括如下三个方面：

（一）技术特征。

从技术的角度看，信息化的核心是信息数字化。数字化的信息技术实现了信息存在形态的两个重要的转换。一是把各种异质的实存信息，如声音、形象、文字、实物通过取样、压缩、解压、编码、解码等数字化手段，转换成以比特、电子方式存在的同质存在。故信息技术的诞生也标志着人类的技术开发进入到电子时代。二是把实存形态的信息转换成虚拟形态的信息，创造了虚拟空间。正是数字化技术和虚拟空间的构造，使实存形态的信息有了迅捷、超越时空传递和加工处理的可能，人类的创造有了巨大的新空间和极具开发性的新工具。

由于信息化的技术性存在，使得传统技术得到数字化、网络化、智能化升级。

（二）社会特征。

信息技术在社会的广泛应用已经带来了社会的结构性变化，使信息化具有了社会的结构性存在，其主要表现为：第一，信息产业代替传统工业产业，成为社会的支柱产业。第二，知识成为社会经济和社会发展的重要动力。第三，信息技术给企业生产或工作过程的内结构带来深刻的形态变化。第四，社会环境的信息技术化，使人的生存环境中增加了虚拟社会。第五，信息的高速流动、变化和互联网的普及，加速了全球化的进程和扩大了全球化的范围。

信息化的社会性存在，最明显的特征是社会变化加剧，未来社会的变化和不确定性带来美好的机遇，也带来严峻的挑战。

（三）个体特征。

任何一种技术发明若能演化为时代性的技术标志和浸透到社会生活各方面，就必然会对人自身的生存与发展产生深刻影响，信息技术也不例外。生活在信息时代的个人的生命实践，与前信息时代中成长的个体有着很大不同，呈现出信息时代的个体生命特征，主要包括：

1. 个人时空意识的变化。

2. 个人生存环境和生存方式的变化。

3. 个人语言与思维方式的变化。

信息化的个体性存在，使得人与技术的结合度加剧，人对技术工具的依赖程度不断加强，技术工具成为人不可分割的一个部分，甚至技术性成为人的一个属性。

二、信息技术与学校教育关系的重构

信息技术在人类社会生活中的广泛应用，使社会存在和生命个体都具备了信息化特征。但在日常生活乃至学校中，人们更多的是在技术操作和硬件设施的层面上来认识、体验信息化，对信息化给人类生活已经带来的广泛影响，以及更为潜在和深度的影响缺乏普遍的思考和关注。因而我们需要在全面和深入地认识"信息化"的形态、实质及其与人类社会、具体个人的关系的基础上，重新认识信息技术对学校教育的影响，重新认识信息技术与学校教育的关系。

信息技术对学校教育的影响包括直接影响和间接影响。所谓直接影响是指信息技术直接参与教学和学习过程，作为教学和学习的信息传播工具，带来教学和学习方式以及师生关系的变化。间接影响则是指信息技术不直接参与教与学的过程，而是通过对社会生活其他方面的影响从而对教育产生影响，如影响教育内容和教育目标等。

信息技术的数字化、网络化、物联化以及大数据技术的迅速发展，使信息技术进入教育教学领域有了可能和技术保障。信息技术对学校教育的直接影响是显而易见的，因而容易受到关注和重视。因而进入教育研究者和实践者视野的，主要是教的工具、学的工具和评的工具，所追求的，主要也是教的方式、学的方式和评的方式的变化。总而言之，一切都是围绕"如何教"的问题而展开，而不是"教什么"和"为什么教"。

信息技术对学校教育的间接影响，隐而重要。它决定了教育的本质、目标和内容。人的技术性变化，延伸了人的功能。它既增加了人选择的自由，又制约了人的功能和作用的发挥。大机器解放了人的体力劳动；机器人解放了人的脑力劳动。如数据信息的处理，甚至大部分的智能工作。留下来给人类来干的，已经越来越少，最后给人类留下的，就只有那些"创造性"的工作了。

技术进步是人类文明发展的根本动力。尽管人类的历史写的是帝王将相史或战争史，但人类文明发展的历史实际上是一部科学和技术发展史。真正对人类文明进步起根本作用的是技术发展。技术发展到一个新阶段，人类文明就会上一个新的台阶。每一次技术的重大发明，都会对人类文明产生重大的改变，同时也给教育带来巨大的影响，不仅使教育手段和教育方法更加先进，更重要的是，创新教学内容和育人目标使其适应技术发展、社会发展和生命发展的需要。

随着互联网时代的到来，互联网对人类的影响将不断提升。从信息互联、到消费互联、生产互联，再到智慧互联，最后到生命互联，关系更加密切，甚至网络与人互为一体。网络和机器越往前发展，智能程度越高，社会发展变化就越快，在给人类带更多便捷的同时，也给未来带来更多的不确定性。不确定性就像挥之不去的梦魇一样，会永远跟随你，你要用一种定期的方法、切割的方法，想跟不确定性一刀两断是做不到的，互联网又把不确定性像招魂术那样，让它重新回来。教育者需要思考：学校教育如何面对未来的不确定性和复杂性？

学校适应未来变化的最好方式就帮助学生适应未来。现在培养的是二三十年后的人才，应该培养孩子带得走的能力，包括思考和判断的能力、合作互助的能力、创新和创造的能力等。

三、信息化背景下学校教育的重塑

现代的学校模式是在英国工业革命时期开始发展的，学校的最初使命是向工人阶层教授工作所需要的技能，向精英阶层传授管理政府、企业和军队的能力。在这种模式中，教师站在讲台前授课，学生们被动地做笔记、应付考试，学校则根据考试成绩给学生打分。从25年前开始，电脑对学校的影响日增，但电脑只是起着辅助教学的作用，并未对现有的教学模式产生冲击——教师们不再需要拿着粉笔在黑板上写板书，取而代之的是在电脑上展示影像。这种做法加快了课程的进度，但却没有改变教学的基本模式。如今已是21世纪，在工业时代应运而生的学校模式显然无法适应现在的需求。无论是在中国还是在世界范围内，学校都面临着革新。在信息化背景下，技术、社会结构以及它们与人的关系都发生了前所没有的变化。信息化对学校教育的影响是双重的，而不局限于作为一种教学工具和学习工具所带来的影响。因此，时代呼唤学校教育改革是整体的、全局的。我们需要重塑学校教育。我们不能死盯着信息技术在教学领域的应用而局限于在教育教学工具手段和方式方法上进行修修补补，而是要在学校教育的顶层设计上进行创新和重构。以信息技术的发展变化、未来社会的不确定性为参照系对整体目标进行全面的刷新和重置，重组教学内容，并以新目标新内容为导向，设计和创新教学环境和方式方法，创建全新的学校教育生态系统。以培养学生的创新思维和创造能力破解和适应未来社会发展的不确定性，以多样性和个性化定制的方式为创新性智慧人才培养提供支持。

第二节　传统课堂教学模式的弊端

随着信息技术特别是互联网技术的发展与应用，人类早已进入信息社会，但学校教育仍然沿用工业时代标准化、灌输式的教育教学模式，学校是个教学工厂，课堂是一条条生产标准化"人才"的流水线。这一教学模式，在教学组织上沿用了四百多年前由夸美纽斯发明的班级授课制——教学效率高，却忽视个体差异。在人才培养目标和教学内容设计上继承普鲁士（Preussen）教育模式——强调知识和技能的学习，培养服从的公民，反对独立思考和批判性思维。因此，这一教学模式，明显具有两大"顽疾"。

一、扼杀学生的创造性

创造性是人类最可贵的一种品质，是主体的独立自主性、自由能动性发展的最高表现；对于个体而言，创造性是一个人成才的重要条件，托尔斯泰曾说："如果学生在学校里学习的结果，是使自己什么也不会创造，那他的一生将永远是模仿和抄袭。"创造是人类的本能。无论是天才还是普通人，天生都具有创造的潜力和冲动。这个潜能可能会在特定的条件下被激发出来，也有可能因得不到激发而处于隐藏状态，甚至在一些不利的条件下被严重压制和抹杀。

创造力潜能的发挥，必然会受诸多因素的影响，这些因素可以是内在的，也可以是外在的，其中教育是影响创造力潜能发挥的最重要因素之一。传统教学模式以其不平等的师生关系和单一的教学方式，严重扼制学生的创造力发展。

（一）传统教学刻板、单一的教学方式是扼制学生创造力发展的"罪魁祸首"。

在传统的课堂教学中，教师的教与学生的学常常是通过以下三种教学模式来开展的：

第一种模式：教师讲、学生听。

第二种模式：教师问、学生答。

第三种模式：教师演、学生看。

无论哪一种模式，都是具有"满堂灌"的属性，其根本目的是服从于学科教学的需要，系统、完整地传授知识。它们都是采用单向的信息传递方式，教师是教学信息的主动发出者，学生是被动的接受者，师生之间很少有主动的信息的双向交流。第一种模式最常见，大多数教师的教学大都采用这种模式。因此，通常被称为最正统的"满堂灌模式"。在这种课堂上，教师的讲解占用了课堂的绝大部分时间，在教师讲授的基础上，留出一点时间，进行课堂练习，以便让学生巩固教师当堂所传授的知识。第二种模式看似不是"满堂灌"，其实是"满堂灌模式"的一种变式。改革开放以来，随着国外先进教育理论的引进，人们开始反思我国的教育，反对"满堂灌"，提倡启发式教学。但许多教师对什么是启发式教学并不清楚，误以为多提问，多让学生回答问题，就是启发式教学。这样，教师的教学由"满堂灌"变成了"满堂问"。其实本质没有变化。第三种模式包括两种情况，一是教师在讲台上演示实验，学生在下面观察。在这种情况下，学生缺乏亲自动手的机会。第二种情况是教师在教例题时，教师一边讲解例题，一边在黑板上板演；而后，由学生照教师演算例题的样子，学生做练习。这两种情况也属于"满堂灌"。

在这种"满堂灌"式的教学中，教师只把学生当作接受知识的容器，由于受教学活动计划性、预设性的影响，学生和教师的活动总是受教案的束缚，教师不敢越出教案半步。教师的教和学生的学在课堂上最理想的进程是完成教案，而不愿节外生枝。教师总是希望学生能够按照自己课前设计好的教学方案去展开教学活动，每当学生的思路与教案不吻合时，教师往往会千方百计地把学生的思路"拽"回来。教师期望的是学生按教案设想作出回答，努力引导学生得出预定答案。整个教学过程就像上紧了发条的钟表一样，什么时间讲授，什么时间提问，给学生多少时间回答问题等都设计得丝丝入扣。于是，我们常常见到这样的景象："死的"教案成了"看不见的手"，支配、牵动着"活的"老师与学生，让他们围着它转；课堂成了"教案剧"演出的"舞台"，教师是主角，学生是配角，大多数学生只是不起眼的"群众演员"，很多情况下只是"观众"与"听众"。在整个教学过程中看不到教师的随机应变，看不到对学生思维出现阻碍时的点拨，学生完全处于一种被动的学习状态。

这种"满堂灌模式"的弊端显而易见。首先，在传统的教学模式下，学生是通过教师的传授被动地接受知识，学生学习的过程就是不断积累知识的过程，而这种被动接受知识的方式，致使大多数学生逐渐养成一种不爱问、不想问"为什么"，也不知道要问"为什么"的麻木习惯，从而形成一种盲目崇拜书本和教师的思想。这种学习方法不仅束缚了学生的思维发展，也使学生学习的主动性渐渐丧失，甚至被迫学习，根本体会不到学习的快乐。其次，学生的学习方式基本上是预习——听讲——练习——复习，这种被动接受、死记硬背，机械训练的学法，让学生成为书的奴隶，不仅缺少想象能力和创新精神，也难以升华所学知识，个性得不到张扬，以致我们培养了大批中学生奥林匹克竞赛的获奖者，却没有诺贝尔获奖者。再次，在现行考试制度下，只重视学习成绩，忽视学生其他方面的发展。有的学生甚至只把自己的视野局限于学校和教科书。许多教师只青睐分数较高、名次靠前的"学习尖子"，而对在音乐、美术、体育方面有爱好和特长但学习成绩较差的学生不理不睬，甚至将其斥之为"旁门左道"，这就造成这一部分学生的学习兴趣和好奇心受到抑制，难以产生创造的欲望。最后，进行创新教育时必须给学生留出足够的时间让学生思考、质疑，解放学生的时间。然而，在传统教育中，课堂是满堂灌，学生要接受大量的知识，学生只有接受知识的时间，没有思考的余地，没有思考便没有想象，便没有质疑、超越、创造。同时过多的严谨推证吓倒了学生质疑的勇气，也限制了学生创新的意识。

（二）传统教学中"以教师为中心"的师生关系，也是扼杀学生创造性的"祸首"之一。

要发展学生的创新能力，我们必须重新认识学生的主体地位，学生不仅是"受教育的主体"，更是"积极和创造性"的主体。所有儿童都有创造的本能，儿童的好奇心等倾向在婴儿时期就有自发的表现，婴儿的"探究反射本身也在某种意义上体现着个体的求知欲望和创新意识"。教师不仅要使儿童学习知识，更要使儿童自己的观点、想法和能力得到尊重。教师应该尊重学生的思路，珍惜学生思维中的合理因素，满腔热情地保护学生创造性的幼芽在课堂上，给学生充分的自由，鼓励学生发问、怀疑。托兰斯指出，创新精神的培养和创造力的开发必须在自由而安全的气氛中才能进行。所谓"自由"，就是尽量减少对儿童的思维和行为的无谓限制，给其表现的机会；所谓"安全"就是不对儿童的独特想法进行批评或挑剔，使其消除对批评的顾虑，获得创新的安全感，敢于表达自己的见解。然而，几千年来，我国的师生关系一直维持在"师道尊严""唯师独尊"的局面上。即使在我国教育界提出"学生是教育的主体"后，学生仍然只是受教育的主体，这种师生关系也没发生革命性的变化，学生的主体性地位也未得到充分的尊重，教师始终以权威的角色出现在学生面前，对学生尽"教化"与"施与"的责任；学生只能当被动接受知识的主体，对教师的言论只能"唯命是从"，没有商量的余地。学生的探索意识和好奇心就是在这种窒息的气氛中慢慢地衰退和磨灭的。

要培养创新人才，教师应该杜绝专断，把学生看成是平等意义上的"人"。师生之间是一种平等、民主、信任、双向的关系。教师的作用应该定位于"领路人"、领导者，而不是专制者、权威者。学生作为学习的主体，在与教师的合作中可充分表达自己的观点并获得创造的成功与喜悦感，体验创造的价值与魅力，发展独立自主的人格和创新意识。教师杜绝专断还表现在师生遇事多沟通、多协商，教师理解学生的需要，乐于与学生协商问题，尤其对那些不循规蹈矩甚至行为怪异的学生不嘲讽、不厌烦、耐心解答。然而，在传统教育中，教师往往以权威的角色出现，对学生横加约束，这也不准，那也不准；课堂上是"一言堂"，教师是标准答案的代言人和真理的化身。同时教师又向学生灌输课本上的定理、定律就是千古不变的真理的思想，使学生不敢越雷池一步，逐步形成了唯书、唯上、唯古、唯师的倾向。历史的经验告诉我们，太多的条条框框，唯书、唯上、唯古、唯师的倾向都会限制学生的思想，束缚学生的想象力。任何一种绝对权威或个人专断下的学术气氛或教育环境都可能造成创新意识的摧残，都会阻碍创新人才的成长。

传统教学重视知识的传授和灌输，忽视对好奇心、想象力和批判性思维能力的培养，从而扼杀人的创造力。因此有了钱学森之问："为什么我们的学校总是培养不出杰出人才？"伴随着知识经济社会发展，对有独立思考和创新能力的人才需求迅猛增加，而同时代的学校教育，还停滞在工业经济时代的批量同质人才培养阶段。毕业生远不能满足社会发展的期待，两者的落差不断加剧社会对学校教育特别是课堂教学的批判。在学校内部，一线教师和研究者也早已意识到千人一法和以教师为中心的教学很多时候，不但没有促进学生的多元智力，甚至某种程度上禁锢了他们发展和创造的潜力。

二、阻碍学生的个性发展

个性，即一个人区别于他人的独特性。具有个性的人是积极改造世界、创造世界，并又创造自己的人，缺乏个性的人是服从环境支配，模仿他人并使自己变成他人的人，也使自己的个性消溶于共性之中的人。历史已经证明，富于个性的时代是创造的时代，富有个性的人是创造的人。

个性教育已经成为当今世界各国教育改革的一个重要趋势。个性教育的实质是尊重学生的差异性、多样性，通过多样化的教育培养多样化的人才。它是对"标准化"教育的辩证否定，是当代和未来教育的主要特点之一。它强调尊重人的个性、培养人的个性潜能优势、弘扬个人独特的社会主体性等，以促进人的个性发展为目标。

在创新教育中最重要的就是创新精神中的个性品质独立性的培养，创新必须独立思考、独立钻研、独立探索。"人云亦云"是不可能创新的。教育中必须尊重学习者在认知、兴趣、能力以及气质、性格方面的差异，必须承认这种差异，给学习者创造机会，给他们权利，让他们选择自己擅长的方向发展，去不断超越、突破和创新。因此，个性品质是创新与创造的基础，没有个性，也就没有创新与创造，个性教育也就是创新教育的条件，没有个性教育，创新教育也就不存在。社会学家高夫在研究人的个性与创造性之间关系的时候发现，个性化品质与个人的创造力成正相关的关系。

黄沙如海，找不到绝对相似的两颗沙粒；绿叶如云，寻不见完全雷同的一双叶片。那么，在我们的身边，既找不到两个完全相似的学生，也很难找到能适合任何学生的一种教学方法。素质教育的目标是面向全体学生，让所有学生的个性、潜力得到最大程度的发展。由于每个学生的学习能力都会存在个体差异，我们要及时了解并尊重学生的个性，教学中要尊重学生在解决问题过程所表现出的不同水平和个性特征。问题情境的设计，教学过程的导入、展开，练习的设计等要尽可能地考虑每个学生的个性和需要，让所有学生都能主动参与，提出各自解决问题的策略，并引导学生在与他人的交流中选择合适的策略，提高思维水平。另外，在教育目标的设计上，要充分考虑学生可能在发展水平和发展方向上的差异性，体现发展目标的多元性。正视学生的个体差异，尊重学生的个体差异，从学生的实际情况出发，确定正确的期望值和培养方向，寻找适合学生的教学方法，因材施教，发挥每一个学生的潜能。哈佛大学是美国高等教育的成功典范，培养出了一大批远见卓识、创新开拓的人才，其成功的经验是：哈佛认为问题的答案不是唯一的，总存在很多悬而未决的问题。应该重视培养学生适应形势变化，寻找更好的方法，而不重视结果。

遗憾的是，长期以来，我国中小学教育一直采用统一的课程标准、统一的教材内容、统一的评价标准和统一的管理模式。同一样的营养结构，也就只能喂养出同一样的人。在这种统一性评价模式和培养模式下，要求思维严谨、要求答案标准，强调解题规范，虽然严谨、标准、规范在解题方面具有一定的积极作用，但却紧紧束缚了学生的思维，不能发展学生的想象力，不能使学生发表个人的独到见解，只能阻碍学生的个性发展和创造力发展。《人民日报》刊载过一则故事：一位大学教师，在黑板上点了一个粉笔点，问大学生："这是什么？"一个学生回答："是粉笔点。"再问："还是什么？"便没有人回答了。一个原因是大学生们认为第一个学生的回答是"标准答案"，另一个原因是从众心理决定他们如果说是其他东西而可能遭到嘲笑。把这个小实验拿到幼儿园，则是另一番景象，孩子的回答格外丰富多彩："是雪花""是爆米花""是天上的星星""是猫的眼睛"……这个问题值得我们深思。我们不得不承认学生的思维都被过于严谨、标准的答案束缚了。

事实上，那种统一规范、整齐划一的场面下的孩子，在整日承受着巨大的压力，他们生活在一种神圣与威严中，生活在一种压抑与束缚中。在应试教育体制下，对教学的评价往往注重的是结果，评价的手段是单一的考试，评价依据是考试分数。高考怎么考，教师就怎么教，学生就怎么学。这样的教育，完全忽视了学生的个性化差异和多样性发展，更别说在课程、教学、评价以至于管理等方面给每个学生提供一个多元化的发展空间。

虽然在教育史上孔子提出了"因材施教"的主张，但这一主张始终停留在方法论的意义上，而未能上升到价值论的高度。虽然孔子教育的起点可能是尊重差异性、遵循教育规律的，但作为为统治阶级培养人才的教育，在教育的终点上，孔子是绝不可能是多元化的。从本质上说，正是为了消除个性的差异，才把它纳入封建教育的统一模式之中。更何况像孔子那样注意到因材施教的教师在传统教育中不是绝无仅有，恐怕也是凤毛麟角。儒家教育所关注的道德、政治的功利要求，最终压倒了受教育者的个体人格。

所谓"熟读唐诗三百首，不会作诗也会吟"。可叹的是，一旦学生精通了这种"学问"，他们还有多少创造精神呢？传统教育中注经读经活动，脱离实际，确实造成了死读书，读死书，读书死的严重流弊。而现代教育培养了一批皓首穷经的学者，但不知道什么是创造，只在"砸开坚壳，剥取知识"，造成一种"愚钝式"的勤勉，埋头书本，一点一滴地收集现成的结论，靠别人的思想度日，结果成了十足的书呆子，这种书呆子的独立人格丧失，更谈不上具有创造精神的个性。

　　人类社会进入知识经济时代，权威和功名似乎在逐渐消解，但事实上权威化、功名化的价值取向在今天实际教育中仍然影响深刻。顺从和听话成了好学生的标志。因为许多人把能否培养"官""名人"和"尖子人才"作为判断教育价值的基本尺度。我国当前教育产生了许多矛盾与扭曲、异化现象，如基础教育变成了应试升学教育，高等教育演变为"证书教育""唯学历教育"，学生学习不是为了探究知识、提升素质，而是个人的急功近利；教育培养的是考生而不是学生，考生是以记问为目的寻找已知世界的现成答案；神圣的高等学府"学术腐败"屡见不鲜等，就是深受了权威化、功名化价值取向的影响。

　　从更深层的层面看，是重群体轻个人的教育观在很大程度上抑制了人的个性全面发展。中国传统观念要求人们保持人与自然、人与人的和谐统一。孔子说："礼之用，和为贵"，孟子讲："天时不如地利，地利不如人和"，而重群体精神乃其中表现。孔子"仁者爱人"的价值导向，并不是个体独立人格的确立，而是一种人们应该具有对别人、对社会的责任，旨在维护社会的和谐稳定。所以，"仁者爱人"的实践趋向便是"夫仁者，己欲立而立人，己欲达而达人"；以及"己所不欲，勿施于人"。此所谓"己"与"人"就是自己与他人，包括群体人。因此，孔子的爱人并不是尊重个体人格的独立，而是体现了一体爱人的精神。宋明理学家发挥孔子的"仁者爱人"的精神，提出了"兼爱"的思想精神，这种兼爱之仁，认为自己应该对他人、群体、社会负有责任和义务，个人不能超越，有其积极的社会意义。这种观念在教育上表现为两面性：一则传统教育培养的人讲"气节"，讲利他，有所谓"先天下之忧而忧，后天下之乐而乐"的高度社会责任感的铮铮誓言；另则形成了尊群体、鄙个人的教育传统。个体人的意识淡薄，个体的意志难以体现。这种重群体轻个人的观念，严重扼杀了人的创造才能和个性发展。综上所述，克服中国传统教育对个性发展的负面影响，推进教育个性化，弘扬人的个性，培育人的创造精神，迫在眉睫！

下面这张漫画非常形象地描述了传统课堂教学是如何忽视个体差异的：天上飞的、水里游的、地上跑的，动物世界的各种各样的成员都被要求参加同一个训练和考核项目，结果正如我们的传统课堂教学，大量学生的理解和接受知识因跟不上老师的节奏而遭受挫折，变成学习困难生，有的甚至放弃学习。

标准化、流水线式教学图

下面这张漫画则说明了传统课堂标准化教学的结果：原本走进学校的，都是千差万别、个性十足、充满活力的孩子。十几年后学生从学校出来的，却是千篇一律、同质化严重、缺乏活力的"产品"。

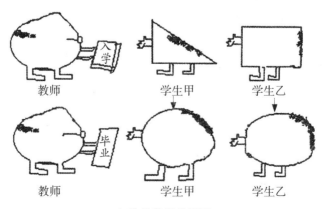

标准化教学结果图

如安徽省六安市毛坦厂中学每年制造和输出一万多名大学生，被封为"亚洲最大的高考工厂"。近些年6月5日送考这天，一百多辆大客车，万人送行的壮观场面吸引了来自全国各地媒体的关注。像以上毛坦厂中学的还有河北衡水中学。从衡水中学的作息时间表我们不难看出它被人们称为高考工厂是名副其实的，自早上5点半到晚上10点半学生都是处于高度紧张学习的状态之下，为了让学生节约时间甚至规定学生的吃饭时间，致使学生不得不跑步去食堂吃饭。过于严格的军事化管理与高强度的学习压力与环境只能是制造出更多缺乏创造能力和个性的高考学习机器。

处于内忧外困中的学者们，为了医治学校教育的两大"顽疾"，开展多种课程与教学改革尝试，试图以技术改革课堂。如提出以学习者为中心说，敦促教师从知识的讲授者转变为学习的辅导和引领者，设计培养自主学习能力和解决问题能力的探究式学习，研究性学习，合作学习，项目式学习和任务式学习等。信息技术手段也不断被引入课堂教学，给学习者提供营造便利的学习环境和适切的学习支架。即便如此，课堂教学中不少重要的问题仍未得到解决，如学习者的主动学习状态并未完全迸发，个性化需求未得到满足，学习水平多徘徊在识记和理解的浅层阶段等。进入21世纪以来进行长达十年的信息技术与课程整合实验和新课程改革，倡导自主学习、协作学习和探究学习，但由于受到时间和空间的制约，最终摆脱不了"填鸭式"教学的困境。此时翻转课堂的出现让处于不少迷茫中的教师为之一振，其在理论上虽无重大突破，但对课堂教学探索视角却令人耳目一新，看到深入探索的价值。

第三节 走向核心素养的课堂变革

一、核心素养概念的溯源

核心素养就是人必备的品格和关键能力。提出核心素养依据有如下方面：未来个人发展和社会生活所需的品格与能力无法预期，个人在学校受教育期间唯一能选择的是发展必备品格和关键能力；知识以几何级数增长，能力以几何级数分化，学校教育无法穷尽知识与能力；社会生活愈加纷繁复杂，价值取向多元，学校教育无法培养面对所有社会问题的各种技能；学校教育应专注于培养必备品格与关键能力。

核心素养这个概念舶来于西方，英文词是"Key Competencies"。"Key"在英语中有"关键的""必不可少的"等含义。"Competencies"可以直译为"能力"，但从它所包含的内容看，译成"素养"更为恰当。简而言之，"核心素养"就是"关键素养"。

核心素养最早出现在经济合作与发展组织（OECD，以下简称"经合组织"）和欧盟理事会的研究报告中。经合组织1997年启动了"素养的界定与遴选:理论和概念基础"（Definition and Selection of Competencies:Theoretical and Conceptual Foundations，即De Se Co）研究项目，此时并未在项目名称中直接使用"核心素养"一词，但2003年出版最终研究报告《核心素养促进成功的生活和健全的社会》（Key Competencies for a Successful Life and a Well-Functioning Society）时，则使用了该词。欧盟的一个研究小组在2002年3月发布的研究报告《知识经济时代的核心素养》中首次使用了"Key Competencies"这一概念，并认为"核心素养代表了一系列知识、技能和态度的集合，它们是可迁移的、多功能的，这些素养是每个人发展自我、融入社会及胜任工作所必需的"。

2006年12月，欧洲议会和欧盟理事会通过了关于核心素养的建议案《以核心素养促进终生学习》（Key Competencies for Life Long Learning），标志着八项核心素养最终版本的正式发布。2010年，欧盟理事会与欧盟委员会联合发布的报告《面向变化中的世界的核心素养》（Key Competencies for a Changing World）中，"Key Competencies"一词竟然出现了381次，真正成了"关键词"。

二、核心素养与21世纪技能

与"Key Competencies"非常相似的一个词是"21st centuryskills"，有人将之译为"21世纪技能"或者"21世纪能力"，从该词所包含的内容看，译为"21世纪素养"比较合适。实际上，英文中的Competencies和skills，在描述人的发展的维度时，在词义上没有本质区别。而且在"具体"内容上，核心素养与21世纪素养也是大同小异。

仅从字面上看，"21世纪素养"比"核心素养"更具有时代感，更能反映社会变迁对于人的素质的新要求。根据以上分析，可以把核心素养简单界定为：为了适应21世纪的社会变革，人所应该具备的关键素养。简而言之，核心素养即"21世纪关键素养"。

三、核心素养与综合素质

从字面上看，核心素养与综合素质或全面素养很容易混淆。从词义上看，核心素养必须是"核心"的素养，核心素养之外，还应该有"非核心素养"。否则，所有的素养放在一起，就不是"核心"的素养了。核心素养不是面面俱到的素养"大杂烩"，而是全部素养清单中的"关键素养"。而综合素质则是指个人所具备的知识水平、道德素养、社会修为能力，以及对社会生活、工作、学习中所表现出来的应变能力和所体现的价值观念等。在这个意义上讲，核心素养是素质教育、三维目标、全面发展、综合素质等中间的"关键少数"素养，是各种素养中的"优先选项"，是素质教育、三维目标、全面发展、综合素质等的"聚焦点"。

四、核心素养与基础素养

学生生存与发展，需要多种素养。但是，面对21世纪的挑战，这些素养的重要性并不是平列并重的。需要有优先顺序。优先的素养包括创新能力、信息素养、合作能力、社会责任、交流技能等排在前列，这些素养事关个体能否更好应对21世纪的挑战，事关国家发展和民族振兴，就是核心素养。其他一些素养，例如，身体素质对于人的生存与发展至关重要，但因为太基础了，可以视为基础素养。另外，传统的"读写算"等素养也是基础素养。国外的核心素养框架中没有将之列入其中。

五、核心素养对我国课堂教学改革的要求

在全球化背景下，各国的学生核心素养的范围会有一定的甚至相当的共性，从全球范围来看，国际组织、一些国家和地区在核心素养指标的选取上都反映了经济社会发展的最新要求，强调创新与创造力、信息素养、国际视野、沟通与交流、团队合作、社会参与及社会贡献、自我规划与管理等素养；但因为国情的差异，特别是各国发展面临的关键问题不同，核心素养的厘定和培育也需要有内容差异和程度差异。我国教育最大的短板，一是所培养的学生创新能力不够，不能满足知识经济时代建设创新型国家的要求，不能适应国际竞争的要求。在一些地区和学校，我们的教育是在培养"会考试的人"，而不是"会创造的人"。二是学校教育方式过于统一化和标准化，学生缺乏独立思考和多样化发展的机会，需要着重培养学生独立思考和自由选择的能力。

第四节　翻转课堂的神圣使命

从20世纪末到21世纪初，从计算机到互联网，从互联网到移动网络，信息技术获得迅速发展。信息技术的发展，从四个方面促进教育改革和学习革命。一

是社会环境的变化，促进人才培养目标的改革；二是信息资源和知识资源的飞速发展，促进教学内容和学习目标的改革；三是信息和知识获取途径和方式的变化，促进教学模式和学习方式的变革；四是促进师生的关系、角色和地位发生变化。在传统教育模式中，教师在整个教学过程中处于"主演"的角色，学生则处于被动接受的地位，教师作为知识的复制者和灌输者，主要承担着帮助学生记忆和存储前人积累下来的知识经验的教学任务。随着教育信息化时代的到来，特别是网络的出现，为教学提供了更为丰富的资源，将课堂延伸到了网络所能涉及的各个角落。在这种环境下教师由场上的"主演"转变为场外的"导演"，成为学生自主学习的伙伴、合作者和解决问题的指导者，从"教"学生，转变为"导"学生。

任何一种教学变革，都是为了解决当下教育存在的问题。因此，探寻教学变革的使命，需要从教育教学的存在问题入手。

美国的微型教学视频和翻转课堂主要为了解决给缺席的学生补课和如何给予学生更多个性化辅导的问题。中国的教育与美国教育不一样，如前文所述，中国教育主要存在两大"顽疾"，一是班级授课无法照顾学生在学习理解速度上的差异，教师也难以捕捉学生理解与否的信息；二是受到课堂的时间和空间，难以实现互动学习和探究学习，创造能力的培养得不到重视。翻转课堂的目标，就是希望能在某种程度上医治这两个"顽疾"。翻转课堂，在解决教育教学的问题中体现了它的价值和目的意义：

一是实现个性化自主学习，促进学生个性发展，培养学生自主学习和终身学习能力。主要的思路，就是将课外作业转移到课堂上，在教师和同伴的帮助下完成；借助教学视频，将课堂讲授的过程迁移到课前（与课外作业的时间进行转换，不增加学习时间和负担），学生可以掌握学习的快慢节奏，通过网络学习平台的支持，帮助教师掌握学生课前学习的信息，更多地设计课堂教学活动。传统课堂中任课教师只能以单一的教学计划和推进策略来面对全班50个不同的学生个体。教师讲出一句话、一个概念、一种方法，学生即便没听到或者没听懂，也无法让教师停下来，无法让教师再讲一遍。而在翻转课堂中，学生可以利用平板电脑、智能手机甚至云书包，登录互动平台进行学习，系统自动记录学生的学习数

据。学生可以将自己喜欢的"老师"请回家，需要时可以让"老师"暂停，如果没听明白还可以请"老师"再讲一遍。学生完全可以按照自己的节奏和步调掌握学习。

二是实施课堂探究学习，培养学生的批判性思维、知识创新能力和探究实践能力。传统课堂基本都是灌输式教学，重视客观、普遍的知识传授，教师在灌输式教学中处于中心地位，学生被看作知识容器；教学过程强调教师对学生的控制，强调知识对学生的控制，其过程呈现封闭的特点，其教学远离生活世界。而"翻转"的课堂，是一个深度学习过程。由于学生在课前的视频学习中已经对所学知识有了一个全面的了解，课堂上教师已经不必花时间进行讲授，腾出来的时间，教师可以帮助学生对前面所学知识进行系统化和整体化处理。学生有备而来，参与讨论更主动，更有效。学生有更多机会进行协作探究，自己发现问题解决问题，培养批判性思维和创新能力，发展学生智慧。

第五节　翻转课堂的潜在力量

为了实现上述的翻转课堂两个使命，我们需要在六个方面控制翻转课堂的潜力。

一、发挥技术优势，改变授课方式

翻转课堂自出生起就被打上深深的技术烙印。它借助网络信息技术给学习者提供教学视频短片，取代传统课堂的授课方式，捕捉和分析学生的学习行为数据，首先打破了传统教学的链条和结构，使教学与学习更有效。使用视频进行授课的优势表现在如下三个方面。

一是视频本身的特性。作为一种综合性传播媒体，视频综合了文本、图片、声音、动态画面、动画等单一媒体的各种优势，声画结合，生动形象，表现力强。二是翻转课堂借助的授课视频具有"短小精悍"的特点，便于使用。这种短视频的播放长度一般在十分钟以内，符合学生的视觉驻留规律，使学生不会因视觉疲劳而降低学习效率。为了增加视频的趣味性和吸引力，一些授课视频还会植入电影大片、广告、动画等元素，大大提升了授课视频表现力和对学习者的黏着力。三是许多专业机构开发的授课视频都是名校名师名课，有利于共享优质教学资源，对提升薄弱学校的教学质量非常有益。萨尔曼·可汗（Salman Khan）将翻转课堂授课视频对促进教学变革的这一特性和优势形象地称之为"用视频再造教育"。

二、改变授课场所，将众人课堂变为个人课堂

翻转课堂不仅用视频授课代替传统课堂授课，而且将授课的场所从课内转移到课外，课堂也从众人课堂变成个人课堂。在传统的众人课堂，教师都是按照占大多数的中等学生理解水平进行设计和教学，统一的节奏，整齐的步伐，对学生实行强制性教与学的同步教学，后进学生因跟不上而掉队甚至成为"学困生"，优等学生则因浪费时间而感觉到无聊。在翻转的个人课堂，视频授课，由于没有受到课堂时间和空间的限制，采取教与学的异步教学，虽然视频的"教"可能只有一个节奏，但学生的"学"却可以由学生根据需要演变出千万种节奏，从而打破了传统课堂的强制性。学生可以方便地将"视频教师"暂停、倒退、重播、快进，需要停顿下来思考或做学习笔记可以暂停播放；碰到观看了一遍还没有理解的内容可以倒回去重新播放，一遍又一遍，直到理解为止，完全按照自己喜欢的方式和节奏进行学习，实现个性化教育。

三、改变课堂空间，为创造力腾出时间和空间

长期以来教学改革的无效和失败说明，传统课堂的时间和空间限制已经成为教学改革和质量提升的"天花板"。由于群体教学和个体差异的矛盾，既压制了学生的个性，也压制了学生的想象力和创造力，使得"在课堂时间传递知识"注定了是一种有缺陷的方法，并受到严重的批判。为改变现状，新课程改革、信息技术与课程整合实验都倡导"自主、协作、探究"等现代教育教学理念，历时十

几年，但没有取得预期的效果，主要是传统课堂的时空制约，造成讲授时间与协作探究在时间上的冲突。翻转课堂将用观看授课视频的形式取代传统的教师课堂讲授，将课堂讲授的时间由课堂移至课外，将传统课堂的宝贵时间留给师生互动和深度学习，突破了课堂时空的束缚，提高了学习绩效。关键是课外作业变成了课堂作业，不会增加学生的作业负担。

四、优化学习环境，有效实现教育目标

翻转课堂不同于传统课堂之处在于：把原本课堂讲授基本知识的环节，借助视频等形式留给学习者课外学习，而将课堂时间集中于讨论、探究和合作等学习活动。由关注知识点的识记和理解，转向聚焦解决问题的过程，以锤炼学习者的应用、分析、评价和创造等高阶思维能力。哈佛大学物理学教授埃里克·马祖尔（Eric Mazur）总结他的教学实验说：传统教学只注重学习过程的第一步——"信息传递"，并把这一过程放在最重要的环节，也就是课堂上；但他们忽略了第二步——"吸收内化"，传统上都把这一过程，放在缺少帮助的课后环节中，那个时候没有教师和家长在场，碰到疑难时，学生容易因无人协助，而产生挫折，丧失学习动机和成就感。结果本应用于师生互动、同伴协作和交流的课堂，常常被教师一个人占用来进行知识传授。采用翻转课堂模式，学生在家通过教学平台先完成学习，使得课堂变成教师和学生之间互动的场所，包括答疑解惑、完成作业等，从而达到更好的教育效果。埃里克·马祖尔教授提出，由于网络科技让知识的传授变得便捷和容易，教师应该改变教学模式，把教学重心和时间放到第二步。换言之，就是把"吸收内化"这一重要的过程放在课堂时间。

五、接受学习与探究学习优势互补

有专家认为翻转课堂的本质是接受式学习，而不是探究式学习。事实上，翻转课堂既具有接受式学习的属性，又具有探究式学习的特征，是接受式学习和建构式学习的有机结合体。翻转课堂的最大优势，还是接受式学习方式与探究式学习方式的优势互补。因此，聚奎中学的专著《学习的革命：翻转课堂》把"能将接受式学习和建构式学习的优点有机整合在一起"作为翻转课堂的第一个优势。在翻转课堂中，接受式学习用的是直接教学法，主要通过观看精讲教学视频的形

式实现，具有快速、系统接受知识的优势，不足之处是不利于批判性思维和创新能力的培养。翻转的课堂教学，主要是一种"自主、协作、探究"式的建构学习。它有利于培养学生的知识创造能力，但它主要以问题解决和探索研究的形式来实现，需要花费更多时间。两者的结合，正好实现优势互补。从知识分类的角度来看，既有适合"告知、传授"的显性知识（事实和概念），又有需要通过观看形成过程来体验、感悟的隐性知识。人类知识浩如烟海，既需要快速接受，又需要慢慢探究。

六、问题导学激活学习能量

问题导学又称问题教学，就是以问题为中心和导向的教学策略。它以设置情境，提出和解决问题为表现形式，目的在于引起学生学习注意和学习兴趣，激发学生独立思考，培养和发展学生批判性思维和创造能力。问题教学的渊源可以追溯到古希腊哲学家苏格拉底的问答法。在近代，美国杜威的"通过解决问题进行学习（在实践中提出问题，分析问题，解决问题）"的思想，也是问题教学法的源流。翻转课堂教学是一个课前提出问题，促进学生思考，课堂解决问题、发现问题和解决问题的过程。因此，翻转课堂具有问题导学的属性。问题导学也成了激活学习能力的重要工具。

翻转课堂构想将识记和理解移于课外，将宝贵的课内时间用于更有针对性的释疑解惑，侧重高阶思维能力锻炼，以激发学习者的主动学习意识，强化深度学习设计和在课内外实现较大程度上的个性学习。显然它的理论预设并未引起足够注意或认同。有研究提出翻转课堂的教学形式与传统课堂没有本质区别，并引用国外研究者的论断认为视频课不适合所有学科的探究式教学作为事实。由于实验周期较短等，一些翻转实验并没有取得预期的效果，主要原因是翻转课堂的优势并没有全部发挥出来。翻转课堂能否赢得更多研究者和一线教师的支持，很大程度上取决于对其优势的挖掘和发挥，及其对课堂教学质量的推进。理解翻转课堂的背后的教育理念和实证研究现状全貌，有助于校正研究思路，引领正确的发展方向，从而充分发挥其在课堂教学变革中的潜力。

第六节　翻转课堂的局限性

　　如何在看到翻转课堂对于教学改革的积极意义的同时，也看到其局限性，客观地评估翻转课堂对教育教学改革的推动作用，是保证翻转课堂健康发展的重要条件。

一、翻转课堂的局限性

　　一般认为，翻转课堂仅仅是教育教学改革模式之一。虽然笔者认为它是目前最好的课堂教学改革模式。但仍然存在较大的局限性。包括理论上的局限性和实践上的局限性。理论上的局限性是翻转课堂教学模式本身的缺陷和不足，是指最理想的翻转模式与未来理想教育的要求仍然存在差距。实践上的局限性是操作性的缺陷，是指在翻转课堂的实践中，由于种种现实条件的制约和实践者观念上对翻转课堂本质和规律理解的偏差，造成翻转效果与理想翻转模式之间存在较大差距。

　　（一）理论上的局限性。

　　传统教学模式存在两"顽疾"，难以医治，一是扼杀人的个性的标准化教育；二是扼杀人的创造性的灌输式教学。笔者认为未来教育的理想是为每一个学生提供适合的教育。这种未来理想的教育就是个性化教育和创造性学习。未来教育应该是按照开放多元和个性化的原则设置教育目标，一人一个培养目标（人生发展方向），一人一个课程表，每个学生按照自己的兴趣建构个性化的知识和能力体系。学习不是通过传授获得知识，而是通过探究和领悟获得知识和智慧。但翻转课堂与这种理想的未来教育模式仍然存在两个差距。一是翻转课堂能做到因材施教，但做不到个性化教育。翻转课堂在"如何学"的问题上能做到差异化，在"学什么，为什么学"的问题却不能给予学生选择的权力。虽然翻转课堂的课前学习能给予学生较大的自主权和选择权，学生通过观看视频进行学习，可以按照自己的步骤，看得懂的快速看，看不懂的反复看。但这种选择是有条件的，也就是总体学习目标是一致的。既没有按照学生学习能力的差异而设置不同程度的学习内容，更没有可以让学生根据自己的兴趣和天赋特长选择差异化的课程和内容。二是翻转课堂重视了互动交流，但与创造性教育仍然有较大差距。

（二）实践中的局限性。

实践中的局限性，就是指目前做出来的"翻转"与真正意义上的翻转还有较大差距，最多只能算是"准翻转"，还没有真正发挥"翻转"的优越性。在国内外专家学者的关注下，翻转课堂教学法受到热捧。但遗憾的是，一些学校实施的翻转课堂，虽然轰轰烈烈，虽然打着"素质教育"的旗号，但其实质仍然是为应试教育服务的。有的学校以"本土化"的名义，曲解翻转课堂的本质和涵义，将"课内外连通，导学一体"搞成"课内翻转"，实质上对这种外来的教学模式进行的全盘的否定和抛弃，已经丧失了改革课堂的意义；有的学校钟情于导学案（习题案），而忽视教学视频；有的学校局限于重复训练，而不顾实践探索，终极目标仍然是应试和提高分数。既没有真正的自主学习，也不利于创新人才的培养。正如王竹立老师所言："无论在DLK中学也好，还是在CLYZ也好，我看到的是对应试教育的响应与强化，DLK中学就是以高升学率为教改成功的重要指标的。在CLYZ，对导学案的过度重视，也可以看出对既定教学内容和教学目标的强调，以考试分数论英雄的现象依然存在。为了实现提高考试分数与升学率的'终极目标'，这类学校对学生大都采取半军事化的严格管理，课堂学习成了学生生活的重中之重。"（引自王竹立的博文《别让翻转课堂为应试教育服务》）

二、正确看待翻转课堂的局限性

相对"翻转"以前各种信息技术教学应用研究和实践，翻转课堂通过对课内课外两处时空的重新规划和设计，更好地发挥了信息技术（教学视频）对于教学的改革作用，虽然说不能解决传统课堂教学的所有弊端和问题，但确确实实地解决因材施教的问题，并使新课程改革提出的协作探究学习等学习方式的变革成为现实。

　　实践中翻转课堂的局限性是操作性的问题，有的是因为受到条件和环境制约，有的是因为实践者急于求成，避难求易，人为所致。这些问题，完全可以通过转变观念，提高实践者的翻转水平，改善翻转的环境和条件等各种形式的努力可以解决或改善的。解决问题的动力来源于对孩子未来负责的责任感和使命感。理论性的局限，是翻转课堂本身难以克服的"硬伤"，说明没有绝对完美的教学方式方法。相信随着技术的发展和人类智慧的发展，一定会创造出更好的教学方式和学习方式。笔者相信翻转课堂仍然是当前最好的课堂改革方案。只要做到扬长避短，因势利导，就能最大限度地发挥翻转课堂对教学改革和技术融合的引导和促进作用。

第二章
翻转课堂的起源与发展

翻转课堂起源于美国。事实上，翻转课堂思想的形成和发展，经历了博采众家之长的过程。包括中国在内的世界教育思想和智慧都或多或少对翻转课堂思想的形成和发展产生了积极的影响。如儒家提出的"不愤不启，不悱不发"教学理念，与翻转课堂强调"让学生在课前先自主学习和积极思考，找到自己的困惑点，保证教师在课堂上的点拨启发有的放矢"，具有异曲同工之妙。而"学而不思则罔，思不学则殆"的学思结合思想，强调学与质疑、思考的结合，对翻转课堂"两段教学"的设计和组织具有深刻的启发和引导意义。全面考察翻转课堂的起源和翻转课堂思想形成的脉络，是看清翻转课堂本质的重要前提。

[本章导读]

　　翻转课堂起源于美国。美国的学校教育，历来体现以学为中心，重视课外的自主阅读和课堂讨论，重视综合能力的培养和创新思维的发展。我国学校教育以教为中心，突出教师的讲授，重视知识的灌输，而忽略能力的培养，个性和创新能力受到压制。因此，与美国相比，我国的翻转课堂教学改革必然会遇到更大的困难和挑战。但这些困难和障碍前进中的问题，随着翻转实验的推进和深入，都会迎刃而解。而解决这些困难和挑战，也正是我国实施翻转课堂教学改革的价值和意义所在。这充分说明在我国实施翻转课堂教学改革比美国目标更明确，意义更深远。

[学习任务单]

一、美国翻转课堂经历了哪几个发展阶段？

二、为什么林地公园高中被认为是翻转课堂的发源地？

三、可汗学院对翻转课堂的发展起到哪些推动作用？

四、翻转课堂的诞生必然性是什么？

五、我国翻转课堂本土化发展过程经历了哪几个阶段？有何特征？

六、我国实施翻转课堂的特殊意义是什么？

第一节　翻转课堂的起源

　　一般认为，最早实验翻转课堂的是美国科罗拉多州林地公园高中的两位化学老师；将翻转课堂的影响扩大到全美甚至全球的是可汗学院。但事实上，翻转课堂的实践与研究可以追溯至19世纪早期的西点军校。因为翻转课堂的理念最早出现在西点军校。西尔韦纳斯·塞耶将军（General Sylvanus Thayer）有一套他自己的教学方法，即在课前，学生通过教师发放的资料对教学内容进行提前学习，课堂时间则用来进行批判性思考和开展小组间协作解决问题。这种教学形式已经具备翻转课堂的基本理念，也是翻转课堂思想的起源。

　　哈佛大学物理学教授埃里克·马祖尔在1991年创立了PI（Peer Instruction）教学法。学习分为两个步骤：首先是知识的传递，然后是知识的内化。这一观点成为翻转课堂的重要理论基础，翻转课堂的独特之处正是知识传递与知识内化的颠倒。

　　2000年，美国莫琳·拉赫（Maureen Lage）、格伦·普拉特（Glenn Platt）和迈克尔·特雷利亚（Michael Treglia）等几位教授在迈阿密大学讲授"经济学入门"课程时采用了一种新的教学形式：让学生在家或者在实验室观看讲解视频，在课堂上以小组形式完成家庭作业。这种教学模式已经具备了翻转课堂的基本形式，但是，他们没有提出"Flipped Classroom"或"Inverted Classroom"的相关名词或概念。

　　韦斯利·贝克（J·Wesley Baker）在第11届大学教学国际会议上发表了论文《课堂翻转：使用网络课程管理工具（让教师）成为身边的指导》。其中教师"成为身边的指导"替代以前的"讲台上的圣人"成为大学课堂翻转运动口号，并被多次引用。论文中，贝克提出的翻转课堂的模型：教师使用网络工具和课程管理系统以在线形式呈现教学作为分配给学生的家庭作业。在课堂上，教师有时间更多地深入参与到学生的主动学习活动和协作中。

尽管早期的翻转课堂实践和研究，出现在美国的部分高等院校，但我国教育工作者大多数认为美国科罗拉多州落基山的一所山区学校——林地公园高中才是翻转课堂的发源地。事实上，这里的翻转课堂的发生，并没有多么"高大上"的动机，出发点是为了给学生补课而录制教学视频。学校的化学教师乔纳森·伯尔曼（Jon Bergmann）和亚伦·萨姆斯（Aaron Sams）在教学工作中发现一个非常普遍而严重的问题，有些学生由于各种原因跟不上老师讲课的节奏，如恩里克（Enrique）反映，老师讲得太快，他来不及做笔记，有时他能将所有的要点都记录到笔记本上，却完全不明白这些内容的意思。许多学生由于太过忙碌而缺课，从而跟不上学习进度，如珍尼丝，每天必须提早一节课的时间离开学校赶去参加训练而耽误了不少课。为了尽可能解决这些问题，2007年春天，乔纳森·伯尔曼和亚伦·萨姆斯开始使用屏幕捕捉软件录制PowerPoint（演示文稿）的播放和讲解。他们把结合实时讲解和PPT（演示文稿）的视频上传到网络，以此帮助课堂缺席的学生补课。不久，这些在线教学视频被更多的学生接受并广泛传播开来。两位老师顺势而为，逐渐以学生在家看视频听讲解为基础，节省出课堂时间来为在完成作业或做实验过程中有困难的学生提供帮助。"翻转课堂已经改变了我们的教学实践。我们再也不会在学生面前花费30～60分钟来讲解。我们可能永远不会回到传统的教学方式了。"这对搭档对此深有感触。两位老师的实践引起越来越多的人的关注，以至于经常受到邀请向同行介绍这种教学模式。他们的讲座已经遍布北美，逐渐有更多的老师开始利用在线视频在课外教授学生，回到课堂时间则进行协作学习和概念掌握的练习。他们并因此而获得"数学和科学卓越教学总统奖"，而林地公园高中则被认为是翻转课堂的起源地。

第二节　翻转课堂的发展

翻转课堂这种全新的教学模式已在美国科罗拉多州的部分地区逐渐流行，但是尚未能在更大范围推广和发展。其原因是：很多教师虽然认可翻转课堂，愿意参与这种形式的教学试验，而要真正实施这种教学模式，需要满足一个重要条件：制作教学视频。但事实上并非每一位教师都能制作出具有较高质量的教学视频。美国出现了"可汗学院"并快速发展，使这个问题得到较好的解决，并推动翻转课堂向前发展。

第一步，为了帮助住在远方的亲人，可汗录制教学视频并把自己的教学影片放上网络。

可汗学院（Khan Academy），是由孟加拉裔美国人萨尔曼·可汗创立的一家教育性非营利组织。萨尔曼·可汗拥有麻省理工学院的硕士学位，以及哈佛大学的工商管理硕士学位，曾从事金融业。2004年，可汗上七年级的表妹纳迪亚遇到了数学难题，向这位"数学天才"表哥求助。通过雅虎通聊天软件、互动写字板和电话，可汗帮她解答了所有问题。为了让表妹听明白，他尽量说得浅显易懂。很快，其他亲戚朋友也上门讨教。一时间，可汗忙不过来了。他索性把自己的数学辅导材料制作成视频，放到YouTube网站上，方便更多的人分享。他有意识地把每段视频的长度控制在10分钟之内，以便网友有耐心理解、"消化"。没想到，视频很快就受到了网友们的热捧。"他们的留言充满了感谢与鼓励，让我欲罢不能。"可汗说，那时，他每天下班后，就一头扎进卧室的衣橱间里，用放在其中的简单设备拍摄、制作视频，平均每晚要工作3个小时。不久，他又开始尝试制作科学、电脑等相关科目的辅导视频。除了供其亲戚家的孩子远程学习，也供其他有需要的人士免费观看和学习。

第二步，对教学视频进行改进，建立可汗学院。

接下来，他又对这些教学视频内容作了补充——增加互动练习软件，以便学习者进行数学训练。2007年，可汗把教学视频和互动练习软件加以整合，在此基础上创立了一个非营利的教学网站——用教学视频讲解各学科（不仅是数学）的教学内容和网上读者提出的各种问题，并提供在线练习、自我评估、学习进度自动跟踪等学习工具；2009年，受到广泛好评和鼓舞的可汗干脆辞掉自己的原有工作，全身心投入到这一教学网站的运行与维护，并把专门开展在线教育的这个非营利教学网站正式命名为"可汗学院"。

第三步，开发学习分析系统。

后来可汗学院还开发出"学习控制系统"——及时收集学生的各种学习数据，不仅使学生和教师能随时了解学习状况，还便于教师有效实施翻转课堂。

第四步，推动翻转课堂。

据2014年的最新纪录，可汗学院的教学视频课程超过4000多例。其视频资源涵盖数学、历史、金融、物理、化学、生物、天文、经济和计算机等十几门学科。有了"可汗学院"免费提供的优质教学视频，克服了实施翻转课堂的重要障碍，这就大大降低了广大教师进入翻转课堂的门槛，从而推动了翻转课堂的普及，使翻转课堂作为一种新型的教学形式迅速走出科罗拉多州，风靡全美。

第三节　百花齐放的翻转课堂

2011年，可汗在TED（一个以传播新理念为宗旨的演讲会）做了一个著名的名为《用视频再造教育》的激情演讲，介绍美国已经有很多中学生晚上在家里观看可汗学院的数学教学视频，第二天回到教室做作业，遇到问题时则向老师和同学请教。翻转课堂因此被加拿大的《环球时报》评为2011年影响课堂教学的重

大技术变革。自此，翻转课堂成为全美教育者广泛关注的热点，随后，美国很多地区和学校纷纷根据自己经验和实际情况对翻转课堂进行尝试和探索，掀起翻转课堂研究、实践与应用的热潮。他们研究翻转课堂的内涵和特征，探索翻转课堂的教学模式。美国经过多年的翻转课堂实践探索，已经形成了许多成功的案例，如明尼苏达州斯蒂尔沃特市石桥小学、柯林顿戴尔高中、马里兰州波托马克市的布里斯学校、密歇根州东大急流城高中、得克萨斯州达拉斯地区生活学校、加州河畔联合学区等学校的翻转课堂模式，影响了全球的翻转课堂实践。

这些翻转课堂探索和实践表现出各自不同的特征：

一、一些学校的翻转课堂非常重视网络学习平台的使用和学生学习信息的跟踪分析利用

如美国明尼苏达州斯蒂尔沃特市石桥小学。学生可以按自己的学习进度在家里观看10～15分钟的讲课视频；之后会接受3～5个问题测验，看他们是否理解教学内容，测验结果会即时反馈。教师则使用Moodle软件平台跟踪学生在家学习的过程，锁定那些学习有困难的学生。教师们相信，不同水平学生都有个性化学习的需求，而翻转课堂能帮助他们有更好的学习体验。

二、一些学校非常重视学习环境的构建和应用，学习环境的创新和建设会带来意外的惊喜

如在美国高地村小学，教师鼓励学生带技术入课堂，包括电子书、平板电脑和智能手机。传统教室中排列整齐的课桌不见了，取而代之的是圆桌、沙发和一排计算机终端。校长肖纳·米勒（Shauna Miller）说，"星巴克教室"的想法来自学生，他们希望在教室中更加放松，有类似咖啡馆的氛围。这种新风格的课堂是德州路易斯维尔学区努力建设面向21世纪学习环境的一部分。以科技为中心的战略已经得到回报，学生们更喜欢在这种宽松的环境中学习，他们的表现也越来越好。

三、一些学校大胆实施全校翻转，让薄弱学校变成强校

如美国柯林顿戴尔高中，是全美第一所实施全校翻转的学校。在用两个班经

历了两年的翻转课堂试验后，校长格雷格·格林（Greg Green）大胆地在全校实现翻转模式。在实施翻转课堂一年后，学生的学业成绩大幅度提高，165名新生中，只有19%的学生英语不及格，而原来这一比例一直在50%以上。曾经，这所底特律的郊区学校是本区声誉最差的学校之一，现在这里正发生着巨大变化。

四、一些学校重视视频的优势和使用，重视学生的独立思考能力和问题解决能力的培养

如美国马里兰州波托马克市的布里斯学校。教师史黛丝·罗桑（Staoey Rosan）的翻转教学原则是，学生最好的选择是自己解决问题，如果不能，再向学习伙伴请教，最后才是向老师求教。AP微积分课程显示出两个与众不同的地方：一是学生没有显得不堪重负，二是教师在课堂上讲得很少。教学效果令人意想不到：史黛丝提前一个月完成课程，美国大学预修课程得到满分5分的学生人数明显增加。这一切源自史黛丝翻转了AP微积分课堂，这不但帮助学生轻松理解往常难以掌握的微积分核心概念，并帮助她一个学期完成更多的美国大学预修课程材料。

五、一些学校非常重视视频的作用和使用，重视实验教学和互动教学

如在美国密歇根州东大急流城高中，第一位尝试这种教学方法的是AP生物学课程老师詹尼斯·霍夫（Jannis Hoff）。翻转课堂给了她更多的时间用于与学生做科学实验和互动，而不是像以前那样在课堂上为完成课程进度而忙碌讲授。与很多上AP课程的教师一样，詹尼斯发现，在指定分配的课程周期内试图涉及所有教学内容，时间是最大的障碍。她还发现花去40分钟的课堂讲解可以压缩在10~12分钟的视频中，大大节省了她和学生的时间。学生在原先的家庭作业时间观看教学视频后，写一个简要的总结，并进入谷歌调查表回答上面的问题。詹尼斯会根据学生的回答情况，有针对性地准备第二天需要上课讨论的材料，节省下来的时间则可以用来师生共同完成相关实验项目。

六、一些学校非常重视课堂的讨论教学、实验教学和互动教学，重视学生的分层教学和个性发展

如在美国得克萨斯州达拉斯地区生活学校，布雷特·维廉（Breit William）是一名有13年工作经验的教师，他在不同班级实施有区别的化学教学翻转。翻转课堂的实施，使布雷特和他的学生们有大量的时间进行如讨论、实验、互动等课堂活动。同时，教师也有更多时间帮助学生开展化学应用实践。布雷特利用翻转课堂实现了真正的分层教学，因为普通学生可能在基本技能上需要额外帮助，而较好的学生则需要更多实验时间。翻转课堂还能帮助教师有效评估每个学生的学习，并针对他们的基础提供相应的自定义课程内容，实现真正的个性化学习。布雷特能有效评估每位学生的学习，并针对学生的基础提供相应的自定义课程内容，与学生一起解决问题，发现学生各自的优势，把学生推向更高的水平。布雷特的实验结果基本上是正面的，并在第一年就实现了全部学生的成绩提升。

再如美国马里兰州波托马克市布里斯学校。这所学校的罗伯特（Robert）副教授在大一新生的数学实验课上采取了翻转课堂式的教学。课程开始前，每一位学生需申请一个博客，该课程每周有2课时，大约80分钟。他是这样翻转课堂的：课堂外，学生需先观看由他借助录屏软件录制并发布到博客上的6～8分钟的主题视频，对要学习的主题内容有个整体性的了解，学生再根据教师提供的与该学习主题对应的知识和能力资源进行自主学习，之后学生被要求完成相应的练习来巩固学到的内容，同时要按照教师的要求将完成的任务提交到博客上；课堂上，教师让学生先用5分钟做几道多项选择题，以此了解他们对基本知识的掌握情况，接下来教师会花5～10分钟来解决学生课前学习中出现的问题，再将剩余的60分钟让学生以小组的形式来做与主题相关的实验，在此过程中教师给予针对性的指导。罗伯特副教授的实施结果显示，学生的学习能力有了很大提高，真正使学生成了学习者，而且学生愿意继续使用这种教学方式。这归功于罗伯特副教授结合大学生学习的特征以及该课程的特点进行了层层递进的设计。

七、一些学校抓住了翻转课堂的核心环节，非常强调信息技术在写作教学中的应用，不把主要精力集中在视频制作上，而强调教师在课堂上如何支配增加的自由时间，对语言类课程教学具有非常重要的启发意义

如在美国印第安纳州波利斯市圣托马斯·阿奎那天主教学校。卓伊（Zoe）是位英语教师。他录制讲座短片来给学生讲解如何采用正确的语法写作，学生在上课时就使用谷歌文档进行写作，在他的帮助下编辑段落、编排格式和解决其他问题。"很多人把主要精力集中在视频制作上，但实际上，最重要的是教师在课堂上如何支配增加的自由时间"卓伊说。在实验还只进行两个月时，卓伊已经感觉到学生的学习有了明显改善，他最重要的体验就是"在上课时间我能做到与每个学生进行一对一教学"。

八、视频不是翻转课堂的唯一工具和资源，一些学校采用基于iPad的数字化互动教材实施翻转课堂

如美国加州河畔联合学区的翻转课堂最大特点是采用基于iPad的数字化互动教材，融合了丰富的媒体材料，包括文本、图片、3D动画和视频等媒体的展示功能，还结合笔记、交流与分享功能。与其他地区教师通过自备视频和教学材料翻转课堂相比，互动教材更节省了教师的备课时间，也更吸引学生沉浸其中。购买互动教材需要投入更多资金，这在目前经济不景气的时期显得不合时宜，然而试验的成效还是让学区觉得物有所值，据统计结果显示：使用互动教材的学生中有78%的人获得了"优秀"或"良好"排名，而使用传统纸质教材的学生只有58%获得了相似排名。

第四节　翻转课堂的本土化

在我国学校教育中实施翻转课堂，必然受到我国现有教育文化和教育体制的制约和挑战，包括应试教育评价与翻转课堂评价的冲突；中国人保守、谨慎、含蓄、尊重权威等人格特点，制约了学生批判性思维和独立思考能力的培养；大班

教学影响了翻转课堂互动教学等。但这并不意味着面对挑战，翻转课堂只能被动地接受现实的改造，相反，翻转课堂的选择是超越和变革学校教育的现实。

2011年，重庆市聚奎中学第一个引进和实践翻转课堂。2013年9月，山东省昌乐第一中学在高一、初一分别随机选取2个实验班级，在所有学科中实施翻转课堂实验，并逐步过渡到全校全学科翻转。在此之前，我国中小学进行了大量的"类翻转课堂"的教改实践和研究，为翻转课堂的引进和实施奠定了良好的基础。根据"翻转"的全面性和深刻性、"翻转"所依据的载体和技术支持，我们可以将我国翻转课堂的发展过程分为三个发展阶段。对不同发展阶段的特征和规律进行深入分析研究，有利于理清翻转课堂的渊源和预见未来发展趋势，正确地理解翻转的本质，并结合我国教育教学的实际开展有效的翻转改革。

一、"前翻转"阶段

在我国一些研究者看来，第一代的"翻转课堂"，是我国中小学校早已尝试和开展了的类似"翻转"的"学案导学、先学后教、以学定教"教育教学实验改革，典型的案例包括江苏省洋思中学的"先学后教，当堂训练"、山西省新绛中学的"自学——展示模式"、江苏省木渎高级中学的"问题导向自主学习模式"等。对这些教学改革实验进行深入的分析，有利于理解我国翻转课堂实验的教育文化背景。

（一）"高效课堂"教学改革实验。

1. 江苏省洋思中学的"先学后教，当堂训练"模式。

泰兴市洋思中学本是一所地处偏僻的村联办初级中学。1980年创办之初，只有施教区6个村，2排平房，5个教学班，只有1名公办教师，4名民办教师，8名代课教师。教学设备几乎全无，课桌全是借的。就是在这样"三流办学条件、三流师资队伍、三流生源质量"的情况下，洋思中学成功地创立了全新的教学模式，创出了一流的教学业绩。现今的洋思中学已经是闻名全国。自1990年以来，洋思中学的入学率、巩固率、毕业率、及格率一直达100％，优秀率居泰兴市之首，被江苏省授予"先进集体""德育先进学校""模范学校"；截至目前，来自全国各地到该校学习、取经的教育工作者近百万人。洋思中学的成功主要是来源于它所独创的"先学后教、当堂训练"的教学模式。

洋思中学的教改者认为，当前我国中小学课堂教学存在着三个大难题：一是教师在课堂上讲得太多，不利于培养学生的自学能力；二是学生的课外作业太多，加重了学生的负担；三是每所学校都有大量后进生，许多任课教师和班主任都束手无策。为解决这一问题，洋思中学进行了大胆的改革和创新。改革的结果，是形成了洋思中学"先学后教，当堂训练"的课堂教学模式。先学：在课堂上，学生在教师未开讲之前紧紧围绕本课时的学习目标，按照教师的自学指导要求进行自我实践、自我探究、自主学习。后教：在先学的基础上，师生就学生在先学中存在的问题进行的相互实践、相互探究、相互学习的互动过程。因此，先学后教的"教"字，不是教师教，而是教师对学生做的习题做出评判，个别不会做的由教师指导。当堂训练：教师当堂布置作业，学生当堂完成，教师当堂检查，课后不留作业。是在先学、后教之后，让学生通过一定时间和一定数量的训练，应用所学知识来解决学习问题，从而加深对课堂所学重难点知识的理解。语文课是学生自读课文，自己分析课文；数学课由学生自学例题，自己做练习题；理化课变成了游戏课，学生一边看书，一边做实验，也不需要教师讲解和演示。每堂课教师的讲授时间不超过4分钟。

洋思中学的经验可以概括为两点：一是强调学生自学；二是强调互学和训练。过去我们认为教师讲得越细，学生学得就越容易，课堂教学效率会更高，就像钻山洞一样，教师领着学生钻比学生自己摸索可能更快一些。但是我们没有想到，这样做会养成许多学生不动脑筋的习惯，只是被动地听课，不愿主动地学习。其实书本上大部分知识学生通过自学都能够解决，教师的讲反而更耽误时间。洋思中学的经验证明：学生的自主学习能力不可低估。平时教师需要讲十几分钟的内容，学生自学三四分钟就可以了。学生自学几分钟就开始做题，不会的再回头看例题或相互讨论，基本就能做习题了。这个过程是个不断反馈的过程，不是看一遍就全部会了。这样，学生自学积极性更大，效率更高。洋思中学教改的科学性和有效性表现在以下方面：

（1）教师规定学生自学几分钟就要做练习题，学生有一种紧迫感，不认真看就不会做练习题，落在别人后边，从而培养了学生竞争意识。学生自学比被动地听教师讲课积极得多，这样真正突出学生的主体地位。

（2）强调好学生教后进生。在学生相互讨论的过程中，实际是好学生教后进生的过程。好学生在自学的过程中基本上都明白了，而后进生还有一些问题没搞清楚，通过好学生的讲解，自然也就明白了，在这里实际上运用了陶行知的小先生制。后进生光靠教师一个人忙不过来，发动好学生都来帮后进生力量就大了。

（3）后进生在自学的过程中也有一种紧迫感，别人在有限的时间看完了例题能做练习题，自己不会做也丢人，增强了他们的竞争意识和好胜心。

（4）培养了后进生的自学能力，一旦自学能力形成了，他们进步的幅度就会加快，就会在较短的时间赶上班内的中游学生。

洋思中学的核心是强调自学、互学、练习的重要性，摒弃教师"满堂灌"的"填鸭式"教学。这些教育教学理念与教学策略与翻转课堂的理念具有许多共通之处。洋思中学的教育教学改革实践，为翻转课堂实施无论在教学理念和操作实施都提供了可供借鉴的基础。

2. 山西省新绛中学的"自学—展示模式"。

（1）实施教学改革的背景。新绛中学是山西省首批重点中学，一所有光荣传统和辉煌业绩的百年名校。创办于1902年，历史悠久。在长期的办学实践中，以"教风严谨，学风刻苦，成绩卓越，特色鲜明"而誉满三晋，为高等院校和祖国建设培养了数以万计的优秀人才，树立了良好的社会形象，获得了"山西省示范高中""山西省文明学校""山西省特色中学""山西省传统体育项目学校""山西省集体二等功""全国群众体育先进集体"等一系列荣誉称号。但在2004年以后，学校一度遭遇办学危机：周边一批民办学校兴起，学习成绩好或家庭经济条件好的学生都选择到市区和民办学校就读，导致学校生源明显下降，部分教师也辞职到民办学校去拿高薪了。在这种情况下，如果不进行改革，新绛中学就没有出路。"生源相同的情况下，教学质量取决于模式；模式相同的情况下，教学质量取决于生源，我们要提高教学质量，就必须进行课堂改革，彻底改变教学模式。说明白了，就是激发学生的学习自主性，要打倒教师满堂灌！"校长宁致义说。从2005年开始，新绛中学尝试课堂教学改革。2008年，随着山西正式进入高中新课改，新绛中学也开始在全校大规模推进教改，并逐渐形成自己的特点。

（2）新绛中学改革的特点。新绛中学的改革模式——半天授课制，被外界描述为："每天只上半天课，高考录取率不降反升。""半天上课，半天自主不是我发明的，帕夫雷什中学就是这样上课的。"校长宁致义如是说。原苏联教育家苏霍姆林斯基为了保证学生的全面发展，在帕夫雷什中学建立了半日学习、半日自由活动的作息制度。

宁校长认为，教育教学改革首先是要克服传统班级授课的几个弊端：一是班级授课制是在完成教师教的任务，而非完成学生学的任务。二是学生是学习的旁观者而不是参与者，教师价值得到实现，而学生个性得到压制，最终使学生厌学。三是班级授课制与现行的考试制度相结合，使教育成为杀人的教育。四是择校和生涯大战造成的困扰。

要克服传统课堂的弊端，就是对课堂结构进行变革。新绛中学的自学—展示模式的课堂改革思路可以概括为"半天授课制"，其含义是半天自主课，半天展示课。即每天上午的五节课为展示课，下午三节和晚上的三节课为自主课。每天下午和晚上的自主课学习知识，第二天上午的展示课内化知识、拓展能力，与翻转课堂极为相似。苏州市电教馆原馆长金陵老师将其称之为"中国式的翻转课堂"。

在自主课堂，教师设计学案，学生在学案指导下，读书思考、查资料，完成学案，写学习报告。这个报告又叫任务报告，就是为第二天展示课做准备的。在展示之前，学习报告要经过教师验收。除此之外，学生还要填写互动卡。互动卡上主要写自己什么还不会、存在什么困难、还需要什么帮助、还想知道什么等内容。可以由学生个人填写，也可以以小组为单位填写。在自主课堂上，教师的主要任务是巡视课堂、发现问题、个别指导，但不讲课。下课时教师收回互动卡，并通过阅读互动卡，了解学情，调整教学设计和教学策略。因此，评价自主课的主要依据是互动卡的填写质量和学习报告的完成情况。

概括来说，自主课的基本原理是教师通过学案指导学生自主学习。学生自学成果被凝固在学习报告中，并通过互动卡反馈学习存在的问题。教师通过验收学习报告和阅读互动卡监测学习的效果。

新绛中学的自主课堂图

在展示课堂，第一步要解决学生填写在互动卡上的问题。第二步是多种形式的展示。学生在教师的组织下，上台讲解或提出问题，将自己的思路、观点、方法以多种方式展示出来。展示不是简单地展示问题的答案，而是要展示问题解决的思维过程。其他学生进行质疑，负责展示的学生需要答疑，其他学生也可以给予帮助和支持。目的是把所有学生的主动性和积极性都调动起来。在学生展示过程中，教师要进行观察、记录，学生最后遇到不能解决的问题，要给予引导。引导不是给答案，而是提供启发思考的提示，最终要由学生来找到答案。最后教师对课堂活动进行必要的点评。

展示课的基本过程是：第一步，解决自主课的余留问题；第二步，展示学习成果；第三步，质疑和答疑；第四步，点评和总结。

新绛中学的学案课堂，与翻转课堂具有本质的区别，但在形式上

新绛中学的展示课堂图

具有极为相似之处，一些操作策略仍然可以为翻转课堂的实施提供借鉴。如课前如何引导学生深入学习并监测学习效果，翻转后的课堂时间和空间如何充分利用等。

3. 江苏省木渎高级中学"问题导向自主学习模式"实验。

据金陵老师的介绍，20世纪80年代，江苏省木渎高级中学创造了一种今天叫作"问题导向"的自主学习教改模式，具有"翻转课堂"的意义。这项实验要求教师在备上一节课时，设计下一节课学生自学的任务，预习任务必须明确，即今天所谓任务驱动、问题导向。在下一节课上课前，教师需要了解学生预习情况，以便在课堂教学中因势利导；还要设计拓展教学深度的问题或案例。在上课的时候，需要控制学习进度，确保时间集中在深度拓展方面。如下图所示：

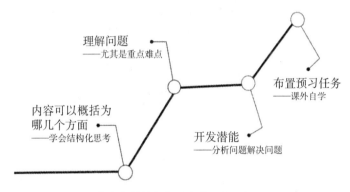

理解问题
——尤其是重点难点

内容可以概括为
哪几个方面
——学会结构化思考

开发潜能
——分析问题解决问题

布置预习任务
——课外自学

木渎中学教师备课考虑的问题图

实验要求学生通过预习学会结构化思考，自主解决重点、难点和热点问题，逐步培养今天所说的探究精神和解决问题的能力。

在课堂教学活动中，教师根据学生预习情况分配学生交流学习成果的任务，既使之享受成就，又有利于互相启发、触类旁通。教师聆听学生发言，把握其思维脉络，学会智慧指导。尤其是把时间集中在深度拓展上，发展学生分析问题和解决问题的能力，教学质量不愁得不到提高。

与当前真正意义上基于信息技术支持的"翻转课堂"不同，这些模式中，学生并不使用微视频和在线做题，而使用导学案、课本和习题册等文本学习材料。所以又称"导学案翻转"阶段，"先学后教"教学模式。传统的、工业时代的教学，以"课堂上教师讲、学生听，课后复习巩固和完成作业"为主要形式，统一的教材内容、统一的教学方式和教学节奏，学校是育人的工厂，课堂成了教学的流水线，学生创新能力得不到培养，个性得不到发展。相对传统的、工业时代的教学而言，这一阶段的"翻转"，由于在导学过程中，强加了知识的预习，学生部分掌握的基本知识，或者对知识已经比较了解，知识传授和知识内化的过程发生了某种程度的改变，课堂上的教学可以少讲多练，以训练为主。而相对真正意义上的"翻转"，由于缺乏授课视频的支持，在"先学"阶段，学生对知识的掌握程度还比较低。很多内容还依赖教师在课堂上讲解，即"后教"。知识传授和知识内化的过程还没有根本性改变，课堂乃至整个教学过程，局限于知识的理解和应用训练，缺乏知识评价和知识创新。由于时间和空间的制约，知识的巩固和内化难以完全完成，为了保证考试成绩，多数教师还会布置大量的课后作业。所以这一阶段的"翻转"称为"准翻转"。

（二）信息技术与课程教学整合实验。

在世界教育改革风浪中，信息技术与课程整合一度成为我国中小学最重要的议题。教育部在《基础教育课程改革纲要（试行）》中提出："大力推进信息技术在教学过程中的普遍应用，促进信息技术与学科课程的整合，逐步实现教学内容的呈现方式、学生的学习方式、教师的教学方式和师生互动方式的变革，充分发挥信息技术的优势，为学生的学习和发展提供丰富多彩的教育环境和有力的学习工具。"信息技术与课程整合的理念提出后，各地区和学校都在积极地进行探索与实验。

信息技术与课程教学整合实验开始仅仅是把信息技术当作学生的对象，培养学生的信息技能和信息素养，或简单地把信息技术仅仅作为辅助教师教的演示工具应用于课堂教学过程，最后发展到以促进中小学教学方式的根本性变革，培养学生的创新精神和实践能力为目标，将信息技术应用于课程教学的各个领域。核心是培养学生掌握信息时代的学习方式：会利用资源进行学习、学会在数字化情境中进行自主发现的学习、学会利用网络通信工具进行协商交流，合作讨论式的学习、学会利用信息加工工具和创作平台，进行实践创造的学习。

信息技术与课程教学整合的教学理想是实现"以教师为中心"向"以学生为中心"的教育理念转变，灌输式教学方式向探究式学习方式转变，教师由知识传授者变为学生的促进者，学生由被动学习者变为主动学习者。这些教学理想的确吸引了大批的年轻教师或喜欢接受新事物、新技术的中年教师参与课题研究和尝试。

但实际推广应用中，却遇到了巨大的困难。信息技术引入课堂，并没有改变传统的教学模式。20世纪前期苏联凯洛夫创立的"五环节教学法（组织教学、复习旧课、讲授新课、巩固知识、布置作业）"的庞大惯性力量一直延续到现在，阴魂不散。

虽然教师重视课堂时间的开发和利用，学生渴望更多主动探究和协作学习的时间，研究者希望培养学生的创新思维和实践能力，但无奈课堂的时间和空间制约，由于教师讲授仍然占用过多时间进行讲授，而使探究学习和协作学习流于形式，甚至落空。

二、"初级翻转"阶段

初级翻转阶段的典型案例是重庆聚奎中学的翻转课堂实验，他们的翻转课堂是基于视频和学习管理平台的，每位学生都有平板电脑作为自己的学习终端。课前，教师集体备课，制作导学案，并由学科组教师代表录制10～15分钟的教学精讲视频，上传到"校园云"服务平台。学生根据教师发布的导学案，通过观看相应的教学视频进行自主学习，在网络学习平台上做测试题，教师通过平台的及时反馈来了解学生的学习情况，从而调整课堂教学。课中，学生先独立做教师布置的作业，对于难题，则通过小组、师生之间讨论协作给予解决。教师巡视课堂，给学生以必要的个别指导。随后，学生完成网络平台上或其他资料上的相关练习，并通过观看教师录制的习题评析视频进行自主探究、反思提高。

相对于"准翻转"，这一阶段的"翻转"，最大的区别是在主要通过"让学生在课前观看授课视频"的方式传授知识。在信息技术的支持下，"翻转"改变知识传授、知识内化的时间和空间。传统教学中，学生的学习过程由两个阶段组成：第一阶段是"知识传递"，是通过"教师讲，学生听"的过程来实现的；第二个阶段是"吸收内化"，是在课后通过"学生独立完成作业"的过程来完成的。由于缺少教师的支持和同伴的帮助，"吸收内化"阶段常常会让学生感到挫败，丧失学习的动机和成就感。课堂"翻转"后，"知识传递"是学生在课前进行的，教师不仅提供了视频，还可以提供在线的辅导；"吸收内化"是在课堂上通过"作业+辅导"的方式来完成的，教师能够提前了解学生的学习困难，在课堂上给予个性化的辅导。

利用教学视频开展"翻转"，比起用"导学案"等文本材料实施"翻转"，具有两大优势：一是教学视频的知识表征形式，具有知识、思维可视化和动态化的特点，有利于学生理解知识和创新知识；二是学生能根据自身情况来安排和控制自己的学习。学生在课外或回家看教师的视频讲解，完全可以在轻松的氛围中进行，而不必像在课堂上教师集体教学时那样紧绷神经，担心遗漏什么，或因为分心而跟不上教学节奏。学生观看视频的节奏全由自己掌握，懂了的快进跳过，没懂的倒退反复观看，也可以停下来仔细思考或做笔记，甚至还可以通过聊天软件向教师和同伴寻求帮助。但这一阶段的"翻转"，研究和实践的重点在于授课视频的开发应用和自主学习环节。课堂教学活动设计还比较单一，主要以完成作业为主，学习内容和学习目标还停留在低阶思维学习。因此，这一阶段的"翻转"目标为：教师创建视频，学生在家中或课外观看视频中教师的讲解，回到课堂上师生面对面交流和完成作业。

三、"全面翻转"阶段

"全面翻转"的特征可以用"课前观看视频+课堂师生研讨"来描述，是我国翻转课堂的发展方向。

"全面翻转"与"初级翻转"的最大区别是，前者的"翻转重点"在于课堂教学活动设计。教学内容在课外传递给学生后，课堂内更需要高质量的学习活动，而不是简单、初级的"辅导+作业"。这包括学生创建内容，独立解决问题，开展探究式活动，实施基于项目的学习等。主要是发挥同伴助学的作用。如果说"初级翻转"是部分翻转的话，这一阶段的"翻转"，则是教学流程、教学理念、师生角色、教学模式的全面"翻转"。翻转课堂的实施必须从"以教师为中心"，"翻转"到"以学生为中心"，充分尊重每一位学生的学习需求，变革传统的学习方式和教学方式，通过在线学习与面对面教学的有机融合，实现因材施教的个性化掌控学习。它是对知识传授、知识内化过程进行全面和深刻的变革。从"传授知识"到"知识内化"，是一个从简单到复杂、从易到难的递进和上升的过程。"翻转课堂"的本质，被理解为，不仅授课视频教学取得了传统的课堂讲授，而且课后作业的复习巩固功能也被更加有效和高阶的协作探究、展示质疑等学习过程所替代。

从"初级翻转"到"全面翻转",更本质的变化是,前者以应试教育为背景,以提高考试成绩为目标,以更长时间的课堂训练为手段。后者则以素质教育为背景,以促进学生的创新型智慧发展为目标,以探究协作学习为手段。

<h2 style="text-align:center">第五节　翻转课堂的
必然性</h2>

翻转课堂教学模式的诞生,可以说具有非常大的偶然性,但新事物的发生,偶然中存在着必然。理解翻转课堂产生的偶然性和必然性,对深刻理解翻转课堂的本质和教育教学改革的规律,都具有特别重要的意义。

一、翻转课堂的偶然性

翻转课堂起源于美国科罗拉多州落基山的一所山区学校——林地公园高中,可以说非常偶然和意外。2007年春天,开创翻转课堂教学模式的两位化学教师乔纳森·伯尔曼和亚伦·萨姆斯开始使用屏幕捕捉软件录制PowerPoint(演示文稿)的播放和讲解,制作视频上传到网络,目的非常纯粹,就是以此帮助课堂缺席的学生补课,开始并没有想到这一行动对翻转课堂的意义。不久,情况发生了意想不到的变化。这些在线教学视频被更多的学生接受并广泛传播开了。一些学生因为课前观看了教学视频,在课堂再也不愿意也不需要专心听教师重复讲授一遍,两位教师索性以学生在家看视频听讲解为基础,节省出课堂时间让学生完成作业或做实验,并对有困难的学生提供个性化辅导和帮助。这一"在家看视频,课堂完成作业"的教学模式,逐步受到全州、全美甚至全世界的关注。这就是翻转课堂的由来或起源。

二、翻转课堂的必然性

表面上看，翻转课堂的发生，确实具有非常大的偶然性。它出生于一所山区学校，而不是别的地方；它出自于两位化学老师的教学实践，而不是别的学科老师；它发生了2007年，而不是别的时间节点；等等。但马克思主义哲学告诉我们，在种种偶然性的过程中都包含着必然的东西，没有纯粹的偶然性。必然性是规律性的主要特征，只有认识必然性才能把握规律性。那么，翻转课堂的产生具有哪些必然性呢？

（一）信息时代对教育教学创新的要求为翻转课堂提供强大动力。

随着信息技术特别是互联网技术的发展与应用，人类早已进入信息社会，但学校教育仍然沿用工业时代标准化、灌输式的教育教学模式，学校是个教学工厂，课堂是一条条生产标准化"人才"的流水线。这一教学模式，具有两"顽疾"。一是扼杀人的创造力。好奇心是驱动力，推动我们去探寻。依靠想象力，我们拓展思维空间，使探寻超越现实的局限。而批判性思维让我们挑战已有的知识，永远去寻找新的、更好的答案。因此，好奇心、想象力、批判性思维是创造力的三个元素。但传统教学重视知识的传授和灌输，忽视对好奇心、想象力和批判性思维能力的培养，从而扼杀人的创造力。二是扼杀人的个性。传统课堂上统一的教学内容，统一的教学进度，统一的教学要求，课后统一的作业与要求，统一的评价标准，忽视人的差异性，重整体，轻个体，重求同，轻求异。

为了医治学校教育的两大"顽疾"，教育界的有识之士进行了长期的探索和努力。试图以技术改革课堂。先是给教学领域"开方抓药"，或媒体辅助教学，或用"媒体的教学"代替"人的教学"。后是在课程领域进行"手术"。进入21世纪以来进行长达十年的信息技术与课程整合实验和新课程改革，倡导自主学习、协作学习和探究学习，但由于受到时间和空间的制约，最终摆脱不了"填鸭式"教学的困境。

互联网革命，使人类从资源短缺时代进入过剩时代。互联网的广泛应用，带来了知识和信息的多源性和易得性，学生拥有了选择权力，教师已经不是唯一的知识来源，教师的话语权会逐渐被消解。教师应该如何教？学生应该如何学？新一轮的课程和教学改革迫在眉睫，翻转课堂应运而生。

翻转课堂在克服传统课堂教学的弊端，变革教学结构方面做了两大贡献。一是实施个性化学习。传统课堂中任课教师只能以单一的教学计划和推进策略来面对全班50个不同的学生个体。教师讲出一句话、一个概念、一种方法，学生即便没听到或者没听懂，也无法让教师停下来，无法让教师再讲一遍。而在翻转课堂中，学生可以利用平板电脑、智能手机甚至云书包，登录互动平台进行学习，系统自动记录学生的学习数据。学生可以将自己喜欢的"老师"请回家，需要时可以让"老师"暂停，如果没听明白还可以请"老师"再讲一遍。学生完全可以按照自己的节奏和步调掌握学习。二是创新学习。传统课堂基本都是灌输式教学，重视客观、普遍的知识传授，教师在灌输式教学中处于中心地位，学生被看作知识容器；教学过程强调教师对学生的控制，强调知识对学生的控制，其过程呈现封闭的特点，其教学远离生活世界。而"翻转"的课堂，是一个深度学习过程。由于学生在课前的视频学习中已经对所学知识有了一个全面的了解，课堂上教师已经不必花时间进行讲授，腾出来的时间，教师可以帮助学生对所学知识进行系统化和整体化处理。学生有机会进行协作探究，自己发现问题解决问题，培养批判性思维和创新能力。

（二）信息技术特别是视频技术、网络技术为翻转课堂提供了物质技术基础。

翻转课堂不是在线课程、视频课程的同义词，更不是用在线课程、视频课程取代教师。但翻转课堂绝对是技术促进和支持的教学和学习。主要表现在如下几个方面：

1. Camtasia Studio、录屏录像专家、录屏大师等录屏软件的开发和应用，大大降低了视频制作的成本和技术门槛。"微课"的推广应用，使得教学视频资源越来越丰富。

2. 由于"云计算""智能手机""平板电脑"等储存和播放技术的应用，使教学视频得以随时随地使用和观看学习。

3. 可汗学院五千多个教学视频为美国的翻转课堂提供了保障。2011年3月，萨尔曼·可汗在TED发表主题为"让我们用视频重造教育"，将世界的眼光再次聚焦到"翻转"的课堂，"翻转"的课堂在全球范围内引发大众的关注热潮。

翻转课堂借助技术提供了一种提升师生良性互动的方式；它借助技术营造一个学生是学习活动的主人的学习环境；它借助技术创设一个新的课堂：在这个课堂上，教师不再是讲台上的贤能者，而是学生旁边的引导者。由于技术的支撑，当学生生病、参加运动比赛或实地考察等活动而无法上课时不会落下功课；由于技术的支撑，学习内容被永久保存以备复习；由于技术的支撑，全体学生可望得到个性化的教育；由于技术的支撑，良性互动和面对面的、有意义的、深度的学习活动可望发生。

（三）教育教学和学习理论的发展为翻转课堂提供理论基础。

教育教学和学习理论的发展为翻转课堂提供理论基础，为翻转课堂的研究和实践提供指导和支持。具体情况请参阅本书第四章中的第一节"翻转课堂的理论基础"。

从以上分析可以看出，翻转课堂教学模式的诞生，有一定的偶然性，但不是一个孤立的事件。既是教育教学改革创新发展的结果，也是信息技术特别是网络技术发展应用的结果。偶然中存在着各种必然和联系。乔纳森·伯尔曼和亚伦·萨姆斯开创的"翻转课堂"迅速成为全球教育界最为关注的教学模式，甚至有学者认为"可能是自欧洲文艺复兴以来的教室授课模式之后的重大变革"。他们认为，如果不是他们，也会有其他人开创"翻转的课堂"。说明它诞生于肥沃的土壤，具有深厚的基础。它代表了教育教学改革发展的方向和趋势。具有强大的生命力和发展空间。

第六节　中美翻转课堂的比较分析

由于中美两国的教育文化和教学环境的差异，导致此"翻转"与彼"翻转"还是有着相当大的区别。认真研究这些差异，有利于翻转课堂在我国的本土化有效应用。

一、"翻转"出发点和目标的差异

美国学校应用翻转课堂有两个原因，一是帮助繁忙的学生。今天的学生都很忙，学生会工作、做义工、训练、比赛、演出等活动让一部分学生没办法安静地坐着听教师讲课，但是又不可能放弃这些课外活动，因为大学招生需要它们。因此，这些学生非常需要能够快速传递的课程内容，不至于在忙的时候错过学习。显然，翻转课堂能提供很棒的机会。其巨大的灵活性让学生能自主安排忙碌的时间——提前学习或事后补课，做到课程和活动两不误。二是帮助学习有困难的学生。在传统课堂教学方式中，最受教师关注的往往是最好和最聪明的学生，他们在课堂上积极举手响应或提出很棒的问题。而与此同时，其他学生则是被动听讲，甚至跟不上教师讲解的进度。翻转课堂的引入改变了这一切。最让学生兴奋的是能够暂停、倒带、重放讲座视频，直到听懂为止。而课堂上，教师的时间被释放，可辅导每一位有需求的学生，而往往大部分时间围绕着学习有困难的学生。

我国翻转课堂的出发点是解决教育教学存在的问题和弊端。了解这一点，才能抓住关键，明确目标。如我国中小学校早期开展的"先学后教"翻转实验，试图以课前的自主学习来改变传统的"满堂灌"教学；现代"翻转"的最初阶段，以观看教学视频传统的课堂讲授，以保证学生可能按照自己的节奏进行学习，将完成作业的任务安排在一个有同伴帮助和教师辅导的环境中进行；"全面翻转"阶段则以协作探究、展示质疑的高阶思维发展过程替代传统的、单一的复习巩固和课后作业形式，以培养学生的批判性思维和创新能力。美国中小学课堂一直非常重视课堂讨论和创新能力的培养，因此他们的翻转课堂实验在目的上并没有过多强调这一点，而仅仅强调为各种原因缺席上课，轻松、有效进行补课或解决部分学生跟不上教师讲课进度的问题，并为师生课堂互动提供更多时间。

二、翻转学习技术和学习环境的差异

美国的翻转课堂现已具备了较为成熟的课程内容和学习管理系统。例如：可汗学院邀请顶级课程专家和教师对课程内容进行设计和讲解，通过在线课程学习和管理平台，向全美学生免费开放。在线课程平台是一个完善的学习管理系统，这一系统可以对学生的自主学习给予及时的评价和反馈，通过游戏化学习方式提升学生的学习兴趣。同时，学习平台能把学生的整个学习轨迹记录下来，方便教师对学生进行个性化的分析，以实现因材施教。

翻转课堂要求运用信息技术有效组织学习内容，让学生在课外通过网络随时随地获取学习资源，开展跨时空的课前自主掌控学习。但中国大部分学校信息化条件还比较落后，城乡间、校际间教育信息化建设差距较大，尤其是农村学校教育信息化建设严重滞后。因此要在中国普及推广翻转课堂存在非常大的困难。当然在中国也有人认为，翻转课堂的实质是改变教与学的方式，因此，并不一定在数字化学习环境下实施。

三、翻转课堂教育文化土壤的差异

翻转课堂翻转的是教学流程、教学理念、师生角色、教学模式等。翻转课堂的实施必须从"以教师为中心"，翻转到"以学生为中心"，充分尊重每一位学生的学习需求，变革传统的学习方式和教学方式，通过在线学习与面对面教学的有机融合，实现因材施教的个性化掌控学习。翻转课堂的成败取决于教师的专业素养与职业精神、学生自主学习的方法与习惯以及学习资源的配置情况。由于中美两国学校教育文化和教育环境的差异，导致翻转课堂实施难度存在巨大的差异。

美国学校教育一直遵循"学为上"的原则，尤其注重学生自主学习能力的培养，倡导让学生主动求知，不能被动强求。在教与学的关系中，"学"总是被放在首位。他们非常注重学习方法的给予，从小学一直到大学，每一位教师的教学理念就是给学生知识的同时，传授相应的学习方法，让学生学会怎样去学，而不是像中国那样"填鸭式"。在开始翻转之前，美国学生已经具备了非常强的自主学习能力、意识和习惯。换言之，在翻转之前，学生就已经具备了非常好的自学能力条件和"翻转"条件。

在课堂教学中，美国学校教育一直倡导学生课前自主阅读，独立思考，课堂讨论、实践、创新，将课堂当作轻松活跃、协作探究、主动求知的学习中心。在

翻转之前,美国师生对翻转课堂要求的小组学习、协作探究、展示质疑等课堂组织形式已经非常熟悉甚至应用自如,而且,"阅读—思考—讨论"教学模式,非常有利于培养学生的批判性思维,学生非常善于独立思考。因此美国学校教育开展翻转课堂教学难度非常小。

长期以来,我国学校教育以教师为中心,以应试教育为导向,师生都习惯了教师主宰课堂,学生只能被动接受的课堂教学形式。在漫长的学校教育进化过程中,教师、学生、家长以至全社会都有一种潜意识:所谓学习,就是"听讲+作业"。这种教学模式,不仅制约了学生的创新思维和求知欲望,而且学生的好奇心和求知的欲望逐步退化,自主学习能力得不到培养,更谈不上形成主动学习的意识和习惯。另外,在讲究标准化答案、唯一性答案的中国教育体系里,学生的批判性思维和独立思考能力都非常薄弱。然而,为实现翻转课堂,却需要将知识传授的过程放在课前,借助信息技术的支持实现知识呈现方式、时间、空间的创新,前提条件是学生具备自主学习能力、意识和习惯。因此,中国实施翻转课堂,需要给予学生更多的指导和训练。

在中国实施翻转课堂的另一个障碍是许多教师的观念难以实质性地转变。一些教师把自己的人生价值定位在"传道和授业"上,这些教师不能放手让学生自主学习。目前一些所谓的"翻转课堂",并没有实现真正的"翻转",在许多情况下,明明学生都已经学会了,教师还是要讲解一段时间。传统课堂的"教",多是照本宣科,教师只把学生当作接受知识的容器,教学活动具有计划性、预设性的特征。教师按照自己课前设计好的教学方案去展开教学活动,而不会节外生枝。整个教学过程就像上紧了发条的钟表一样,什么时间讲授,什么时间提问,给学生多少时间回答问题等都设计得丝丝入扣。教师善于演讲,善于吸引听课者的眼球,主角意识浓厚,表演欲望强烈。一位年轻教师经过数年的训练和适应,就会对这种教学程序和教学方式应用得得心应手。但在整个教学过程中看不到教师的随机应变,看不到对学生思维出现阻碍时的点拨。教师往往把教学过程看成是学生配合教师完成教案的过程,一定程度上忽视了学生作为学习主体的存在,很难看到教学过程的动态生成,很难看到富有生命活力的课堂。对于翻转后的课堂教学活动如何创新,如何唤起学生的学习热情和智慧活动的积极性,如何激发

创意和不断探索的精神，对于许多中国教师来说是全新的课题，需要更多的学习和适应。

四、学业成就评价的差异

美国学校教育以学生的个性发展和批判性思维能力的发展作为学生学业成就评价的标准，因此，课堂组织任何形式的互动交流、协作探究活动都不会有任何障碍。教师组织翻转课堂活动变得非常简单。

我国学校教育受到应试教育评价标准的影响和制约，大部分的翻转课堂实施仍然以应试教育的经验和土壤为基础，以应试的思维形式翻转课堂，为应试教育服务。虽然笔者极力倡导翻转课堂以培养创新型智慧人才为目标，但实践者最终仍然过"中考高考大关"，因此需要研究者和实践更具"翻转"智慧。

五、学习驱动和驱动工具的差异

在美国学校教育文化中，课外进行大量的阅读，带着观点和问题进课堂参与互动交流，是一种常态化的活动。如果学生在课前没有参与阅读，到了课堂就没有参与讨论的"资格"，因此，课前的阅读和思考，是一种自觉行为。进入翻转课堂，仅仅是将阅读扩展到观看视频，同样不需要教师强加和督促，因而翻转变得顺理成章。

在中国，由于长期受应试教育的影响，即便开展翻转课堂，学生学习的主动性和自觉性也难以在短时间形成。为解决这个问题，一些翻转课堂教学实践者便借助高效课堂使用的导学案来作为促进学生自主学习的工具。苏州市电化教育馆原馆长金陵老师则创造性地发明了自主学习任务单来作为驱动学生自主学习的支架。它是帮助学生在课前明确自主学习的内容、目标和方法的表单。任务单虽然把传统的知识点灌输转化为任务驱动，但学习的内容、目标和方法仍然是由教师规定和预设的。虽然它保留了"教师主宰学习"的痕迹，但在学生形成主动自觉学习习惯之前，用任务单来驱动学习和翻转课堂，仍然不失为一种有效的权宜之计。

综上所述，中美两国学校教育文化和教学环境的差异，必然导致两国"翻转"的环境存在非常大的差异。从美国引入翻转课堂并在我国本土化应用，必须充分考虑我国的"水土"，避免出现"水土不服"的问题。

鉴于我国的学校教育的"教情"和"学情"的特点，在我国实践翻转课堂可能会遇到更大的困难和挑战。这些困难和障碍前进中的问题，随着翻转实验的推进和深入，都会迎刃而解。例如苏州市电教馆原馆长金陵老师设计了自主学习任务单工具，以任务驱动和问题引导的形式帮助和引导学生进入自主学习，解决学生自主学习不适应、不习惯和教师对课前自主学习缺乏指导的问题。而解决这些困难和挑战，也正是我国实施翻转课堂教学改革的价值和意义所在。这充分说明在我国实施翻转课堂教学改革比美国目标更明确，意义更深远。

第三章
翻转课堂的本质

从乔纳森·伯尔曼和亚伦·萨姆斯开始尝试翻转课堂至今，人们对翻转课堂的本质并没有一个统一的认识。国内外的大多数学者认为翻转课堂是一种混合学习方式，但也有不少学者认为翻转课堂更加符合学生的学习规律，是先学后教的一种形式。令人担心的是，还有很多人没有看清问题的本质。因为无论是混合学习，还是先学后教，都不能涵盖翻转课堂的本质。这些学者在翻转课堂仅仅看到教学形式的改变。实际上，翻转课堂是一场为了适应信息时代急剧变化对人的培养和发展的新要求，以改变传统课堂教学不合理的教育理念和方式为前提，以促进学生创新型智慧发展为核心的教育变革。

[本章导读]

　　课堂（方法）改革的本质是课程（内容）改革，课程（内容）改革的本质是教育（目标）改革。翻转课堂的本质是互联网+时代的智慧教育。本章内容从不同的角度和层面观察和透视翻转课堂的内涵和本质。在不同的研究阶段，翻转课堂研究者从各自的认识和立场出发，对翻转课堂给出不同的定义。从这些定义的发展变化来看，人们对翻转课堂本质的认识经历了一个逐步深入的过程。翻转课堂，从本质上看是一种基于自主学习和探究学习的创造性智慧教育课堂。主要通过"四个联通"来实现，所以笔者将其称为"联通教育"。但翻转课堂是手段，更是价值；是术，更是道；是谋略，更是哲学。从价值层面看，它是智慧课堂，是以"联通"为手段，以发展智慧为目的的智慧教育。

[学习任务单]

一、翻转课堂的本质是什么？

二、也有人认为，翻转课堂就是"先学后教"。你怎么看？

三、还有人认为，翻转课堂的目标就是高效课堂。你怎么看？

四、更有人认为，翻转课堂就是线上线下的"混合学习"。你怎么看？

五、翻转课堂与智慧课堂有何异同？

第一节　翻转课堂的内涵

　　翻转课堂从英文"Flipped Classroom"或"Inverted Classroom"翻译而来。与翻转课堂类似的翻译还有"颠倒课堂""反转课堂""翻转教学""翻转学习"等，目前基本统一使用"翻转课堂"这个概念。从美国到中国，翻转课堂的定义不断变化和完善，反映了研究者和实践者对翻转课堂的内涵的认识越来越深入。

　　定义一：所谓翻转课堂，就是教师创建视频，学生在家中或课外观看视频中教师的讲解，回到课堂上师生面对面交流和完成作业的这样一种教学形态。

　　这是2007年美国科罗拉多州林地公园高中两位化学老师乔纳森·伯尔曼和亚伦·萨姆斯提出的定义。在此之前，他们只能对翻转课堂的做法进行简单、朴素的描述：学生晚上在家观看教师录制的教学视频，第二天则跟同学一起在课室完成作业，遇到问题可以向老师或同学请教。这跟传统的"白天学生跟随教师在教室上课，晚上回家完成作业"的教学方式正好相反，所以称为翻转课堂。这一描述方式，主要是通过与传统课堂教学进行参照和对比的方式，帮助教师同行认识他们的翻转课堂实践。为了让同行对他们的翻转课堂有深入的了解，他们甚至以回答翻转课堂"是什么"和"不是什么"两个问题的方式对翻转课堂进行进一步的解读。他们认为，翻转课堂让课堂的内容得到永久存档，可用于复习或补课，使缺席课堂的学生不被甩在后面；它提供了一种让学生对自己学习负责的环境，让所有学生都能得到个性化教育；它增加学生和教师之间的互动和个性化的接触时间；教师是学生身边的"教练"，不是在讲台上的"圣人"；它是所有的学生都能积极学习的课堂；是混合了直接讲解与建构主义学习的混合式课堂。他们进一步强调，翻转课堂不是在线课程，也不是在线视频的代名词，因为翻转课堂除了教学视频外，还有面对面的互动时间，与同学和教师一起发生有意义的学习活动；它不是视频取代教师，让整个班的学生都盯着电脑屏幕；它不是让学生在孤立地学习，更不是让学生无序学习。

从林地公园高中对翻转课堂的定义和描述来看，林地式翻转课堂属于早期的翻转课堂，对翻转课堂本质的理解还比较简单。他们主要是受布鲁姆掌握学习理论影响和局限，将研究的重心放在课前自学和视频学习。对于课堂的研究，停留于完成作业任务和增加个别辅导的时间。对课堂互动学习和探究学习还缺乏进一步的研究和展开。在我国引入翻转课堂的初期，同样是将课前的学习目标、任务和视频资源作为研究重点，甚至不少教师将翻转课堂教学等同于视频教学或在线学习。

定义二：颠倒的教室，是指教育者赋予学生更多的自由，把知识传授的过程放在教室外，让大家选择最适合自己的方式接受新知识；而把知识内化的过程放在教室内，以便同学之间、同学和老师之间有更多的沟通和交流。

这是在"聚焦教育变革——2011年中国教育信息化峰会"上，英特尔全球教育总监布瑞安·冈萨雷斯（Brian Gonzalez）在题为《教育变革——全球趋势和经验》的主题演讲中提出的翻转课堂定义。在英特尔的合作项目学校，这种模式已经得到很好的落实。课前，学生们以自己的方式和时间，选择性地观看教师的课程视频；课上，大家针对自己的疑问解决问题，以及做一些测评、沟通的工作。英特尔对翻转课堂的理解，离不开英特尔的"一对一"数字化学习模式。虽然强调"同学之间、同学和老师之间有更多的沟通和交流"，但更多的还是强调通过数字化"一对一"学习，提供给学生更多的自主和自由，强调的是技术的参与。如同他在演讲中反复强调学习无处不在、在移动中学习以及云计算。学习无处不在是指：在任何时间、任何地点，任何对象都可以进行教与学，就如同英特尔"一对一"数字化学习一直倡导的那样。始终强调了技术的支持作用。

定义三：翻转课堂是学生在课前通过教师分发的数字化材料（音视频、电教教材等）进行自主学习，回到课堂后与教师和同学互动交流，并完成练习的一种教学形态。

这是重庆市江津区聚奎中学在《学习的革命：翻转课堂》一书中提出的翻转课堂定义。早在2011年，重庆市聚奎中学开始引入翻转课堂理念并对其进行探索实践，是中国基础教育阶段最早开始探索翻转课堂的学校。在三年多的探索实践中，聚奎中学对翻转课堂教学法进行了本土化改造，在持续深入地对翻转课堂进行深入理论研究的基础上，构建起中国本土化的翻转课堂整体架构、支撑体系、教学模式和评价体系。聚奎中学的翻转课堂本土化探索，在中国比较有代表性。如陈玉琨、田爱丽在《慕课与翻转课堂导论》一书中将翻转课堂定义为"学生课前先基于教学目标和内容制作的教学微课视频，完成进阶作业，课堂上，师生一起共同完成作业，解决疑难，创造探究的学习形式"。黎加厚教授则认为"翻转课堂是打破传统的学生课上学习，课下作业的模式，创造学生课下学习、课上练习巩固的一种新的课堂模式"。这种以"作业练习"为核心的翻转课堂，比较适应我国教育教学的现状，大大降低了"翻转"的难度和力度，但它难以摆脱应试教育的桎梏，难以体现其对于教育教学创新与变革并培养学生的批判性思维和创造能力的价值。

定义四：翻转学习是把直接教学从群体学习空间转移到个体学习空间，将群体学习空间改变成一种动态性、交互性的学习环境，促进学生在教师指导下运用概念创造性地参与科目学习的一种教育教学形态。

随着翻转课堂研究的进一步发展，乔纳森·伯格曼和亚伦·萨姆斯将研究的重点由"翻转课堂"转向"翻转学习"，并在《翻转学习》 书中引用了拉姆齐·穆塞莱姆的"翻转学习"定义。英文原文是："Flipped Learning is a pedagogical approach in which direct instruction moves from the group learning space to the individual learning space, and the resulting group space is transformed into a dynamic, interactive learning environment where the educator guides students as they apply concepts and engage creatively in the subject matter."（引自The Flipped Learning Network, http://flippedlearning.org/domain/46）该定义将研究和关注的重点，从关注"教学"到关注"学习"，从关注"课前视频学习"到关注"课堂活动"，并强调了群体学习空间与个体学习空间的关系，使翻转课堂研究和实践得到升级换代。

前面四个定义，第一、第二两个定义将研究和关注的重点放在课前自主学习和视频技术的运用；第三个定义表明我国的本土化翻转课堂强调课堂活动，但主要以作业练习为核心，缺乏对创造力的关注和培养；第四个定义强调课堂时空的动态性、交互性应用，认为"翻转学习就本质而言是以学习为中心的"。

这些定义对翻转课堂的内涵的描述和界定主要着重于翻转的形式，说明我国翻转课堂的研究和实践主要还是聚焦于形式的翻转课堂，对翻转课堂的本质有待深入。从操作层面看，翻转课堂主要通过"四个联通"来实现，因此，翻转课堂在实施层面是"联通教育"。

第一个联通，是课堂内与课堂外的联通。这是对传统教育时间和空间的解构与重构。课外和课堂是两个差异较大的时间和空间。课外的时间和空间具有较大的弹性和灵活性，适合于差异性较大的个性化自主学习。课堂的时间和空间比较固定，适合于步调一致的协同性学习。翻转课堂中，教学与学习的时间和空间都发生了转变。教师教授时间放在了课前由学习者控制，学习者可根据自身的水平自行加减。教师在课堂中根据实际情况减少讲授时间，留给学生更多的学习活动和解决问题的时间。将原本在课堂上讲授的内容转移到课外，课堂中师生交流和学生之间开展小组协作学习的时间得到增加。

第二个联通，是学生个性化学习与教师贴心服务的联通。数字化学习的核心就是个性化学习。教师从知识的垄断者，变成学生学习的导师和管理者。在翻转课堂中，学生成为学习过程的中心。他们需要在实际的参与活动中通过完成真实的任务来建构知识。有人会由此认为翻转课堂降低了教师的作用。其实，教师仍然是学生学习活动的推动者。首先，学生在课外可以掌控观看视频学习的节奏和方式，但学生在课外观看的授课视频是由教师选择甚至是由教师自己录制的。学生在课外需要思考和解决的问题也是由教师设计的。其次，在课堂研讨阶段，虽然发现问题、解决问题都是学生的事，但时间安排和进行活动的节奏还是由教师决定的。

第三个联通，是线上学习与线下学习的联通。未来在线上线下结合的教育，将使任何教育领域如虎添翼。未来教育模式将会多种多样，其中最有效的教育模式，一定是把线上线下打通的教育模式。笔者认为，比较科学和理想的模式是，线上解决共性问题，线下解决个性问题。学生通过观看线上名校名师的优质授课视频，获取基本知识，线下通过面对面的激烈辩论，加深对知识的理解。互联网教育的本质是优质学习资源的共享。翻转教学所需的授课视频，大部分应该由专业机构免费或收费提供，一线教师只需要根据本校的实际需要做一些专业机构没有提供的授课视频，如校本课程等。

第四个联通，是知识与智慧的联通。知识学得多，能使人聪明，但不一定使人有智慧。翻转课堂是知识教育，更是智慧学习，是知识教育与智慧教育有机结合。

为了保证翻转教学在我国的推进不会离出发时的目标渐行渐远，翻转教学实践必须关注和警惕一个问题，就是"伪翻转课堂"。笔者认为，"四个联通"是真假"翻转"的最好的检验标准。翻转课堂的本质是"四个联通"，因此，笔者更愿意将翻转课堂称为"联通课堂"或"联通教学"。

虽然可汗学院*The One World Schoolhouse: Education Reimagined*一书的书名被翻译成《翻转课堂的可汗学院——互联时代的教育革命》，但全书却没有多少篇幅讨论翻转课堂，而是花大量篇幅谈论和反思现行的美国教育模式，而且认为："虽然这种教育模式能将更多互动融入课堂，也能让学生自主控制听课节奏，却没有解决年龄分班、学习进度统一化的问题，也无法让考试的作用更多地向发现学生的漏洞而不是将学生定性的方面倾斜。"事实上，可汗对翻转课堂的理解是非常深刻和非常前瞻的。在书的结束语部分，作者明确提出"翻转课堂：为创造力腾出时间和空间"，指明了翻转课堂的核心使命。

综上所述，笔者认为翻转课堂是一种新型的创造力课堂。它将讲授教学从群体学习空间转移到个体学习空间，将群体学习空间转变为一种动态的、互动的学习环境，从而满足学生个性化的学习需要并发展学生的批判性思维、解决问题的能力和创造新知识的能力。

第二节　翻转课堂的核心

翻转课堂翻转什么？对这个问题的不同回答，从一个侧面反映了研究者对翻转课堂的本质的认识，一直是翻转课堂研究者争论的焦点之一。

一、翻转课堂是教学流程的创新

教学流程的翻转，通常又称为"教学流程再造"。

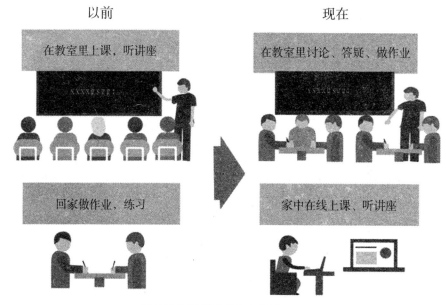

翻转课堂教学过程的变化图

很多年以前，人类就探索利用教育技术（教学视频）实施教学，如20世纪50年代，世界上许多地区都尝试过广播电视教育。为什么当年所作的探索没有对传统的教学模式带来多大的影响，而翻转课堂却备受关注呢？这不是视频媒体的错，而是有如下两个原因：一是当时的电视技术并不普及，无论是电视硬件设备还是电视教材资源，都极其昂贵。而传统的班级授课形式，成本低、效率高。因此，电视教学并不能取代传统教学形式。二是虽然随着信息技术的发展，视频教学资源的制作和应用成本大大降低，一些热心教育技术的专家进行信息技术与课程整合的试验，试图将信息技术应用到课堂教学，并将传统灌输式教学改造为协作探究学习，但由于传统的教学流程并没有给信息技术的应用和协作探究活动留下足够的时间和空间（一节课的时间是恒定的，传授知识的时间不能减少，协作探究就没有时间），大规模的教学改革实验并没有取得原来期望的结果。

延续了四百多年的传统课堂教学，虽然历经无数次的改革与调整，但主要是围绕着教师如何讲授得更好为中心展开的。直到现在，基本的教学流程没有变，就是课堂上教师力求深入浅出地将新知识传授给学生，课后学生通过完成作业加以巩固。主要的优势是运送知识的效率非常高，主要的缺陷是同步性和灌输性。同步性忽视了学生在接受能力的差异性；灌输性忽视了对知识的探究，这些都不利于创新性人才的培养和个性化发展。翻转课堂的教学流程与传统课堂不同，它将知识传授的过程前移至课前，将知识内化过程放在课堂上。学生在课前观看教学视频进行新知识的学习，代替教师的课堂讲授，并将课堂的时间和空间腾出来，让学生完成作业，并进行师生、生生之间的互动和答疑等活动。这样做有两个好处：一是学生通过观看视频学习，掌握学习的主动性，对自己的学习负责，解决传统课堂教学中优等生"吃不饱"，差等生"吃不了"，中等生"吃不好"的问题，实现孔子的"因材施教"教育理想。二是翻转学习目标的可操作性，有利于学生对知识的探索和实践创造。对照布鲁姆的学习目标分类（记忆、理解、应用、分析、评价和创造），与传统教学相反，翻转课堂将难度最小但需要更多选择权的学习环节（记忆、理解）放在最自由的课前学习时间（学生可以按照自己的节奏和个性掌握视频学习），而将难度最大而又需要同伴互助和教师点拨指导的学习环节（应用、分析、评价和创造）安排在课堂上完成，各安其位，各得其所。根据混合学习理论，一些良构性、基础性的知识适合于用课前接受学习（适合应用奥苏贝尔的有意义接受学习理论进行指导），一些劣构性、复杂性的知识则适合课堂上建构学习（适合应用建构主义学习理论进行指导），因此，翻转课堂被认为是接受学习理论与建构主义学习理论的混合应用。

二、翻转课堂是教育理念的创新

支持这一观点的研究者认为翻转课堂就是由"以教为中心"教育理念转变为"以学为中心"教育理念。翻转课堂被看作是以学生为中心的学习模式。一直以来，课堂都是以教师为中心，教学就是教师站在讲台上给学生讲课，即使教师将课讲得非常精彩，也总有学生不能融入其中。翻转课堂，让教师下台，学生上台，课堂变成一个学生的学习中心。

三、翻转课堂是师生角色的创新

支持这一观点的研究者认为翻转课堂最大的障碍是教师角色的转变。他们认为翻转课堂通过"传递信息"和"吸收内化"过程的翻转，教师由知识的传授者转变为学生学习的指导者、服务者；学生由被动接受转变为主动研究。

四、翻转课堂是教学结构的创新

苏州的金陵老师认为翻转课堂并没有翻转教学流程，依然遵守从学习知识到内化的时间顺序。他认为，翻转课堂翻转的是教学结构，即从"学习知识在课堂，内化知识在课外"的结构转化为"学习知识在课外，内化知识在课堂"的结构。金老师的观点，基本体现了翻转课堂的特征，但还可以进一步商榷。

五、翻转课堂是学习环境与学习活动关系的创新

按照学习过程是否需要交流协作或独立思考，可以将学习分为独学和群学。独学，以独立思考为特征，如知识传授；群学，以协作交流为特征，如知识内化。学习环境也有两类：私环境和公环境。私环境，如家里，安静，干扰少，适用于独立思考，适用于独学；公环境，如课室，公共场所，适用交流分享、协作探究，适用于群学。翻转课堂，将"在课堂学习知识，在家完成作业"的方式转变为"在家观看视频学习知识，在课堂讨论学习"，实现了学习方式与学习环境的完美匹配，即适宜群学的学习内容和与适宜群学的环境相互匹配；适宜独学的学习内容与适宜独学的学习环境达到高度的统一。翻转课堂的最大潜力和最大特色，可以认为是实现学习活动与学习环境的完美结合与匹配。

学习活动与学习环境的匹配表

	学习活动	学习环境
独学	知识传授，独立思考	私环境，如家里，安静，干扰少
群学	知识内化，协作探究	公共场所，如课室，适宜互动交流

六、翻转课堂是育人本质和育人目标的创新

无论是教学流程的再造，还是教育观念的转变，无论是师生角色的转换，还是教学结构的翻转，改变的都是课堂教学形式和教学手段的变化，但翻转课堂的核心是适应信息化背景下学校教育变革的需要，改变旧的育人目标并相应地改变教学的环境和形式。

第三节 翻转课堂的本质

智慧是教育永恒的追求，智慧发展是当代教育变革的一种基本价值走向。因此，作为主导信息时代课堂教学改革的翻转课堂，用智慧教育引领其发展方向，是一种理性的选择。

一、什么是智慧教育

智慧（Wisdom）是什么？彼得·A·安杰利斯（Peter.A.Angeles）在《哲学辞典》中对"智慧"的释义："对人生的最好目的，达到它们的最好手段，以及成功运用那些手段的实践理性的正确知觉。"希腊文化强调的四种美德：智慧（Wisdom）、勇敢（Courage）、正义（Justice）、信仰（Faith）。这里把"智慧"道德化了，成为四种基本美德的第一美德，而且与信仰并列。《圣经文学辞典》认为智慧是一切美的源泉。它把"智慧"美学化了。《旧约》说"智慧比珍

珠更美。"《后典》说"智慧的美赛过太阳和群星"。"当智慧向我们走来的时候，所有的美物皆随她而来。"《佛学大辞典》中对智慧的解释，智是决断（决疑断惑），慧是拣择（考察切要）。智是观照，慧是了知。简而言之，观空照有，了知空有，就是智慧。智慧是什么？智慧就是明了，对于一切现象你都能够通达明了，这就叫智慧。

因此，笔者认为，智慧既包括人透彻地洞见事物的能力和解决问题的能力（如孙子兵法讲的全是战争的谋略和智慧），也包括获得快乐、幸福人生的理念和方法。它包括了能力、道德和美的方面。智慧有三个标志，一是善于做事，二是做成善事，三是做成美事。智慧教育则是以智慧发展为取向的教育形态。与之相对应是以知识学习为取向的知识教育。

智慧和智能是两个非常相似而容易混淆的概念。我们可以通过对机械化、自动化、智能化等三个概念的对照来认识智能。机器替代和解放了人的体力劳动，但需要人工反复操作，叫机械化；机器不仅解放人的体力，而且一经启动，可以按照预先认定的程序或轨道连续运行，不需要人工反复操作，叫自动化；机器人学习和适应外界环境，做出判断、反应和行为，叫智能化。它能代替人类的复杂思维劳动。因此，智能就是机器所具有的分析判断思维能力；而智慧则是人类所具有的高级思维能力。前者是一个技术学概念，后者则是一个心理学概念。

研究者可能希望计算机和网络具有人类的思维能力，所以有意无意地将智能混淆为智慧，如将智能地球（Smart Earth）翻译为智慧地球，并由此引申出智慧城市、智慧交通等技术概念。在此语境中，智慧教育也变成一个等同于智能教育的技术学概念。

因此，智慧教育具有三种不同层次的内涵：

（一）作为技术学概念的智慧教育（Smart Education）。

智慧教育作为教育技术研究的对象，研究者关注的是云计算和大数据等在教育教学中的应用。他们通常认为，智慧教育是依托物联网、云计算、无线通信等新一代信息技术所打造的物联化、智能化、感知化、泛在化的教育信息生态系统，是数字教育的高级发展阶段，旨在提升现有数字教育系统的智慧化水平，实现信息技术与教学、管理、评价、科研、后勤等教育主流业务的深度融合。事实上，笔者认为称为智能教育更准确。

（二）作为教育学概念的智慧教育（Wisdom Education）。

从教育学的视角来看，古代圣人的著作如《道德经》和《周易》等，充满了人类的智慧，对人类的启迪就是智慧教育。古希腊哲学家教育家如苏格拉底的教育也不是为了传授知识，而是启发思考，增长智慧。

（三）作为"互联网+"时代的智慧教育（Intelligence Education）。

信息技术的发展，为以智慧发展为取向的智慧教育插上了翅膀。因此，祝智庭等专家认为，智慧是信息技术支持下的以发展学生智慧能力为目的教育形态。

根据以上各种关于智慧教育概念的不同描述，我们可以将智慧教育界定为，以大数据、云计算为技术环境，以教师的教学智慧为条件，以培养智慧人才为价值追求的教育形态。

二、翻转课堂在本质上是基于"互联网+"的智慧教育

为什么说翻转课堂是一种智慧教育？主要有两个理由：

（一）翻转课堂在本质上追求创新和智慧教育。

无论中国的古代教育，还是苏格拉底的"产婆术"教学，都以培养人的智慧为主要目的。到了大工业时代，工厂需要使用大量具备专业知识和技能的工人，教育才转向以掌握知识为主要目的。当下信息时代，随着互联网技术的发展和广泛应用，出现严重的"知识大爆炸"现象，学习由短缺转向过剩，进入所谓的"过剩时代"，知识超载和易得，以"掌握人类所有文明成果"为目标的知识教育，变成不可能和没有必要完成的任务。而如何获得知识、选择知识、处理知识、应用知识和创新知识，即统率知识的能力和智慧却变得越来越重要。翻转课堂以掌握知识为基础，以知识创新和发展人的生命智慧为主要目的。它专注于培养处理问题和应对危机的能力，也促进学生对人生的思考。它让学生学会运用已有的知识和经验对自己与他人、与社会、与自然关系的积极审视、理解和洞察，并对他人、社会、自然关系给予历史的和未来的多种可能性关系的明智、果敢的判断和选择。

（二）"翻转"的过程是学生智慧发展的过程。

智慧是人类先天遗传与后天环境交互作用的结果，而后者对智慧的作用更为巨大。智慧教育是信息时代教育教学的新愿景，但真正实现智慧教育和智慧发展并不容易，需要创设良好的学习环境和社会环境，采取有效的教学方式方法。智慧不同于知识，因此我们不可能通过知识的堆积而获得智慧。我们在探明世间万物和人生的真相和真义的过程中，通过"主体的自觉"而获得智慧。这一过程，离不开知识的整合和应用创新。

翻转课堂由于突破传统课堂教学的时空限制，将"最合适的教学过程"安排在"最合适的时间"，接受学习与探究学习的有机结合，优势互补，有利于解决传统教学的两大"顽疾"，一是无暇顾及学生学习差异的问题；二是对创新能力培养缺乏重视的问题。翻转的过程，就是碎片知识的学习与整合创新的过程。与智慧发生的过程有异曲同工之妙。因此，翻转课堂不仅有利于知识的学习，更有利于学生知识应用和创新能力的培养和智慧的发展。

翻转课堂是手段，更是价值；是术，更是道；是谋略，更是哲学。从价值层面看，它是智慧课堂，是以"联通"为手段，以发展智慧为目的的智慧教育。明确这一点，不仅有助于提高翻转课堂教学的品位和品质，使其不局限于为应试教育服务，也有利于智慧教育的发展。

第四节　翻转课堂与先学后教的区别

众所周知，翻转课堂是一个舶来品。从形式上看，翻转课堂是学生在家或课外看视频，回到课堂做作业的一种教学形式。先学后教是江苏泰兴洋思中学独创的课堂教学模式，是对传统的"先教后学、课后作业"教学模式的颠覆性改革，一堂课总要从"先学后教"的"学"字开头，这个"学"是自学的意思，"学"是学生带着教师布置的任务、有既定目标的自学，学生的自学成为一堂课的起点，是这种课堂教学模式的最大特色和亮点。每堂课教师都是先让学生自学，学生不是盲目地自学，而是在教师指导下自学。教师的指导必须符合"四明确"要求：明确时间、明确内容、明确方法、明确要求。从形式上看，翻转课堂与先学后教的确有许多相似之处。因此，一些学者认为翻转课堂的本质是先学后教，是一种将传统教学"教师先教学生后学"方式转变为"学生先学教师后教"的方式，甚至认为与江苏省洋思中学、河北省杜郎口中学、山西省新绛中学提倡的"先学后教"，即先由学生根据教师提供的导学案或教材等学习材料进行自学，再由教师有针对性地进行教学的教学模式，本质上没有什么不同，只不过是导学案换成了视频。如果光看表面，这种说法不无道理，但事实上，"翻转课堂"与"先学后教"的教学模式有着本质的区别。先学后教并不能概括翻转课堂的本质特征。翻转课堂借助授课视频的支持，消解了传统教学的时间和空间概念，实现的超时空的学习和互动。一次翻转课堂教学过程，要经历"教师创建授课视频（上课和录课）——学生观看视频学习知识（听课）——课堂师生互动（知识深度加工和价值深度挖掘）"三个阶段。与传统教学的"教"与"学"同步不同，翻转教学中的"教"与"学"是异步的，课堂上也不是传统意义上的教学和讲授，而是知识深度加工和知识价值的深度挖掘。教师在录制授课视频时，实际上已经完成了"教"的过程；学生在家或课外观看授课视频实际上是"学"的过程；回到课堂的互动研讨过程，实际上已经不是单纯的"教"或"学"的过程，而是一个深度挖掘和思考提升的过程。因此，从教学流程的顺序来看，翻转课堂仍然是"先教后学"，而不是许多学者认为的"先学后教"。翻转课堂所发生的变化是教学时空的变化，而不是教学活动顺序的变化。

翻转课堂的"先学后教"观点，掩盖的翻转课堂的本质，导致翻转教学实验中出现了许多错误的做法。

第一个错误做法：先让学生在家里或课外看了授课视频，教师仍然不放心，在课堂上再讲一遍，挤占师生互动、研讨学习的时间。翻转教学的目的之一，就是在家里或课外借助授课视频的帮助，让学生在最短的时间内掌握基本知识，将课堂时间腾出来给师生互动、个别辅导，实现学生个性化发展。教师重复讲授是浪费宝贵的学习时间。

第二个错误做法：教师给布置了观看视频的学习任务，还布置繁重的家庭作业，加重学生的负担，造成家长对翻转教学实验的误解和反对。经过观看授课视频和互动学习、研究交流，绝大部分的学习任务已经消化吸收，只需在课堂上布置和完成少量的作业，无须布置和完成大量的课外作业。

第三个错误做法：一些教师对翻转教学实验采取保守的办法，如"课内翻转"方式，选择在课堂前10～15分钟时间投放授课视频观看，然后开发讨论学习。翻转课堂的最大优势之一，就是突破课堂时间和空间的限制，让出更多的时间探究知识。学生在家里或课外按照自己的节奏和方式，观看授课视频，获取知识，提高学习的主动性和个性化。这种"课内翻转"的方式虽然借助了信息技术，但仍然是传统的"齐步走"教学，既不能让学生掌握自己学习的节奏，违背了个性化学习的规律，也没有突破课堂的时空限制，不能体现翻转课堂的优势，是一种假"翻转"。

因此，在翻转教学实验中，教师掌握翻转课堂的精神实质和正确的操作流程非常重要。

第五节 翻转课堂与混合学习的区别

国内有专家认为翻转课堂的本质是混合学习。对此，笔者不敢苟同，理由如下：

混合学习（Blended Learning）是教育领域出现的一个新名词，但它的理念和思想却已经存在多年。根据美国Learning Circuits的解释，Blended Learning被认为是在线学习和面授相结合的学习方式。（Learning events that combine aspects of online and face-to-face instruction）。国内外教育技术专家分别进行过定义和论述。Driscoll（2002）曾对混合学习进行了较为全面的论述，她认为混合学习意味着学习过程可以是基于Web的技术（如虚拟课堂实况 、协作学习、流媒体和文本）的结合（或者混合），以实现某一教学目标；是多种教学方式 （如建构主义、行为主义和认知主义）和教学技术（或者非教学技术）的结合，共同实现最理想的教学效果；是任何形式的教学技术（如视频、CD-ROM,基于Web的培训和电影）与基于面对面的教师教学培训方式的结合；是教学技术与具体的工作任务的结合，以形成良好的学习或工作效果。李克东教授认为"混合学习（Blended Learning）是人们对网络学习（e-Learning）进行反思后，出现在教育领域，尤其是教育技术领域较为流行的一个术语，其主要思想是把面对面（Face-to-Face）教学和在线（Online）学习两种学习模式的整合，以达到降低成本，提高效益的一种教学方式。"何克抗教授指出"所谓Blended Learning就是要把传统学习方式的优势和e-Learning（即数字化或网络化学习）的优势结合起来；也就是说，既要发挥教师引导、启发、监控教学过程的主导作用，又要体现学生作为学习过程主体的主动性、积极性与创造性。只有将这两者结合起来，使两者优势互补，才能获得最佳的学习效果。"台湾资策会教育训练处顾问工程师邹景平认为："混合学习就是教师或开课单位在课程中视教学需要，而机动选用实体教室、同步模式或非同步模式来进行教学的。"

综合上述，专家的定义和观点，可以认为Blended Learning是一种新型的学习方式或学习理念，它是指在e-Learning和企业培训中，按照系统论的观点和绩效方法，恰当结合传统学习手段和在线学习手段的学习方式。它的目标是使学习更容易、更便利，从而实现最好的学习效果，它的依据是企业和组织的学习绩效指标。事实上，混合学习理论研究并没有提供确定有效的结合方式方法，"混合"变成了传统面对面教学与在线学习两种相对独立的学习方式的简单"相加"，在实际应用中还面临严峻的挑战。如面对面教学与在线学习的比例难以确定。这个问题是事关混合学习成败的问题，混合学习不是因为它的定义认为结合了面对面教学和在线学习各自优势而真的有效，混合学习会有成功案例，但也会有失败的案例，关键问题是如何进行混合，什么时候该用面对面教学，什么时候该用在线学习，两者具体使用的比例和间隔频率如何，目前还没有公认的答案。因此，混合学习理论还存在许多不确定性。

第三章 翻转课堂的本质

从以上分析可以看出，学界对混合学习概念的理解还没有形成共识，如本章第一节所述，在操作层面翻转课堂是课外学习与课堂学习、线上与线下、个性化学习与教师贴心服务、知识与智慧的混合，但这种混合并不能涵盖翻转课堂的本质。

第六节 翻转课堂与高效课堂的区别

翻转课堂与高效课堂有什么区别与联系？可能因为这两个概念都有个相同的关键词"课堂"，在有关翻转课堂的培训和交流活动中，笔者发现教师们经常被这个问题所困扰。有些教师认为翻转的目标是构建高效课堂；高效课堂可以通过翻转课堂来实现。甚至有教师直接提出"借助翻转课堂打造高效课堂"。笔者认为，两者所强调的教育教学理念的确有相似之处，如都强调以学生为中心，强调师生角色的转换，教师成为导师或导演，学生由被动听讲的听众变成主演等。但有些教师认为翻转课堂就是搞了多年的高效课堂，就没有必要再搞一套了。因此，如果不对这两个概念进行辨析，多少会影响翻转课堂的实践与推广效果；正确区别这两者的差别，更加有利于认识翻转课堂的本质，更加有利于翻转课堂的发展和推进。

一、概念的界定不同

（一）高效课堂的概念。

高效课堂，是高效型课堂或高效性课堂的简称，顾名思义是指教育教学效率或效果能够有相当高的目标达成的课堂，具体而言，是指在有效课堂的基础上、完成教学任务和达成教学目标的效率较高、效果较好并且取得教育教学的较高影响力和社会效益的课堂。

（二）翻转课堂的概念。

翻转课堂是一种新型的混合教学形式。学生首先在课前观看教学视频，阅读教材或电子教科书，以了解所学知识，思考教师提出的问题，而后将不能解决的问题带到课堂中，学生之间、师生之间进行沟通交流，探讨研究，并且对学习心得、成果进行分享。

二、课堂改革的使命和任务不同

（一）高效课堂的使命。

与高效课堂相对的概念，是低效课堂或无效课堂。高效课堂要解决的问题，主要是课堂低效甚至无效的问题。课堂教学中的低效和无效现象，都不同程度地影响到教育质量的进一步提升，都不利于教育的可持续发展，是当前制约教育教学效益的瓶颈因素。如有的课堂"满堂灌"，教师掌控课堂一切主动权，学生被动接受，课堂气氛沉闷，学生积极性受到抑制；有的课堂，追求"表面热闹"而不注重实效，讨论没有实质性的内容，探究没有价值的问题；有的课堂"满堂问"，教师一问到底，学生只有"答对"了，教学才能自然过渡，否则课堂就会失控，学生只能投教师所好，应付了事；有的课堂，教师的设问缺乏科学性和针对性，要么过于简单，学生不愿回答；要么过于复杂，学生无所适从；要么无思维价值，不能引起学生思考，凡此种种设问，淹没了教学重点，挤占了学生读书、思考、训练的时间，也限制了学生思维，等等。

（二）翻转课堂的使命。翻转课堂改革主要任务要解决两个"冲突"：

1. 传统"填鸭式"教学与创新人才培养的冲突。

传统课堂教学采用的是"填鸭式"的灌输教学，教师只把学生当作接受知识的容器，由于受到教学活动计划性、预设性的影响，学生和教师的活动总是受教案的束缚，教师不敢越出教案半步。教师的教和学生的学在课堂上最理想的进程是完成教案，而不愿节外生枝。教师总是希望学生能够按照自己课前设计好的教学方案去展开教学活动，每当学生的思路与教案不吻合时，教师往往会千方百计地把学生的思路"拽"回来。教师期望的是学生按教案设想做出回答，努力引导学生得出预定答案。整个教学过程就像上紧了发条的钟表一样，什么时间讲授，什么时间提问，给学生多少时间回答问题等都设计得丝丝入扣。于是，我们常常见到这样的景象："死的"教案成了"看不见的手"，支配、牵动着"活的"教师与学生，让他们围着它转；课堂成了"教案剧"演出的"舞台"，教师是主角，学生是配角，大多数学生只是不起眼的"群众演员"，很多情况下只是"观众"与"听众"。在整个教学过程中看不到教师的随机应变，看不到对学生思维出现阻碍时的点拨。教学过程好似一杯淡而无味的水，观后不是让人拍案叫绝，为之喝彩，而是让人觉得索然无味。在这样的课堂中，学生完全处于一种被动的学习状态，很少看见人际间的交流、观点的交锋和智慧的碰撞，学生缺少自主探索、合作交流、独立获取知识的机会，很少有机会表达自己的理解和意见，严重缺乏主动性和创造性。传统课堂教学只需听讲和记忆就能掌握知识，排斥了学生的思考和个性，于是便有了掌握知识却不思考知识、诘问知识、评判知识、创新知识的"好学生"。这实际上是对学生智慧的扼杀和个性的摧残。这样的课堂与信息社会对培养创新人才的要求格格不入。

2. 工业时代的流水线式教学与个性化学习的冲突。

在传统的学校教育中，时间是常量，掌握程度是变量。例如学习函数的极限概念，分配给每一位学生的时间都是一样的。而精熟学习理论则认为，学生对一门科目的掌握程度是常量，而学习时间则是变量。例如，一名学生只有在掌握了极限的认识之后才会继续学习微分的知识，每个人都按照自己的进度推进。传统教学源于工业时代流水线生产方式，这种教学方式的特征是整齐划一、齐步走。每天教师在讲台上不断地讲，学生不停地做笔记。这种方式完全忽略学生的能力差异。由于教师的授课内容必须针对中等水平的学生，结果有些学生听懂了，但有些学生觉得太简单，不再专注于教师的讲解，有些学生则完全听不懂，难以跟上教师的节奏而失去信心甚至放弃了学习。这些觉得教师传授的知识掌握太容易或太难的学生都有可能睡觉或玩游戏。传统课堂的"统一教学"与学生的"差异性学习"产生了严重的冲突。

三、变革教育的路径选择不同

（一）翻转课堂的路径选择。

1. 用视频再造教育。用视频授课替代传统的课堂讲授，让学生自主掌控学习。表面上看两者没什么两样，甚至前者不如后者。事实上，利用教学视频，学生能根据自身情况来安排和控制自己的学习。学生在课外或回家看教师的视频讲解，完全可以在轻松的氛围中进行；而不必像在课堂上教师集体教学那样紧绷神经，担心遗漏什么，或因为分心而跟不上教学节奏。学生观看视频的节奏快慢全在自己掌握，懂了的快进跳过，没懂的倒退反复观看，也可停下来仔细思考或笔记，甚至还可以通过聊天软件向教师和同伴寻求帮助。因此，视频学习的时间和空间非常重要（在课内观看视频不可能达到在家看视频的效果）。学习环境的差异决定学习是自主的，还是他主的。

2. 将课堂变成师生互动、知识创新的场所。由于学生在课前已经根据教师的要求观看教学视频，掌握了基本的学习内容，教师已经不需要再在课堂上按照传统的方式讲授知识，课堂的时间可以腾出来供师生互动交流、协作探究、拓展知识和创新思维。从"知道"到"创造"，学习的难度越来越大。传统教学将重心放在"知道"和"理解"这些难度比较小的环节，在课堂上通过教师花费大量时间讲解来解决，而将"应用、分析、评价、创造"这些重要而难度比较大的环节，以课后作业的形式，让学生自己解决。因为难度大，缺乏教师指导，学生完成起来很困难。而翻转教学则将重心放在"应用、分析、评价、创造"这些重要而难度比较大的环节上，因为难度大，需要协作探究和教师的引导；而"知道"和"理解"这些难度比较小的环节，可以放在课外，通过观看视频轻松解决。学生可以依照自己的步调来学习，可以随时随地在线与同学交流互动。

（二）高效课堂的路径选择。

1. 以课堂时间的重新分配利用为突破口。

以提高课堂活动时间的有效性和高效性为主要策略。以杜郎口教学改革模式为例，在45分钟的课堂上，教师占用的时间不多于10分钟，包括新课导入、分配任务、疑难点拨、归纳总结、组织测评。课堂上学生用于自主学习的时间不少于30分钟。高效课堂倡导的合作形式是以小组为单位，以独学（自学）、对学（同质对子合作）、群学（小组学习）形式实现新课改的自主、合作、探究学习。5分钟为当堂达标测评时间。当堂达标测评不同于传统意义上的试卷测试或者作业,而是通过学习小组,组织进行对子之间的"两两"检测,形式灵活多样,既可以采用当堂"小纸条"测评,也可以简单到"口头"测评。他们认为,高效课堂源于有效课堂,基于有效课堂,有效课堂的教学效率就有高有低、有正有负。教学的成果是"人的发展"而非工业产品,教学效率的量化或许永远是一种奢望。提出"教学效率"的概念,不是为了"计算",只是为教学实践和教学评价提供比较正确的导向。当时间被用到极限时,教学必然从有效走向高效。

2. 强调学生自学和训练,放弃教师讲授教学。

与翻转课堂用视频教学代替传统讲授不同的是,高效课堂过于忽视知识的传授过程。如杜郎口中学将整个教学过程分为三大板块和六个环节。三大板块包括:预习——展示——反馈。预习——明确学习目标、生成本课题的重、难点并初步达成目标。展示——展示、交流预习板块的学习成果,进行知识的迁移运用,对感悟进行提炼提升。六个环节包括:预习交流、明确目标、分组合作、展示提升、课外扩展、达标测评。预习交流——学生交流预习情况;明确目标——强调本节课的学习目标;各小组联系组别展示情况,对本组展现的答案进行课外扩展;达标测评——教师以试卷、纸条等形式检查学生对学习任务的掌握情况。这种教学方式在某种程度上解决了学生学习的主动性、协作性和探究性问题,但完全放弃教师对知识的讲授,对有些知识和概念的理解,一些理解和接受能力较弱的学生,显然会有很大的困难。如果学生对基本的概念和基础知识没有基本的理解和掌握,是很难参与讨论、探究的,学习的主动性也无从谈起。这样的结果,必然有些学生跟不上,也必然造就一批差生。因此,这样的高效模式,可能有利于自学能力强的学生,却以放弃后进生为代价。

四、学习效果不同

从课前、课堂、课后三个学习阶段对比分析两种教学模式的学习效果。

(一)课前阶段。

在课前的学习阶段,高效课堂要求学生利用导学案进行预习,但由于作业过多,预习很难落到实处。翻转课堂由于没有课后书面作业,学生有充足的时间利用教学视频等学习材料进行自主学习。有了"教学视频(微课)"这位"电子老师"的帮助和支持，取得"一对一"的教学效果，再配上一定的学习任务，能保证学生在课前掌握大部分知识。

（二）课堂学习。

在课堂学习阶段，高效课堂的设想是学生在课前充分预习的基础上，发挥小组合作学习的功能，少讲多练，协作探究，展示质疑，内化知识。但由于预习没有达到预期效果，合作学习的开展缺乏基础，结果往往是浪费时间而没有效果，最后还得由教师代劳，课堂无法高效。而翻转课堂，由于课前自主学习扎扎实实，教师课堂讲授知识的时间就可以节约下来，互动交流，思维碰撞，知识创新，智慧发展。由于时间充裕，书面作业完全可以在课堂上完成。

（三）课后阶段。

由于课堂时间没有得到高效利用，必然需要大量的课后强化练习来弥补课堂的低效，以取得较好学习效果，这样一来，不仅增加了学习负担，而且还导致学生没有时间预习，形成恶性循环。而翻转课堂则轻松得多。由于课堂上已经处理了书面练习，课后不需要布置作业，学生可以有充足的时间进行基于视频的自主学习，形成良性循环。

以上分析可以得出如下结论：翻转课堂与高效课堂虽然都是当下教育教学领域非常火热的两个概念，但两者并不是同一层次的概念。前者是一种教育教学方式，后者是一种概念和理想追求。前者要解决的是传统课堂教学步调过于整齐划一导致学生的差异得不到尊重，以及"填鸭式"教学导致课堂缺乏协作探究，拓展创造空间被压制，最后结果是学生创造力不足的问题。而后者主要解决传统课堂效率不足甚至无效的问题。前者以促进学生的个性化、创造性发展为目标，后者以追求高效率和高效益为己任。当然，它们采取的策略和措施也各不同。翻转课堂以课前视频教学替代传统的课堂讲授，提高学生对学习过程的可控性；将腾出来的课堂时间用于协作探究和拓展创新学习，提高知识内化的效果和学生批判性创新能力的发展。高效课堂则主要依靠向45分钟的课堂时间要效率，要质量，增加学生自学和训练的时间，减少教师掌控的时间，甚至放弃教师授课的环节。笔者担心，部分学生可能会学习更加困难。

第七节 莫以应试教育思维 "翻转"课堂

　　应试教育思维，就是以追求中考高考升学率为教育教学的核心价值，特别是以高考状元和升入清华北大人数的多寡为评价学校教育标准，以"填鸭式"教学和题海战术学习为手段的教育教学思维方式。这种思维方式无视学生的全面发展和个性发展，不利于培养学生的创新思维和创造能力。

　　农业社会的"私塾教育"的弊端是教育的"贵族化"，普通民众缺乏接受教育的机会。工业社会的"大集体教育"通过提高效率的办法解决了教育的普及性问题，却带来质量的问题，"中国式教育"的两大"痼疾"：一是阻碍学生个性发展，二是扼杀学生的想象力和创造性。学校教育因对"打好基础"的崇拜而给学生灌输多而无用且高度同质化的知识。所学知识的"同质化"使人才缺乏多样性。填鸭的知识过多则挤兑了大脑的思考空间和活动的空间，甚至因"内存不足"而导致"死机"。在标准化知识的权威压迫下，学生的好奇心和想象力逐步萎缩。这样的学校教育怎能培养出杰出人才？因此，笔者在多篇文章（详见笔者的教育时空博客）中多次强调中国实施翻转课堂的核心价值和意义在于对课内、课外两学习空间的科学规划和利用，突破应试教育的包围，医治这两个传统应试教育的"痼疾"，培养学生的创造能力并促进学生的个性发展和智慧发展，不少翻转课堂研究者和实践者也逐步认可这样的理念。

　　但根据笔者的调查研究，我国大部分地区和学校的翻转课堂实验，基本上是按照应试教育思维"翻转"课堂。无论课前的自主学习，还是课堂的互动学习，都过于强调练习和测试，"课前测""课中测""课后测"等关键词成为翻转课堂的核心概念。在操作层面，自主学习、小组学习、协作探究、展示质疑，形式不断创新，但内容局限于大容量的"练习和测试"，服务的对象仍然是应试教育。华东师范大学钟启泉教授在《"微课"的诱惑与反诱惑》一文中也认为，我国目前的微课设计和翻转课堂实践"扎根于应试教育的实践经验……只问技术，无视教育的质性分析，不辨教育的是非曲直，到头来唯一的作用是把应试教育的现实推向极端，扩大应试教育的再生产"。

何彦彬老师在《"互动性"微课设计初探》一文中对"互动性"微课的设计进行探讨，认为互动性微课"使互动贯穿于整个教学过程，使教学过程变为一个双向交互的过程"。这一想法，对提高学生在教学中的互动性、参与性和主动性非常有意义。但遗憾的是，在技术实现上，何老师的"互动性"微课设计局限于"在视频片段间加入一些互动练习和测试"，理由是"练习和测验不仅有助于学习者检验自我学习目标是否达成，更能起到强化所学知识点，帮助吸收和持久记忆的作用"，显然这样的微课设计和教学仍然是应试教育思维的。它以"练习和测试"为核心，强调对知识点的强化、吸收和记忆，而不是对知识的质疑和批判性思考。这样的教育教学思维，不利于打破工厂式标准化教育，不利于培养学生的创新思维和创造能力。

虽然学校教育教学不应该、不可能、没必要排斥"练习和测试"，但如果仅仅盯着"练习和测试"，学校教育教学就无法顾及学生在更重要方面的发展。"翻转"课堂即是对传统课堂的改革和创新，目的在于改变过于重视和局限于"高强训练"和"考试成绩"的现状，发展学生的综合素质能力。因此，"翻转"课堂需要智慧教育思维（即重视知识的传承，更重视智慧的发展），而不是应试教育思维。否则，就会存在"穿新鞋，走老路"的危险。

第四章
翻转课堂的教学模式

　　学习理论是探究人类学习本质及其形成机制的心理学理论。它是各种教学模式的理论基础。由于各种学习理论对学习机制的解释各不相同，教育研究者接受学习理论的影响也各有侧重，因而他们构建的教学模式自然千差万别。虽然各种先进的学习都或多或少对翻转课堂产生影响，但影响深度不一，导致翻转课堂教学模式的多元化。最后要强调的是，不管应用哪一种翻转模式，都应该遵循"以学为中心，教师少讲，学生多想"的原则。

[本章导读]

　　翻转课堂的两位创始人乔纳森·伯尔曼和亚伦·萨姆斯认为翻转课堂的理论依据是掌握学习理论。但事实上翻转课堂在发展过程中因博取多家之长而获得更快更好的发展。众多学习理论都为翻转课堂提供了理论养料和支持。这些学习理论为翻转课堂构造了一个完整的理论基础体系。研究者由此出发构建翻转课堂的基本理论方法和各种教学应用模式。根据翻转程度（学生自主学习能在时间和空间中掌握的自由度）可分为如下几种类型：①大翻转（家校翻转）；②中翻转（校内翻转）；③小翻转（课翻转）。不同类型的实施模式，翻转的效果绝然不同。如果说大中翻转是合乎标准的翻转，小翻转则还算不上真正意义上的翻转。翻转课堂教学的教学模式，反映的是翻转课堂的教学结构。从简单的"Robert Talbert翻转模式"到较为复杂和完善的"递进式翻转模式"，反映教育研究者对翻转课堂的认识和理解不断深入和发展的过程。

[学习任务单]

　　一、翻转课堂的理论基础是什么？

　　二、翻转课堂的三类实施模式是什么？为什么说家校翻转课堂的改革力度最大？有人说课内翻转不能算为真正意义上的翻转课堂。你怎么看？

　　三、从简约的"Robert Talbert翻转模式"到较为完整的"递进式翻转模式"，体现了哪些进步和发展？

　　四、翻转课堂的三种教学模式是什么？

第一节　翻转课堂的理论基础

翻转课堂的基础理论是指关于翻转的基本观点和看法，包括翻转的概念、本质和原则等，而翻转课堂的理论基础是指支持翻转理论的理论，一般指已有的、成熟的、对翻转有指导意义的学习理论。学界普遍认为掌握学习理论（又叫精熟学习理论或通达学习理论）是翻转课堂的理论基础，掌握学习只能解释翻转课堂的课前自主学习，而翻转后的课堂探究学习则需要建构主义学习理论来解释；翻转课堂中的小组学习是一种自组织学习，因此需要自组织学习理论来指导；依据最近发展区学习理论，课前、课中的学习目标和学习任务的设计，着眼于学生的最近发展区，为学生设计高度适度的目标和任务，提供略带有难度的内容，更有利于调动学生的积极性，发挥其潜能。

一、掌握学习理论

翻转课堂教学的最大优势之一，是在知识传授阶段，让学生可以自己掌控学习，利用教学视频，学生能根据自身情况来安排和控制自己的学习。学生在课外或回家看教师的视频讲解，完全可以在轻松的氛围中进行，而不必像在课堂上教师集体教学时那样紧绷神经，担心遗漏什么，或因为分心而跟不上教学节奏。学生观看视频的节奏全由自己掌握，懂了的快进跳过，没懂的倒退反复观看，也可以停下来仔细思考或做笔记，甚至还可以通过聊天软件向教师和同伴寻求帮助。因此，翻转课堂的两位创始人乔纳森·伯尔曼和亚伦·萨姆斯认为，翻转课堂的理论依据是掌握学习理论。

掌握学习理论（the Theory of Mastery Learning）是美国当代著名的教育心理学家和课程论专家布卢姆（Bloom）提出的学校课堂学习理论，集中反映了布卢姆基本的教育思想和理论观点。掌握学习理论被介绍到世界各国，并运用到中小学教育教学实践中，产生了广泛的影响，布卢姆因此而享誉世界。所谓掌握学习，就是在所有学生都能学好的思想指导下，为学生提供所需的个别化帮助以及所需的额外学习时间，从而使大多数学生达到课程目标所规定的掌握标准。布卢姆认为只要给予足够的时间和适当的教学，几乎所有的学生对几乎所有的内容都可以达到掌握的程度（通常能达到完成80%～90%的评价项目）。学生学习能力的差异不能决定他能否学习要学的内容和学习的好坏，而只能决定他将要花多少时间才能达到该内容的掌握程度。换句话说，每一位学生掌握同样的教学内容所需要花费的时间是不一样的。学习能力强的学习者可以在较短的时间内达到对该内容的掌握水平，而学习能力差的学习者则要花较长的时间才能达到同样的掌握程度。因此，掌握学习理论不仅是翻转课堂教学的理论依据，而且对翻转课堂的实践具有特别重要的意义。教师应该创造条件，允许学生按照自己的节奏，掌控自己的时间，进行个性化学习。

二、建构主义学习理论

掌握学习理论解释了在知识接纳阶段学生是如何掌控学习节奏的，但知识的接纳和记忆仅仅是翻转学习的初级阶段，还有一个更重要、更高级的阶段是学生对知识意义的建构。因此，掌握学习理论并不能解释翻转课堂教学的全过程和所有方面。建构主义学习理论这个更重要的理论假设，自然进入我们的研究视野。

当代建构主义者主张，世界是客观存在的，但是对于世界的理解和赋予意义却是由每个人自己决定的。我们是以自己的经验为基础来建构现实，或者至少说是在解释现实，每个人的经验世界是用我们自己的头脑创建的，由于我们的经验以及对经验的信念不同，于是我们对外部世界的理解便也迥异。所以，学习不是由教师把知识简单地传递给学生，而是由学生自己建构知识的过程。学生不是简单被动地接收信息，而是主动地建构知识的意义，这种建构是无法由他人来代替的。

从建构主义的视野来看，翻转教学视频解决了传统课堂教学知识传播步调一致所带来的无视学生个体差异的问题，使得部分因跟不上集体的步骤而掉队，部分理解力强的学生则觉得过于浪费时间。但如果仅仅停留于此，学生的学习就是毫无意义的。学生需要针对具体问题的情境对原有知识进行再加工和再创造。学习者以自己的方式建构对于事物的理解，不同的人看到的是事物的不同的方面，不存在唯一标准的理解。因此，在翻转课堂教学中，通过学习者的合作能使理解更加丰富和全面。显然，创设情境、协作探究、展示交流和意义建构，构成了翻转课堂的主要活动内容。

三、自组织学习理论

翻转课堂得以展开的一个重要的理论假设和前提是承认学生可能不依靠教师的灌输，而是依靠计算机技术和网络技术的支持，通过自我教育和互助教育，学习任何东西。这个理论假设就是自组织学习理论。

自组织学习理论是印度教育家苏加特·米特拉（Sugata Mitra）通过著名的"墙中洞"教育实验而总结得到的教育和学习理论。苏加特·米特拉在印度山区的偏远小村，放置"墙上的电脑"并装上摄像头对孩子学习行为进行监控，发现学生的"学习是一种自组织行为"，借助计算机和网络技术的支持，任何学生可以教会自己和同伴任何知识和技能，从而进一步推进了建构主义的学习理论和实践；机器和技术不仅能替代教师的部分作用，而且在某些方面会比教师做得更好；学习的最大乐趣和动力是可以教会其他人学习。

随着互联网技术的发展和教育资源的开放，人类的学习必然由"他组织"向"自组织"发展。自组织学习将成为人类的主要学习方式。翻转课堂本质上就是一种教育技术支持的自组织学习，借助教学视频的支持，学生可以自己组成学习小组，不仅完成对知识的个性化学习，甚至通过协作探究、展示交流、意义建构，完成自己对知识的拓展和创新，发展批判性思维和创造能力。

四、最近发展区学习理论

最近发展区学习理论是由苏联教育家维果茨基提出来的。维果茨基的研究表明：教育对儿童的发展能起到主导作用和促进作用，但需要确定儿童发展的两种水平：一种是已经达到的发展水平；另一种是儿童可能达到的发展水平。这两种水平之间的距离，就是"最近发展区"。把握"最近发展区"，能加速学生的发展。维果茨基的"最近发展区"，主要是就智力而言的，其实在学生心理发展的各个方面都存在着"最近发展区"。最近发展区是社会文化理论的核心概念之

一，它阐明了个体心理发展的社会起源，突出了教学的作用，教学应走在发展前面；彰显了教师的主导地位，教师是学生心理发展的促进者；明确了同伴影响与合作学习对儿童心理发展的重要意义；启发了对儿童学习潜能的动态评估。

"教学应当是在发展的前面"，"教学创造着最近发展区"，这是维果茨基对教学与发展关系进行深入研究后所提出的最主要的结论。因此，最近发展区学习理论是翻转课堂教学设计的依据之一。翻转课堂教学起点的设计只有落脚于通过视频学习，基本掌握本课基础知识后的"最近发展区"才能有效促进学生的发展。翻转后的课堂教学必须在课前视频学习的基础有所拓展与创新；拓展与创新又务必以课前任务的完成为前提和依据。拓展与创新的问题如果偏离了"最近发展区"，就难以促进学生的发展。如果问题太难，学生望而生畏，丧失信心；问题如果太容易，学生则失去探究兴趣。

根据以上分析，翻转课堂的诞生和发展，并不是"无源之水，无根之木"，而是建立在坚实的理论基础之上。翻转课堂的各种理论基础，是理解和实践翻转课堂的依据。研究者由此构建翻转课堂的基本理论、方法和各种教学应用模式。

第二节　翻转课堂实施的三种类型

翻转课堂这种依赖于视频技术和网络技术支持的先进教学模式，自2011年开始引入我国中小学，一些勇于创新的教学实践者就开始根据我国中小学的教情、学情进行改造和创新，根据其所采取的视频教学的环境（时间和空间）的不同，创造了不同的具有本土化特色的翻转模式。根据翻转程度（学生自主学习能在时间和空间中掌握的自由度）可分为如下几种类型。

一、大翻转课堂

大翻转又称课内课外翻转。它首先探讨的是美国式家校翻转课堂，学生在家里独立地学习教师提供的教学资源，完成知识的接受；在课堂通过合作学习，解决疑难困惑，实现知识的拓展和能力的提升，完成知识的内化。与美国式翻转稍有不同的是，教师把微课和学习资源发给家长，由家长放给孩子看。家校翻转的优势是可以将视频教学优势发挥得淋漓尽致，学生可以随心所欲地根据自己学习的具体情况，掌控观看和学习时间、节奏和方式，可慢可快、可进可退、可暂停、可重复播放，可边看边想，边想边看。有些教师认为这种模式也有不足和困难之处：学习过程处于教师的管理之外，需要学生有较高的自控能力，很多时候需要家长参与管理；有些家庭没有计算机等视频播放设备，有家长因担心孩子玩游戏而不放心给孩子使用而影响翻转的实施。但一些成功的翻转教学实验证明，家校翻转的困难其实没有想象那么大。随着翻转实验的逐步深入，一些学生的自主学习能力和自我管理能力会逐步增强（这也是翻转课堂的进步和成果之一）；只要教师或学校能与家长真诚地交流和沟通，取得家长的理解和支持，用事实和数据让家长认识到翻转教学对孩子的学习和能力发展有利，设备和使用的问题都可迎刃而解。家校翻转无疑是全面彻底的翻转模式（大翻转），但大翻转并不限于家校翻转。

对于一些寄宿制学校，显然无法实施"家校翻转"。一些学校只好选择校内翻转。一般教师认为校内翻转就是中翻转。笔者认为应该具体情况具体分析。校内翻转如果是利用晚自习等比较宽裕（或者可以由学生在各门功课中自由调配）的时间，利用平板电脑等可以自由支配的设备进行视频学习，再利用正课时间进行课堂研讨，同样可以获得家校翻转相同或差不多的效果，也可以称为大翻转模式。因此，大翻转包括了家校翻转和部分的校内翻转。

二、中翻转课堂

中翻转又称课间（课与课之间）翻转。同样是校内翻转，如果利用一部分正课时间来实施视频教学和完成思考检测（A课），一部分正课时间用来实施课堂研讨（B课），就是中翻转。如我国山东省昌乐县第一中学的翻转课堂模式。由于该校是住宿制民办学校，从周一到周五，学生不回家，二十四小时都在学校里，根据这样的实际情况，经过不断的探索与实践，昌乐县第一中学打造出自己的"二段四步十环节"模式（详细介绍见本章第六节），将翻转课堂的活力注入到自己的课堂中。"二段"是指"自学质疑课"和"训练展示课"两种课型。学校将所有的课程进行重新安排，构建所谓的AB型课程，以适应翻转课堂的需要。如下图所示。

昌乐县第一中学翻转课堂AB型教学课程表

由于整个教学过程在教师的监督和管理控制之下，虽然学生的时间基本由自己掌控，基本可以根据的自己的情况调整自己的学习速度，学习的个性化程度较高，但学生的学习快慢有别，所需学习时间不一样，有可能出现学生的"吃不饱"和"吃不了"的分化现象。这种翻转模式比前面讨论的大翻转（完全翻转）的翻转程度要低，因此可称为中翻转或半翻转模式。在这种翻转模式中，一些学生可能因为在知识接受阶段准备不足，造成"夹生饭"，会严重影响研讨阶段的学习，产生"翻转差生"。这是翻转实验应该避免的一种情况。

三、小翻转课堂

小翻转又称为课内翻转。这是争议最多的一种翻转模式。把一节正课分为两段，学生在A段独立地学习教师提供的教学资源，完成知识的接受；在B段通过合作学习，解决自己的疑难困惑，实现知识的拓展和能力的提升，完成知识的内化。其实这种翻转模式又可以分为两种情况。一种情况是由教师统一播放视频，集体观看学习，学生没有选择快慢、进退、暂停的权力。一般情况也就播放一次。不管学生看懂与否，是不是需要重复观看某个环节，是不是错过了某个关键点，无论是不是准备充分，都只能无奈地与大部队一起进入下一场战斗。另一种情况是学生利用平板电脑等自主播放设备在线或线下观看视频学习。这种情况似乎比第一种情况要好，学生可以掌控观看学习的节奏，但一般情况下，教师能安排学生自己观看视频的时间只有10分钟左右，由于受到时间的限制，学生不可能进行更多的选择。如果学生没有选择的权力，学生观看视频学习会比直接听老师讲有更大优势吗？除非视频设计和制作非常精彩。既然第一个环节准备不足，第二个环节的研讨质量就难以保证。这样翻转的效果，与传统课堂教学相比，没有什么优势甚至不如传统课堂教学或者造成教学质量大面积下滑。因此，有些教师认为"课内翻转"不是真正意义上的翻转课堂，或者称为"假翻转"，不是没有道理的。

笔者相信，对翻转课堂进行这样的分析和归类，对真正理解翻转课堂和实践翻转课堂是非常有意义的。有些教师错误地认为：各种翻转模式各有特点，没有优劣之分。应该结合具体的学习内容和学生情况灵活选用。只有大翻转才是真正的翻转课堂，中和小翻转并不是中国化而是画虎不成反类犬，如今越来越多地走上这样不伦不类的翻转无非是穿新鞋走老路，因为其效果有限反而坏了翻转课堂的名声。教学改革不能盲目，既然要改革，就应该在对课堂教学改革的内涵和真义有充分的理解基础上，创造条件，做真正全面的翻转，取得较好的效果。

第三节 Robert Talbert翻转课堂结构

美国富兰克林学院罗伯特·塔尔伯特（Robert Talbert）教授在"Linear

Algebra"课程中应用了翻转课堂教学模式并总结出第一个翻转课堂教学模式，又称"Inverting the Linear Algebra Classroom"或"Robert Talbert翻转模型"。该模型虽然仅仅简要地描述了翻转课堂实施过程中的主要环节，然而这是第一个翻转课堂教学模式。它奠定了翻转课堂教学设计的框架，对后来者研究翻转课堂教学模式和教学设计研究提供非常好的借鉴作用和意义。时至今日，虽然各种形式的翻转模式层出不穷，五花八门，但基本上沿用了"Robert Talbert翻转模式"基本结构。因此，对Robert Talbert翻转课堂教学结构进行分析研究，对理解各种各样的翻转课堂模式非常有意义。

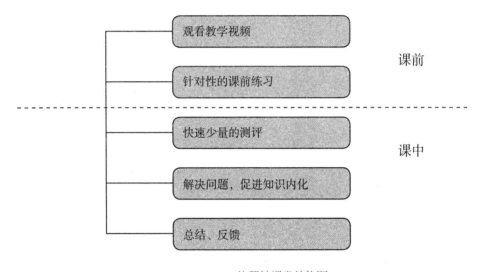

Robert Talbert的翻转课堂结构图

Robert Talbert翻转课堂教学模型是典型的二段五环节结构，即课前知识传授和知识内化两个阶段，其中课前阶段包括观看视频环节和课前练习环节，课中阶段包括测评环节、问题解决环节和总结反馈环节。

一、课前阶段

1. 观看视频环节。

在翻转课堂中，知识的传授一般由教师提供的教学视频来完成。教学视频可以由课程主讲教师自行录制或者使用网络上优秀的开放教育资源。自麻省理工学院（MIT）开放课件（OCW）以来，世界上涌现了一批高校、组织或者个人进行开放教育资源的建设，例如，哈佛、耶鲁公开课，可汗学院课程、中国国家精品课程、大学公开课等。教师可以在优质开放教育资源中，寻找与教学内容相符的视频资源作为课程教学内容，提高了资源的利用率，节省了人力、物力，也使学生接触到国际上优秀教师的最新教学内容，然而网络上的开放教育资源可能会与课程目标、课程内容不完全相符。

教师自行录制教学视频能够完全与教师设定的教学目标和教学内容相吻合，也可以根据学生的实际情况对教学内容进行针对性讲解，并可根据不同班级学生的差异性多版本地录制教学视频。在具备这些优势的同时自行录制教学视频给教师的教学技术和时间提出了挑战。

教学视频的视觉效果、互动性、时间长度等对学生的学习效果有着重要的影响。因此，教师在制作教学视频时需要考虑视觉效果、支持和强调主题的要点、设计结构的互动策略等，帮助学生构建内容最丰富的学习平台，同时也要考虑学生能够坚持观看视频的时间。

在教师开发视频课程时，还需注意如何使得学生积极参与到视频的学习中去。事实表明，当学生在首次参加视频课程时，大多数不是在认真听讲而是在做笔记。为了避免这些问题反复出现，教师应在重点内容上为学生提供视频副本，这样学生就可以集中精力思考正在解说的内容。

2. 课前练习环节。

在学生看完教学录像之后，应该对录像中的收获和疑问进行记录。同时，学生要完成教师布置的针对性课前练习，以加强对学习内容的巩固并发现学生的疑难之处。对于课前练习的数量和难易程度，教师要合理设计，利用"最近发展区"理论，帮助学生利用旧知识完成向新知识的过渡。对于学生课前的学习，教师应该利用信息技术提供网络交流支持。学生在家可以通过留言板、聊天室等网络交流工具与同学进行互动沟通，了解彼此之间的收获与疑问，同学之间能够进行互动解答。

二、课中阶段

翻转课堂的特点之一就是在最大化地开展课前预习的基础上，不断延长课堂学习时间、提高学习效率，关键就在于如何通过课堂活动设计完成知识内化的最大化。建构主义者认为，知识的获得是学习者在一定情境下通过人际协作活动实现意义建构的过程。因此，教师在设计课堂活动时，应充分利用情境、协作、会话等要素充分发挥学生的主体性，完成对当前所学知识的内化。

1. 课堂测评环节。

课堂测评环节，主要是教师了解掌握学生课前自主学习的成果和程度，在此基础上教师需要根据课程内容和学生观看教学视频、课前练习中提出的疑问，总结出一些有探究价值的问题。学生根据理解与兴趣选择相应的探究题目。在此过程中，教师应该针对性地指导学生选择题目。根据所选问题对学生进行分组，其中，选择同一个问题者将组成一个小组，小组规模控制在5人以内。然后，根据问题的难易、类型进行小组内部的协作分工设计。当问题涉及面较广并可以划分成若干子问题时，小组成员可以按照"拼图"学习法进行探究式学习。每个小组成员负责一个子问题的探索，最后聚合在一起进行协作式整体探究。当问题涉及面较小、不容易进行划分时，每个小组成员可以先对该问题进行独立研究，最后再进行协作探究。

在翻转课堂中，技术工具和信息资源学生学习的基础。个性化学习环境的创建能够使学生成为自我激励的学习者，拥有强大的自主学习控制权。学生能够通过教学指导和技术工具进行自我组织的探究性学习。个性化学习环境的设计是基于可协作学习环境中发生的学习而不是整齐划一地传授知识。

随着免费且简便工具被应用频次的增多，创建的个性化网络学习环境变得十分简单，并可利用这样的环境为学习者的社交、职业发展、学习和其他活动提供支持。一旦找到所需的网上资料，就可以使用RSS（Really Simple Syndication），聚合内容，在线共享内容的一种简易方式进行储存、标签识别、分类或监控，还能够非常简单地对资料进行多功能转化，无须掌握网页构成的专业知识。在翻转课堂个性化学习环境中，教师主要发挥领路人的作用，帮助学生制订学习计划和使用学习工具。

2. 问题解决环节。

问题解决通常要经历独立探索和协作探究的过程。

解决问题的第一步是学生个体的独立思考和探索。

在翻转课堂的活动设计中，教师应该注重和培养学生的独立学习能力。教师要从开始时选择性指导逐渐转至为学生的独立探究学习方面，把尊重学生的独立性贯穿于整个课堂设计，让学生在独立学习中构建自己的知识体系。

协作学习是个体之间采用对话、商讨、争论等形式充分论证所研究问题，以获取达到学习目标的途径。学习写作活动有利于发展学生个体的思维能力、增强学生个体之间的沟通能力以及学生相互之间的包容能力。此外，协作学习对形成学生的批判性思维与创新性思维，提高学生的交流沟通能力、自尊心与形成个体间相互尊重的关系，都有明显的积极作用。因此，在翻转课堂中应该加强协作交互学习的设计。在翻转课堂的交互性活动中，教师需要随时捕捉学生的动态并及时加以指导。小组是互动课程的基本构建模块，其互动涉及2人或2~5人。在翻转的课堂环境中小组合作的优势：每个人都可以参与活动；允许和鼓励学生以低风险、无威胁的方式有意义地参与；可以为参与者提供与同伴交流的机会，并可随时检查自己想法的正确性；提供多种解决问题的策略，集思广益。

指导翻转课堂小组活动的教师，要适时地做出决策，选择合适的交互策略，保证小组活动的有效开展。常用的小组交互策略有头脑风暴、小组讨论、浅谈令牌、拼图学习、工作表等。

3. 总结反馈环节。

总结反馈包括成果交流和评价反馈两个部分。

成果交流本质上就是总结和评价。学生经过独立探索、协作学习之后，完成个人或小组的成果集锦。学生需要在课堂上进行汇报、交流学习体验，分享作品制作的成功和喜悦。成果交流的形式可多种多样，如举行展览会、报告会、辩论会、小型比赛等。在成果交流，参与的人员除了本班师生以外，还可以有家长、其他学校师生等校外来宾。除在课堂直接进行汇报之外，还可以翻转汇报过程，学生在课余将自己汇报过程进行录像，上传至网络平台，教师和同学在观看汇报视频后，在课堂上进行讨论、评价。

评价反馈是为进一步完善提供重要信息。翻转课堂中的评价体制与传统课堂的评价完全不同。在这种教学模式中，评价应该由专家、学者、教师、同伴以及

学习者自己共同完成。翻转课堂不但要注重对学习结果的评价，还通过建立学生的学习档案，注重对学习过程的评价，真正做到定量评价和定性评价、形成性评价和总结性评价、对个人的评价和对小组的评价、自我评价和他人评价之间的良好结合。评价的内容涉及问题的选择、独立学习过程中的表现、在小组学习中的表现、学习计划安排、时间安排、结果表达和成果展示等方面。对结果的评价强调学生的知识和技能的掌握程度，对过程的评价强调学生在实验记录、各种原始数据、活动记录表、调查表、访谈表、学习体会、反思日记等的内容中的表现。

第四节　翻转课堂的三种教学模式

在翻转课堂实践中，以Robert Talbert翻转课堂结构为基础，教师可以根据不同的学科和教学内容，以及教育教学理念的差异，构建不同的翻转课堂教学模式。一般来说，以知识理解和应用为目标的课程适合应用训练掌握型翻转课堂；科学、物理、化学、生物等学科教学的重要目标之一，就是培养学生的探究精神和能力，而这种能力培养的最好方式是问题探究型翻转课堂；文科类学科，如语文、政治、历史、地理、社会、思想品德等，注重培养学生的独立思考习惯、批判性思维和创新能力，注重学生个人观点的形式和表达能力的发展，因而这些学科的教学模式选择，非研讨建构型翻转课堂莫属。

一、训练掌握型翻转课堂

（一）训练掌握型翻转课堂的内涵。

训练掌握型翻转课堂就是以自主学习、练习巩固和达标测试相结合的形式，使学生能够扎实掌握并灵活运用所学知识，并形成与之相关的技能的翻转课堂教学模式。早期的翻转课堂定义，将翻转课堂看作是教师创建视频，学生在家中或课外观看视频中教师的讲解，回到课堂上师生面对面交流和完成作业的这样一种教学形态，说明早期的翻转课堂都是这种以训练促进知识技能掌握的类型。

训练掌握型翻转课堂的理论依据是布卢姆的掌握学习理论。所谓"掌握学习"，就是在所有学生都能学好的思想指导下，以集体教学（班级授课）为基础，辅之以经常、及时的反馈，为学生提供所需的个别化帮助以及所需的额外学习时间，从而使大多数学生达到课程目标所规定的掌握标准。其主旨是提倡教学要面向全体学生，认为只要提供足够的学习时间和适当的帮助，充分发挥学生的学习潜力和学习积极性，95%以上的学生都能掌握所规定的知识和技能，取得优良的学习成绩。

掌握学习理论提供的方法，无非就是给后进学生额外增加学习时间，确保他们跟上中优等生的学习进度。那么问题来了，给后进生增加额外时间，用来做什么呢？主要是多次甚至是反复操练，以达到熟练应用和增强记忆的目的。因此，训练掌握型翻转课堂的基本原理，就是将基础知识技能的学习安排在课前课外，保证学生（特别是后进生）能有足够的时间反复学习一个单元的知识技能，在课堂上有更多的时间完成知识技能应用（课堂作业）的操练，并通过堂上测试的形式确定学生是否达到掌握的水平。

（二）训练掌握型翻转课堂的基本环节。

传统的课堂是"课堂学习+课后练习"，而翻转课堂则是"课余学习+课堂练习"。学生在自习课或课外观看教学视频，回到课堂上与教师和同学面对面交

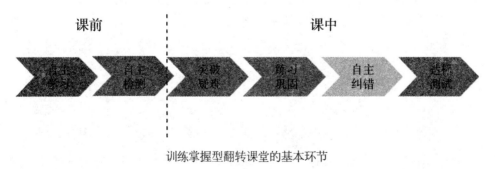

训练掌握型翻转课堂的基本环节

流、讨论和完成练习。

1. 自主学习。

教师不再占用课堂的时间来讲授信息，这些信息需要学生在课前完成自主学习，学生可以看视频讲座、听播客、阅读功能增强的电子书，还能在网络上与别

的同学讨论，能在任何时候去查阅需要的材料。

2. 自学检测。

尽管学生在课前通过自学微视频、教材和其他资料，对基础知识和基本技能有了一定的理解和把握，翻转后的课堂教学的首要任务，也是翻转后课堂教学的第一个环节，还是要检测学生对基础知识和基本概念理解的程度。所谓的检测不是考试，而是让学生回顾和总结视频学习的收获，以及梳理疑惑、困惑和问题，目的是确定课堂训练学习的重点，提高教师指导的针对性。如果学生总结和梳理不到位，教师再负责补充和完善，但教师绝对不能越俎代庖。对于大多数学生未能理解的内容，教师要亡羊补牢，重点补讲。在翻转的初始阶段学生发现问题和提出问题的能力稍弱，以总结学习成果为主。但随着实验深入，随着学生能力的提升，学生发现的问题会越来越多，检测主要以梳理问题为主。

3. 突破疑难。

翻转后的课堂的重点之一是以小组学习的方式，解决课前学习中暴露的问题。教师根据学生对问题的选择将学生进行分组，一般小组规模不能太大，控制在6人以内，并对小组中成员进行任务分工，强调学生要明确小组任务、相互支持和配合，并能对活动成效进行评价。如果涉及的问题比较小，可以设计学生个体自主探究的形式，然后让学生组成小组相互交流成果。

教师根据问题的大小，组织学生进行协作探究、自主探究和成果汇报。对于学生在看视频及完成课前测试中遇到的疑难问题，先由小组合作解决；小组内不能解决的疑难问题，由全班合作解决；如果全班学生都不能解决，则由教师回答或解释。

4. 练习巩固。

对所学的新知识，必须通过反复的练习才能熟练掌握。从学生课堂学习翻转为学生课前预习、学习（观看教师的讲解视频），将学生的课后练习翻转为学生课堂练习。因此，学生完成平台上或其他资料上的相关练习，巩固所学知识，是学生学习成绩得以提升的保证。而且翻转的课堂可以用于巩固练习的时间更多，学生得到同伴和教师的帮助更多，巩固练习的效果更好。

5. 自主纠错。

学生对于不会做或做错的题，通过观看对答案或观看习题详解和教师习题讲解视频，自主纠错。一般情况给学生答案，三到五分钟独立思考，可小范围讨论；小组讨论五到八分钟，第五分钟左右时问各小组疑问，互派高手解决，第七分钟再收集需评讲的问题。

6. 达标测试。

为检验学习的学习成果，一个单元学习结束后，要进行达标测试。对于在达标测试中达到掌握水平的学生，测试可以起到强化的作用，并提示可以进行下一单元的学习。对没有达到掌握水平的学生，则需要找到问题所在，诊断分析原因，给予个性化指导和帮助，让学生再次学习没有学会的内容。学完后，对这些学生再进行一次水平相当的测试，直到在测试中达到掌握水平，才可以进行下一单元的学习，以此保证大部分学生对每一个单元的学习都达到掌握水平。

（三）训练掌握型翻转课堂的特点。

1. 训练掌握型翻转课堂面向学生的个体差异而展开掌握式学习，有利于实施因材施教。

2. 有利于后进生的转化，有利于教学质量的提高。

3. 掌握学习对班级人数、教学条件和教师素质水平有较高要求。

4. 影响学生学业成绩的因素非常复杂，一些看似不重要但实际上非常重要的因素容易被忽略。

5. 过于强调增加额外学习时间的作用，导致增加学生学习负担，也增加心理压力，从而导致厌学甚至逃学。

二、问题探究型翻转课堂

（一）问题探究型翻转课堂的内涵。

问题探究型翻转课堂，是以探究性学习的形式展开的翻转课堂教学模式。

探究性学习是学生在教师的指导下，从各种学科领域或现实生活的问题或任务出发，通过形式多样的探究性活动，以获得知识和技能、培养探究能力和应用能力、获得情感体验为目的的学习方式。

这种学习方式的中心是针对问题的探究活动，当学生面临各种让他们困惑的问题的时候，就要做出各种猜测，要想办法寻找问题的答案，在解决问题的时候，要对问题进行推理、分析，找出解决问题的方法，然后通过观察、实验来收集事实，也可以通过其他方式（如查阅文献资料、检索等）得到第二手的资料，通过对获得的资料进行归纳、比较、统计分析，形成对问题的解释。最后通过讨论和交流，进一步澄清事实、发现新的问题，对问题进行更深入的研究。

探究式学习作为一种学习方式，它不同于科学家的探究活动。与科学家的探究过程的主要区别在于，探究性学习必须满足学生在短时期内学到学科的基本知识，所以这个过程在许多情况下都要被简化，比如，提出问题这个环节，在大部分的教学活动中，都是由教师提出问题，或由教材提出问题。在获取事实这个环节，常常是由教师和教材来确定研究方法、步骤、所用材料等，这样就省去了学生设计实验的环节。探究性学习中给学生提供进行完整科学探究活动的机会，这样的活动虽然要用更多的时间，但对学生体验科学家的探究过程是非常必要的。

因此，问题探究型翻转课堂，要求在教师的启发和帮助下，使学生在具体的情境中自觉、主动地探索，研究事物的性质，发现事物之间的联系和发展规律，从而获得所学的概念和原理。

（二）问题探究型翻转课堂的优势。

1. 能提高学生的智慧，发挥学生的潜力。

2. 能使学生产生学习的内在动机，增强自信心。

3. 有利于学生更好地理解和巩固学习的内容，并能更好地运用它们。

4. 能使学生学会发现问题的方法，培养学生提出问题、解决问题的能力和创造发明的态度。

（三）问题探究型翻转课堂的过程。

基本过程：

1．创设情境。教师在教学视频设计中创设一定的情境，使学生在这个情境中发现矛盾或问题。

2．提出问题。课前学生在观看视频中掌握基础概念和原理，并发现问题。

3．确定问题。教师根据学生提出的问题进行梳理选择需要学生探究的问题，或者由教师提出需要学生探究的问题。

4．提出假设。教师提供一定的材料，引导学生通过分析和研究，提出假设。

5．检验假设。学生从不同的角度检验提出的假设，包括获取可以帮助他们解释和评价问题的证据；根据证据通过观察、调查、假设、实验等探究活动提出自己的解释；通过比较其他可能的解释来评价他们自己的解释；交流和论证他们的解释。

6．得出结论。对问题作出结论，获得有关的知识。

（四）问题探究型翻转课堂的特点。

1．自主性。

探究性学习在教学过程中把学生作为活动的主体，立足于学生的学，以学生的主体活动为中心来展开教学过程。学生在积极主动的参与教学活动过程中以自己的经验和知识为基础，经过积极的探索和发现、亲身的体验与实践，以自己的方式将知识纳入到认知结构中，并尝试用学过的知识解决新问题。教师在这个过程中只是一个组织者、指导者和参与者。探究性学习方式有利于学生主体意识和主体能力的形成和发展；有利于塑造学生独立的人格品质；有利于培养学生的自主性。

2．实践性。

探究性学习是以学生的主体实践活动为主线展开教学过程的。学生借助于一定的手段，运用多种感官，通过自己的主体活动，在做中学，使得学生的实践活动贯穿于学习活动的始终。探究性学习特别强调学生的感知、操作和语言等外部的实践活动，强调学生的直接经验和间接经验的交融、统一，使认知活动建立在实践活动的基础之上，用学习主体的实践活动促进学习者的发展。

3. 过程性。

探究性学习追求学习过程和学习结果的和谐统一，接受学习和重视学习的结果，探究性学习更加关注学习的过程。探究性学习非常注重学习过程中潜在的教育因素，它强调尽可能地让学生经历一个完整的知识的发现、形成、应用和发展的过程。让学生尽可能地像科学家那样，发现问题、解决问题，经历一个完整的科学研究过程，体验发现知识、再创知识的创新过程。

4. 开放性。

探究性学习的目标是很灵活的，没有像知识目标那样明确具体的要求和水平。探究性学习在内容上是开放的，在探究结果的要求上是开放的。探究性学习打破了传统教学在统一规定下的教学模式，为学生提供了大胆创新、实现自我超越的学习环境。学生在探究学习的过程中，能够大胆地怀疑，提出问题，探讨解决问题的方案，对不同的结果进行分析，培养创新意识和创造能力。

（五）运用探究型翻转课堂应注意的问题。

1. 不可能所有的科学知识都以探究的方式来教授。这样做是不值得的，是低效的，并且也会使学生感到枯燥。

2. 如果教学的目标是学习知识内容，问题的性质比来源更重要。问题可以由学生提出，也可以由教师提出。提高提问的能力需要经过提问的训练。学生需要发展高级的探究技能，理解如何获得科学知识。

3. 不是学生参与了动手做的学习活动就能保证探究的效果。只有学生的思维能投入到基本的探究过程，才能保证探究的效果。

4. 不可以脱离学习内容来独立培养学生的探究能力。学生对探究的理解不会也不可能脱离科学内容孤立地进行。应基于学生所掌握的知识去探究未知的事物，而探究的事物就是教材中所要学习的内容。如果教师教学的主要成果是让学生学会如何探究，那么学习的内容就是达到这一目的的一种媒介。

三、研讨建构型翻转课堂

（一）研讨建构型翻转课堂的内涵。

研讨建构型翻转课堂，是一种以研讨交流的形式促进学生知识建构的翻转课堂教学模式。什么问题适合研讨建构翻转呢？从课的内容来说，基本可以分为三大类：一类属"是什么"类；一类属"为什么"类；再就是属"怎么办"类。虽然同为"带着问题学"，可实际的内容大不相同。第一类属知识性，下定义、认识特性，就如同一是一、二是二，没什么好研讨。而"为什么"和"怎么办"就不同了，其中"大有乾坤"，可以"公说公有理，婆说婆有理"。所不同的是，在"怎么办"环节，要找到大家共同认可的具体办法，并分析出各自的优劣与利弊，达成共识。

研讨交流学习，又称讨论式教学法，是以解决问题为中心的教学方式。强调在教师的精心准备和指导下，为实现一定的教学目标，通过预先的设计与组织，启发学生就特定问题发表自己的见解，以培养学生的独立思考能力和创新精神。它要求师生围绕一定的问题，经过认真、充分的准备，在课堂上各抒己见，相互启发，共同探讨，取长补短，以求得解决问题，具有独特的教学价值。研讨式教学要求以"导"为主，设置贴近学生生活、富有吸引力的情境，提出有思考价值的问题，要求教师有全面、深刻、独到的见解，了解学生原有知识基础和能力水平，并且有熟练利用现代化手段教学的能力。要求学生通过查阅资料、研究讨论后解决问题。教师要收集足够的资料，便于双方节约时间，变原来组织教学为讨论讲解，引导学生利用资料，表达自己看法，教师应珍视之，并予以鼓励。教师还要参与多方面研讨，使研讨式教学有广度又有深度。

（二）研讨建构型翻转课堂的教学环节。

研讨建构型翻转课堂教学本质是教师的启发式教学与学生的自主式学习相结合，有侧重、着眼于突出重点和分析研究问题，在研讨中教学双方通过智慧、经验、直觉、心理的博弈，拓展视野、开启心智、分享经验、学会方法。核心是学生独立思考，各抒己见，相互启发，大致包括如下几个教学环节：设计问题、提供资料、启发研讨、得出结论。

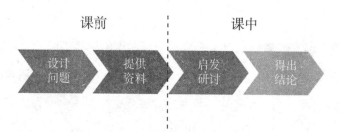

研讨建构型翻转课堂以小组或者班级为单位，对一个问题进行讨论，学生能够互相辩论，共同探讨，各抒己见，进行思想上的交流，从而扩大学生的知识面和分辨能力。利用该法组织教学，教师作为"导演"，对学生的思维加以引导和启发，学生则是在教师指导下进行有意识的思维探索活动。学生的学习始终处于"问题—思考—探索—解答"的积极状态。学生看问题的方法不同，会从各个角度、各个侧面来揭示基本概念的内涵和基本规律的实质，如果就这些不同观点和看法展开讨论，就会形成强烈的外部刺激，引起学生的高度兴趣和注意，从而产生自主性、探索性和协同性的学习。

（三）研讨建构型翻转课堂的优势。

1. 信息源多，信息的交换量、加工量大，师生获得的即时反馈信息快而强。

2. 能充分调动学生的学习主动性和积极性。由于讨论式教学法改变了学生在课堂教学中的地位，他们既是信息的接受者，更是信息的发出者，他们的思维不再受教师的限制。为了证明自己的观点，他们主动地、积极地去准备材料，收集论据，进行思考。

3. 能有效地培养和提高学生的阅读和思维能力。讨论式教学法要求学生在课前反复阅读教材的基础上，对已有的知识进行分析、加工、推理、论证等一系列思维活动。特别是在讨论和争论中遇到的问题是事先预想不到的，学生要在极短的时间内抓住问题的实质，组织大脑中储存的知识进行分析、推理、论证，从而得出结论，这种高密度的思维活动能有效地培养和提高学生思维的敏捷性、灵活性和独立性。

4. 能培养和提高学生独立分析和解决问题的能力。讨论题一般都有难度，学生必须把书本知识和实际问题密切结合，才能解决。这样学生在准备讨论的过程中，运用知识解决问题的能力得到了培养和提高。同时，还能提高学生的即时反馈能力和评价能力。

5. 能培养和提高学生的口头表达能力。讨论的过程就是学生把自己的观点通过口头语言的形式准确、清楚、全面地表达出来的过程。在阐明自己的观点、驳斥对方的观点等一系列活动中，学生的口头表达能力也会得到锻炼和提高。

此外，通过讨论，教师能最大限度地了解和掌握学生个体和总体的知识准备程度和认识状况，随时调节教学进程，加强教学的针对性和有效性。学生能在讨论中听取别人的发言并做比较，取长补短，扩大视野，有利于新型师生关系和同学关系的建立。

（四）研讨建构型翻转课堂的原则。

1. 主体性原则。它要求学生成为学习行为的主人，始终处于稳定的自主地位，发掘创造的潜力，施展才华，让学生占据课堂教学主体地位。

2. 具体性原则。它要求教师设计的问题必须明确具体。学生在进行讨论的时候需要清楚认识到讨论问题的重心，而具体的、有代表性的问题更加有助于学生讨论的方向，所以教师在设计问题的时候需要将教学内容的重点、疑难点进行结合，要设计出明确具体的问题，这样对学生才有意义。

3. 启发性原则。它要求教师设计的问题要有启发性，要有探讨的价值。教师设计的讨论问题一定要具有启发性，能够给学生一定的思维空间，让学生能够自己想象，只有自己想了，记忆才会深刻，而这种类型的问题能够拓展学生的思维，让他们的思维有一定的自由度。不要研讨不是问题的问题。不是问题的问题，课堂讨论得再热烈，也是无效的教学。

4. 循序渐进原则。它要求教师进行由易到难，由简到繁和量力而行的循序渐进性教学，达到学生个体与班级整体的同步共进。这种教师当"导演"，学生当"演员"的模式，创设了师生、生生之间平等、和谐的教学环境，体现教学的民主化，形成和谐共进、教学相长的境界。研讨式教学模式是从实践中发展起来的一种新的课程形态，它的目的在于为学生提供思考问题和讨论问题的机会，在学习过程中创设一种有助于探索研究的开放的情境和途径，使学生围绕某一主题主动地搜索、选择、加工处理信息，并应用知识解决问题。学生的接受能力，知识水平是有限的，如果选择的讨论问题超出了他们的范围之内，会给他们带来打击，让他们失去积极性。教师要选择难度适宜的问题，既能够激发学生思维的积极性，又能够使得学生的能力得到提高。只有通过学生自己的能力解决问题，他们才能产生极大的成就感。

5. 和谐性原则。它不仅能使学生增长知识、开阔视野，有助于学生综合能力的提高，还有助于师生共同探索、发现和研究，进而密切师生关系，促进教学相长。

第五节　聚奎中学翻转课堂案例分析

　　"四步五环节"翻转模式是聚奎中学借鉴美国最新的翻转课堂模式，率先在中国大陆的学校中开展实践研究并根据本校教学实际创建的翻转模式。"四步"即课前四个步骤，包括教师集体备课，制作导学案；录制和上传教学精讲视频；学生下载观看教学视频和导学案，在线完成预习检测题；教师通过平台可以及时了解学生学习情况，设计课堂教学活动。"五环节"即课中五环节，包括学生先独立做作业；小组、师生之间讨论协作解决难题；教师巡视，个别指导；学生完成相关练习；自主纠错，巩固所学知识，反思总结。

　　聚奎中学将翻转模式定义为"学生在自习课或课外，用移动智能终端从服务器上下载并学习教师预先录制的教学精讲视频，回到课堂上师生之间、生生之间面对面交流、讨论和完成练习的一种教学形态"。

　　"四步五环节"翻转模式是美国翻转课堂与聚奎中学创建的"541"高效课堂模式相结合的产物。所谓"541"，就是指从学生结构上看，有10%的优秀生、50%的良好生、40%的后进生；从学习内容上看，50%的学生自学能会，10%的学生合作学会，40%的需要老师教会；从课堂时间分配上看，50%的老师的课堂导入、诠释学习目标、组织、引领、点拨、激励的时间，40%的学生合作学习的时间（学生的自学已在课前完成），10%的总结反思、当堂检测时间。"541"有三个核心理念：一是少讲多学，合作共赢；二是学生的学，比老师的教更重要、更关键；三是静心自学、独立思考，互教互学，善问敢评。"541"还有五大标准，包括时间标准、学案标准、环节标准、目标标准和师生活动标准。

在实践"541"高效课堂模式过程中，学校教师和领导都遇到了重重困难和困惑，诸如，教师讲授与学生自学时间的冲突，统一授课与分层教学的矛盾，导学案练习任务重与反馈慢的问题，等等。聚奎中学通过引入翻转课堂，通过使用互联网视频技术，突破传统课堂教学在时空、内容、方式等方面的局限，把教师课堂上的讲授录制成视频提到了课前，节约了教师课堂讲授的时间；练习反馈更加及时，增加了师生、生生互动的机会，更能满足不同层次学生个性化学习的需要，既发挥了高效课堂的优势，又克服了高效课堂的不足，走出了一条新路子。

聚奎中学在借鉴美国翻转课堂模式的同时，结合本校的"541"高效课堂模式对其进行了改造，探索出了适合聚奎实际的"课前四步骤""课中五环节"的翻转课堂基本模式。

课前：教师集体备课，制作导学案，然后由学科组教师代表录制10~15分钟的教学精讲视频，上传到"校园云"服务平台。学生们在独立预习教材的基础上，用平板电脑下载观看教学视频和导学案。看完后，通过网络学习平台，做预习检测题，学习平台立即对答题情况进行评判反馈。教师通过软件平台可以及时了解学生学习情况，调整课堂教学进度、难度，制订个别辅导计划，增强课堂教学的针对性。

课中：学生在课堂先独立做作业，对于难题则通过小组、师生之间讨论协作予以解决。教师巡视课堂，给学生以必要的个别指导。随后，学生完成网络平台上或其他资料上的相关练习，通过观看答案详解或教师的习题评析视频，自主纠错，巩固所学知识，反思总结。

教学形式的翻转激发了学生的主动性和积极性，学生在课堂上和课外都有大量的自主学习时间。翻转课堂适应了不同能力和兴趣学生的个性化学习需求。学习速度快的可以提前学习后面的视频内容，掌握更多、更难的课程内容；速度慢的则可以反复观看视频学习，并寻求同学、教师的帮助。

随着参与实验的教师增加，同一教研组内的教师不再重复备课，减少了作业批改量。不过，由于要在十几分钟时间内讲清楚内容，对教师的备课提出了高要求。几年来的课改实践，让聚奎人认识到，简单模仿移植不能带来理想效果，只有根植于学校实际的借鉴创新，才能打造适合自己的课改模式。

聚奎中学的翻转课堂，很快成为学校对外展示的"金字招牌"。教育部、市教委等部门领导，上海、江苏、山东等省市70多所学校的同行相继来校考察，还获得了乌克兰国家电视台、《中国教师报》等国内外媒体的关注。最重要的是，聚奎中学的师生们在翻转课堂实验中收获了自信和成长。作为一所地处农村、有着143年悠久历史和深厚底

聚奎中学的翻转课堂模式图

蕴的百年名校，聚奎中学在江津区甚至重庆市都是独一无二的，它的变革与创新，颇具启发意义。

第六节　昌乐县第一中学翻转课堂案例分析

"二段四步十环节"翻转模式是由山东省昌乐县第一中学根据本校的教改实际建构的翻转课堂教学模式。"二段"是自学质疑阶段和训练展示阶段。"四步"是指教师备课的四个步骤：课时规划→微课设计→两案编制→微课录制。"十环节"是指每一种课型的基本流程。自学质疑阶段包括五个环节：目标导学、教材自学、微课助学、合作互学、在线测学；训练展示阶段包括五个环节：疑难突破、训练展示、合作提升、评价点拨、总结反思。

自学质疑阶段完全由学生自己掌握学习步调，首先由课代表主持，解读学习目标，安排学习任务；同学们按照学习目标，进行教材自学。可以先读教材，掌握内容知识，再独立完成学案；也可以根据学案问题引导读教材，再独立完成学案。自主读教材中发现的疑难问题，可以借助教师提前录制的微课进行学习。

微课可以暂停、后退，反复观看，看懂后再完善修改学案中的问题，在微课学习之后，仍有不明白的问题或新产生的问题，这就需要小组成员之间的交流。一般是先完成学习任务的同学先交流，交流的心得在小组成员之间或群体之间进行共享。当然，还有一些弄不明白的问题或产生了更多的疑问，就将这些问题写在"问题反馈条"上，交给教师。学生通过完成教师设计的在线检测题目，检测自己的学习效果。教师汇总学生提出的问题，根据平台统计的数据和学案反馈的信息，充分了解学生学习情况后，设计疑难突破点和个性化辅导方案。

在训练展示阶段，教师针对自学质疑阶段未能解决的问题，进行针对性的讲解和个性化的辅导；结合"训练展示"学案，完成基础训练题并安排同学向全班同学展示；小组内进行交流讨论，解决展示中暴露的问题，并提高高阶思维能力；其他小组的同学上台评价前面同学的展示成果，答疑解惑，评分。最后由教师针对前面三个环节中出现的疑难点再次进行点拨，并系统总结和梳理学习内容。

笔者认为将翻转流程分为十个环节显得过程烦锁、迷乱。缺少延伸训练、拓展探究的环节。

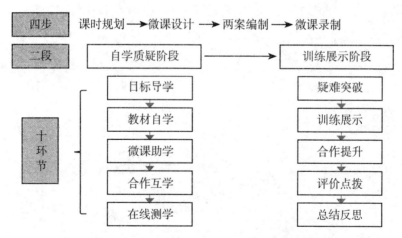

昌乐县第一中学的"二段四步十环节"翻转模式图

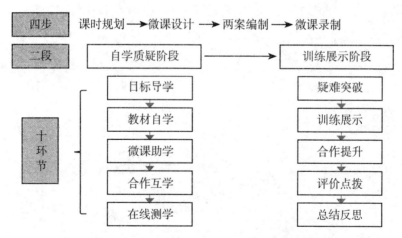

第七节　递进式翻转课堂教学模式

　　笔者在对济南市文化东路小学《长方体和正方体的体积》一课的翻转课堂教学进行分析研究的基础上建构了阶梯式翻转模式。如下图所示。与前面几种教学模式类似，这一翻转模式同样将教学过程分为两个阶段：①知识传授阶段，主要培养学生的初级思维能力；②知识内化阶段，主要培养学生的高级思维。但每一个阶段只分为两个步骤完成：前一个阶段包括自主学习和思考问题两步骤；后一阶段包括解决疑难和延伸拓展两个步骤。这一模式有两个特点，一是它认为学习是一个由浅入深的爬坡或上楼梯过程。每前进一个阶段或一个步骤，学习的层次或难度都会有一个飞跃，如思考问题比自主学习上一个台阶，延伸拓展是在解决问题的基础上进一步扩大视野和应用的层次；知识内化与知识传授是两个不可割裂的过程，后者是在传授知识的基础上，通过协作探究实现知识创新应用。二是它认为学习是一个"学而思、思而学、学而思"的螺旋式上升过程。

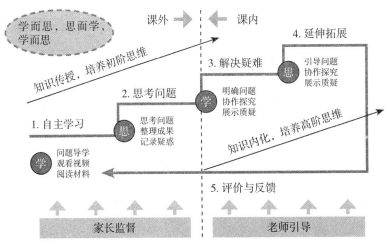

递进式翻转模式图

第五章
翻转课堂的设计

　　教学理论和学习理论都来源于教与学的真实生活。教学设计则是教与学理论在真实教与学情景中的逆向展开，并因教与学情景的多样性和复杂性而呈现出教学设计的多元性。翻转课堂因颠覆传统课堂的教学流程和师生行为而适应信息时代课程内容改革、育人目标变革的需要，甚至改变整个学校教育系统。其教学设计自然也呈现出与传统课堂教学设计迥然不同的逻辑方式和思维方式。

　　翻转课堂设计，是翻转课堂实施的基础、重点和难点。由于翻转课堂通过对知识传授和知识内化的发生场所和时间顺序的颠倒安排，改变了传统课堂教学中的师生角色并对课堂时间、空间的使用进行了重新规划，促进了学生对知识的内化，提升了学生学习效果，实现了对传统课堂教学模式的革新。这样的教学革新，不仅改变了课堂教学的师生关系、课堂时间等诸多方面，也对教学设计提出了新要求：一是设计的范围从课堂扩展到课堂内外；二是设计的内容从教学过程的设计拓展到课堂内外学习活动、课前导学工具、自主学习资源和评价工具的设计。由"教程设计"走向"学程设计"，由"教授线路设计"走向"问题线路设计"是翻转课堂设计的关键创新点。这是翻转课堂具有无限发展潜力的根源所在。

[学习任务单]

　　一、翻转课堂的构成要素是什么？

　　二、学习任务单的核心是什么？

　　三、导学案存在的主要问题和不足是什么？

　　四、翻转课堂使用的导学案与高效课堂使用的导学案有何异同？

　　五、翻转课堂教学包括哪些环节？

第一节　翻转课堂设计的核心要素

翻转课堂是对传统教学模式和教学方法的革新，通过知识传授与知识内化两个阶段的翻转，提高学生学习的主动性和学习效率；教师应把握翻转课堂的关键要素，准备富有创造力的教学资源和学习环境，组织多样化的课堂教学活动，通过学习分析为学生提供更有针对性的教学，充分发挥翻转课堂的优势。

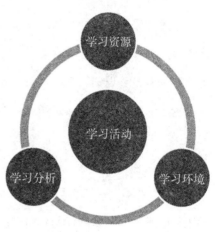

翻转课堂设计的核心要素

一、翻转课堂的学习活动

课堂的学习活动是翻转课堂设计的核心部分。翻转课堂的有效实施需要建立在设计良好的学习活动的基础之上。

在翻转课堂教学过程中，新知识的学习过程已经在课前完成，取代了传统课堂教学中的教师讲授新知识的模块，给师生留下了更多的课堂时间，如何利用好课堂时间组织教学活动，促进知识内容，是决定翻转课堂是不是成功的关键。目前在国内提及翻转课堂，大部分人都是集中在如何制作教学视频上，但实际上比视频更为重要的是课堂活动的组织。

翻转课堂教学活动包括小组学习活动、全班交流活动和个人学习活动，但以小组学习活动为主。

翻转课堂教学活动涵盖了解答学生疑问、解决重点难点、课堂讨论、探究实验和练习巩固等多个方面，教师需要根据学科特点和学生实际情况精心设计课堂活动。翻转课堂需要良好的互动和有意义的深度学习。翻转课堂设计对教师的教学能力和综合素质有较高要求，教师需要在课堂中敏锐地发现多数学生存在的困惑，并及时解决。纵观目前不少学校的翻转课堂，由于形式过于单一，甚至全部活动用来做练习测试，导致学生慢慢失去了兴趣。

在正式上课前，教师应当确保学生已经观看了教学视频，并完成单元检测，即要求学生在课前完成基础性的测试题目，以便于学生自己及教师发现问题，了解实际学习效果。在课堂上，教师通过设计有意义的任务和具有挑战性的问题，激发学生思考，推动学生间进行互助交流，对于一些自控能力较差，或是自己学习有困难的学生来说，学习小组可以起到监督和带动的作用，帮助学生打破在课外学习的孤立感，进一步增强学习效果。翻转课堂教学设计的核心，教师要对学生的疑问进行整理，对其中具有代表性的问题，应放在课堂上集中讨论解决，对于个别学习相对滞后，或是学习积极性不高的学生所存在的问题，可以在课前单独给予指导。

翻转课堂教学设计，还要重点关注如下问题。

1. 解决学生疑问，层层引导。学生完成了前一阶段的自主学习，教师在课堂上可以直入主题，就学习中普遍存在的疑惑集中给予解答。此外，教师也应关注个别思维更加活跃，学习进度较快的学生提出的问题，这类问题往往可以作为一条主线，引导学生作进一步地探究。

2. 交流协作，加深内化。由于教学视频可能只涉及基本的知识讲解，因此在知识深化方面，教师可以根据学生的兴趣及学习能力将学生分组，通过布置任务完成知识的深化和内化，学生在交流中相互启发和批判，同时也提升了团队协作和沟通能力。在学生分组学习时，教师也应参与到学生当中，对出现的问题给予点评，及时纠正偏离方向的讨论，提高课堂学习效率。

3. 统筹兼顾，突出重点。如前所述，课前的教学视频只针对重难点，对于其他一般性的知识点，教师可以放在课堂上完成讲授，避免知识的割裂。

二、翻转课堂的学习资源

翻转课堂的有效实施需要丰富优质的学习资源来支持，这些学习资源可以是微课视频、电子课件、互动电子教材、学习网站、在线课程、文本教材和练习题等，其中微课视频是最常用、最重要的学习资源，内容以知识点为单位，聚集新知识的讲解。

从视频的形式上看，怎样在10分钟以内牢牢抓住学生眼球，需要教师在录制视频时充分考虑视频的视觉效果，灵活采用画面、声音等多种表现手法，此外，字幕的配合也很重要，字幕是画面、声音的延伸和补充，能够弥补授课者口音的缺陷，更清晰准确地传达视频的信息。从视频内容的实质上看，教师需要把握的是视频应当有益于学生在课前进行探究式学习，视频应当是那些足以引发学生兴趣、讨论、质疑的材料，如果视频只是单纯地录制教师讲授的内容，实质上还是没有打破学生被动接受学习的模式，只不过将听课的地点由课堂移到了课外，终究是回到传统教学的老路上了。

除了传授知识所需用到的教学视频，教师还应当着手建立扩展资料库，为学生提供可以扩展学习的资料，这些资料包括其他开放学习平台提供的视频、文字阅读资料、习题库等。扩展学习有助于学生进一步了解所学内容的背景知识、与其他知识的联系，一方面帮助学生更好地理解和掌握教学大纲中的知识点，同时进一步培养了学生自主学习的能力。

翻转课堂学习资源主要用于支持学生课前的自主学习。为了取得更好的自主学习效果，除了为学生提供视频资源外，还需要提供教师精心设计的自主学习任务单与视频资源配套使用。学生依据学习任务单的要求，观看视频，完成知识学习。学生只有在课前完成对学习资源的学习，获得了知识内容并发现学习过程中存在的疑难和困惑问题，带着问题参与课堂的讨论活动，才能达到知识内化和创新的目的。

三、翻转课堂的学习环境

翻转课堂需要由网络学习平台和学生学习终端组成的网络学习环境的支持。网络学习平台主要提供教师个性化推送和学生自主性选择学习资源、学生学习和在线测试数据收集和分析、师生和生生互动交流信息等功能。这是实施翻转课堂教学最基础的环境。学习终端主要是支持学生的微视频学习、在线测试和网络交流等功能。

四、翻转课堂的学习分析

在翻转课堂实施过程中，教师需要利用学习分析技术，对学生在课前在线学习产生的大量学习数据进行解释和分析，有效分析判断学生的学习问题，评价学生的学习进展，甚至评价学生的批判性思维、协作交流能力和问题解决能力等，以帮助教师设计和调整教学内容和教学过程。例如，在微课学习过程中，教师发现某个环节或知识点被学生们反复点击的时候，要意识到这可能是一个对学生来说难以掌握的知识点，或者自己的讲解有问题，需要据此调整教学，重新录制视频。

第二节 翻转学习任务单的设计

一、设计学习任务单的意义

翻转课堂学习任务实际上包括了课前自主学习任务和课堂互动学习任务。本节重点讨论课前自主学习任务。学习任务的设计通常以学习任务单为载体。在翻转课堂教学中，学习任务单既是教师设计给学生，让学生通过自主学习完成学习目标的支架，也是教师指导学生自主学习的载体，通常以表单的形式呈现。

自主学习任务单的设计，是翻转课堂教学设计的第一步。在课前自主学习中，教师并不会出现在学生面前，教师对学生学习的指导，主要以学习任务单为"抓手"来完成。学生通过阅读学习任务单，明确学习的目标、方向和任务，并通过学习任务单向教师反馈学习过程中产生的疑问。

自主学习任务单设计的质量，影响到学生的课前自主学习能否顺利启动，影响到学生能否按照要求观看教学视频和阅读相关的学习材料，影响到学生能否在自主学习中启动独立思考程序，能否发现自主学习中的疑难问题。这些疑难问题是后续的课堂翻转的基本条件。因此，自主学习任务单设计的优劣，既关系到课前自主学习的质量，也关系到后续的课堂互动学习和探究学习能否有效展开。学习任务单的设计非常重要。

二、设计学习任务单的方法

"自主学习任务单"概念为苏州市电教馆原馆长金陵老师所创，他设计了一套非常系统和全面的"设计模版"给教师们使用，受到广大教师的欢迎。但也有教师在使用过程，感到该模版略显烦琐和复杂。如"学习指南"下面包括了课题名称、达成目标、学习方法建议、课堂学习形式预告等内容，内容较多，存在交叉重叠现象，层次较复杂。"达成目标"包含了学习任务的内容，内容重复重叠；"学习方法建议"教师们很少会写，而且容易写成"学习任务"，可以合并到学习任务中去；"课堂学习形式预告"实践效果不明显；"疑惑和建议"拟改成"成果"和"疑难"等。

课前"自主学习任务单"设计模版表

一、学习指南
1. 课题名称： 　　提示：用"版本+年级+学科名+册+内容名"表示。
2. 达成目标： 　　提示：达成目标从教学目标转化而来，是学生通过自主学习应该达到的认知程度、认知水平，或曰认知标准。请用"通过观看教学视频（或阅读教材、分析相关学习资源等）和完成'自主学习任务单'给出的任务+谓语+宾语"表述。
3. 学习方法建议： 　　提示：有就写，没有就不写，不要"喧宾"夺了"任务"之"主"。
4. 课堂学习形式预告： 　　提示：简要说明课堂教学组织形式，也可用流程图代替。其目的是使学生明确自主学习知识与课堂内化知识的关系。

（续表）

二、学习任务
通过观看教学视频自学（或阅读教材，或分析提供的学习资源），完成下列学习任务：（提示：含必要的提示等帮助性信息）
三、疑惑和建议
（提示：此项由学生自主学习之后填写）
备注：1.栏目不够用可以自行扩展；2.完成"自主学习任务单"设计之后，别忘了删除所有提示项。

根据教师们的意见和建议，笔者设计了一个缩略版的课前"自主学习任务单"设计模版供教师们选择和使用。

课前"自主学习任务单"设计模版表

课题名称	
学习目标	
学习任务	

116

（续表）

学习成果	
疑难问题	

学习任务单的核心内容是学习目标和学习任务。下面重点介绍这两部分内容的设计。

（一）学习目标的设计。

学习目标是教学目标的转化形式，反映要求学生通过自主学习达到掌握学习材料的维度和程度。学习目标不是一个变量要求，而是一个常量要求。要求学生在家有一个自定进度的学习，即按照自己的步骤学习，直到掌握学习材料，达到学习目标规定的要求。

"学习目标"的设计步骤如下：第一步通过分析教材提炼出教学目标；第二步把教学目标转化为学生自主学习应当达成的目标。

学习目标不同于教学目标。为了让学生清晰地了解自主学习任务，要求用"通过观看教学视频（或阅读教材，或分析相关学习资源）和完成'自主学习任务单'给出的任务+谓语+宾语"等表述，使学生对于通过什么样的方式能够达到要求的学习目标一目了然。因此，这一转化对于能否促进学生高效自主学习是非常关键的。

（二）学习任务的设计。

"学习任务"是自主学习任务单的主体部分。学生自主学习能否达到学习目标，主要依靠"学习任务"来保证。"学习任务"的设计，一般要达到如下要求：

1. 必须满足学习目标的要求。

学习目标是教学目标的转化形式，以便学生在自主学习开始之前，就能清晰地了解通过怎样的途径达到什么样的学习目标和要求。要把学习目标落到实处，就要靠精心设计学习任务，使学习任务达到"只要学生完成任务就能达到学习目标"的程度。一旦做到了这一点，我们就会发现，所有的学生都能通过自主学习，达到以往教师讲课希望达到的教学目标。

2. 必须把知识点转化为问题。

知识点转化为问题，是任务设计最基本、最有效的方法。知识点转化为问题，指的是把教学重点、难点和其他知识点转化为问题。这是基于两个方面的考虑：一是可操作性。问题是自主学习的向导，所有的学生面对问题，都不会觉得自主学习无从下手。二是培养基于理解的举一反三能力。

理科的问题设计往往反映概念、原理、方法，从解决问题入手，能够帮助学生理解概念、原理和掌握方法，具有举一反三的意义，完成其他各类习题（概念、原理、方法蕴藏其中）也会变得得心应手。

文科的问题设计可以从两个方面思考：一是学习材料包含哪几个方面的内容。这是结构化思考的方法，有利于学生从总体上把握学习材料。二是把教学重点、难点和其他知识点转化为问题。这有利于学生从细节分析入手，理解学习材料。两者相结合，就能使自主学习起到事半功倍的效果。

此外，信息技术学科是实践性很强的学科，需要把问题与操作性任务结合起来考虑。有时候，操作性的任务比例应该大于问题。

3. 必须考虑知识点的覆盖面与权重。

任务设计要考虑两个方面：一是兼顾教学重点、难点和一般知识点的覆盖面。二是考虑知识点之间的权重。对于教学重点或难点来说，很可能需要分解为若干问题才能达到深刻理解。其他知识点，一个知识点一般只要一个问题就可以了，切不能胡子眉毛一把抓。

4. 提供方便的资源链接。

提供方便的资源链接，指的是在学习任务等栏目中，在学习者最需要的地方，做好显著的链接标志，并做好链接，为学习者提供便捷的学习路径。链接包括教师提供的资源网站链接，也包括配套微视频（微课）的链接。如果没有配套的个人学习空间（平台），建议与"自主学习任务单"一起打包，方便学生学习。

5. 融入练习。

当学生通过自主学习理解了概念、原理之后，可以提供几个与"任务"难度相当的题目让学生练练手，使其印证自主学习成效，获取学习成就感。

三、设计学习任务单要处理好两个关系

1. 学习目标与学习任务的关系。

在实际的自主学习任务单设计实践中，经常有教师混淆了"任务"与"目标"的区别与联系。例如，一位教师给"光的反射和平面镜成像"的"任务单"设计了这样的学习目标：

通过观看教学视频、完成"自学任务单"规定的任务，从而理解光的反射和平面镜成像特点。

这个"学习目标"包括了"学习任务"。学生该怎样做，要达到什么样的目标，显得不够清晰。建议修改为：

学习目标：理解光的反射和平面成像的特征。

学习任务：通过观看教学视频，思考如下问题：什么是光的反射现象？平面成像有什么特征？

2. 课前任务与课堂任务的关系。

实际上，笔者认为，翻转课堂的核心不是课前学习，而是课堂中的互动和探究活动。课前学习是为课堂研讨服务的。课堂能不能有效翻转，主要取决于参与课堂讨论的学生能不能在课前通过观看视频进行独立地思考，发现更多问题，形成自己独到的观点，在此基础上，才能在课堂研讨中与同伴进行思维的碰撞并擦出智慧的火花。因此，学生全面看明白视频的知识点和内容，完成自学任务单中的练习题，甚至全部满分，并不是有效翻转的充要条件。个别学生个别知识点没有弄懂，正好可以通过协作探究的方式加以解决。换言之，课前学习的主要任务是"发现问题"，而不是"解决问题"。通过课前学习，发现问题越多，课堂研讨活动就越有价值和意义。因此，课前与课堂之间的目标与任务必须建立一个合理的梯度关系。如果课前的目标过高，任务过重，甚至将课堂应该完成的探究任

务放在课前完成，一则造成学生课外学习负担过重，变成课外难以承受之重。二则即便课前能将过重的任务完成，也会造成课堂任务不够。如果课前学习目标设置过低，所完成任务不足以支持课堂协作探究，讨论不需要讨论的内容和话题等。

四、需要注意的若干问题

1. 要充分关注不同层次学生的学习需求。

学生的学习能力有高低之分，但他们都有内在追求成功的渴望。高效的课堂教学必须使全体学生都能投入其中，让更多学生都能获得成功的喜悦，这就需要教师在设计自学任务单的时候充分关注不同层次学生的学习需求，设计贴近于各层次学生的学习任务：教师可以针对同一练习在自学任务单中提出不同的达标要求，可以将某一实践活动的步骤在任务单中罗列出来供学困生参考，通过这样的方式予以能力差异的各类学生尝试获得成功的条件。

2. 要能为学生的自主学习提供合适的支架。

学习任务单是以"学生的自主学习"为特征的教学支架，这里的学生自主学习并不意味着教师的袖手旁观，教师要在自学任务单中给予学生自学所需的帮助，可以提供适合学生学习的信息环境，可以为学生创设合理的活动情景，可以将自学所要采取的方法、步骤呈现在任务单中，为学生搭建自学的阶梯，提高自学的效能。

3. 要有足够的驱动力推动学生的自主学习。

自学任务单设计的立足点是把教师设计教学的出发点真正转移到"为学生的学"上，并把是否有利于学生的学作为检验教师的设计是否有效的重要标准，因此任务单的设计要难易适度。过多容易的任务会使学生长时间处于低水平思维状态，他们，尤其是学习能力强的学生会逐渐丧失学习的兴趣；过多难度偏高的任务则对学生的思维带来压力，尤其易增加学困生的挫折感。因此，任务单设计一定要充分考虑学情，设计难度适中的任务，这样有利于为各层次学生都提供足够的驱动力，促进他们的自主学习。

自学任务单的关键是教师要及时了解掌握所教学生的具体学情，根据学情设计制定与之相匹配的学习任务单，逐一落实，这一步至关重要。在教学过程中，要随时关注学生的学业变化过程，诊断教学过程和学生学习过程中所有变化和有可能出现的结果，不断调整，不断更新自学任务单的内容和难度，使之与学生的实际需求相适应。这样就要求教师要全身心地投入工作，关注学情的差异性，关注教学的各个环节，引导启发学生跟着教师的教学步骤，及时调整，及时反馈，及时消化学习任务单的具体内容。课堂上要根据不同对象，采用不同方法点拨、引领学生的学习，教师还要比对学生在学习过程中的成绩变化，共同完成学习或教学目标，体现自学任务单的成效，这是自学任务单的核心任务。

五、学习任务单设计案例

课题	光的反射与平面镜成像
学习目标	理解光的反射和平面成像的特征。
学习任务	通过观看教学视频，思考如下问题：1. 什么是光的反射现象？2. 平面成像有什么特征？
学习成果	（由学生填写）
疑难问题	（由学生填写）

第三节　翻转学案的设计

学案，又称导学案，是由教师设计，用于指导学生自主学习和知识建构之案，具有导读、导视、导思、导练的功能。

一、学案的构成

"导学案"通常由学习目标，学习重、难点，知识链接，学习内容，展示提升，学习小结，达标检测等几个环节构成。

1. 学习目标。教师要深入钻研教材，为学生设置明确的学习目标，数量以

2~4个为宜，不能太多，学习目标中不要用"了解""理解""掌握"等模糊语言，要用"能记住""能说出""会运用""解决……问题"等可检测的明确用语。

2. 学习重、难点。根据课标要求、教材内容、学生实际，确定学习重、难点。

3. 知识链接。复习相关知识或引入与所学内容有密切联系的知识。目的在于扫清学习新知识的障碍，为新知学习做好铺垫。

4. 学法指导。有两种呈现形式：第一种是把学习方法渗透和融入到知识的导学中，不单独呈现。第二种是学习方法单独呈现。如：阅读的技巧、做笔记的方法，自主学习的方法，小组合作的技巧等，在导学案中提出明确的要求。小学阶段采取第一种呈现方式比较适合小学生的心理特点和知识建构特点。

5. 学习内容。学习内容是导学案的核心，要体现导学、导思、导练的功能，要使目标知识化、知识问题化、问题探究化、探究层次化。学习内容包括自主学习、合作探究（对学、群学）。

6. 展示提升。展示必须是学生深入探究的问题，无论是组内小展示还是班内大展示都要明确展示是提升，绝不是各小组对导学案上问题答案的重复性讲解，统一答案。要突出展示的三大原则，即问题性、互动性、创新性。

7. 学习小结（即知识结构整理归纳）。

8. 达标检测。达标检测题的设计及使用的具体要求：题型要多样。量要适中，不能太多，以5分钟左右的题量为宜；具有针对性和典型性。难度适中，即面向全体，又关注差异。建议可设置选做题部分，促进优生成长。规定完成时间，要求独立完成，培养学生独立思考的能力，注重及时反馈矫正。

9. 学习反思。课堂学习中存在的问题和学生的感悟，是宝贵的学习资源。学生填写"学习反思"，当作复习时需要注意的问题。导学案上应该有留白处，让师生在导学案的使用中写下生成的知识点。

二、学案设计的原则

1. 主体性原则。

主体性原则也就是"以学为中心"的设计原则,主要解决学什么、怎样学的问题,而不是教什么,怎么教的问题。教师在设计时,要用学生的眼光看教材,用学生的认识经验去感知教材,用学生的思维去研究教材,充分考虑学生自学过程中可能遇到的思维问题。这一点对于翻转课堂教学设计有至关重要的指导意义,因为无论从"以学生为中心"出发还是从"以教师为中心"出发将得出两种全然不同的设计结果。

2. 导学性原则。

学案的设计要体现"导学",重在引导学生学习而不是一味做练习。学案设计时要将知识点转变为探索性的问题点、能力点,通过对知识点的设疑、质疑、释疑、激思,培养学生的能力品质和创新素质。热情地鼓励学生勇于探索创新,科学地设计问题引起探索,适时引线搭桥帮助探索是"学案"的重要手段,是学案设计的关键所在。

三、学案设计的方法

从"教案"到"学案"的转变,必须把教师的教学目标转化为学生学习的目标,把学习目标设计成学习方案交给学生。根据学生现有知识,自学能力水平和教学要求,参照各方面信息,制定出一整套学生的"学案"。其特点是:教学重心由教师如何"教",转变为学生如何"学",要具有预见性和指导性。如下是学案设计的方法和设计的一般要求与作用。

1. 学案设计的要求。

(1)理清教与学之间的关系,努力给学生提供更多的自学、自问、自做、自练的方法和机会,使学生真正成为学习的主人,增强对学习的兴趣。

(2)引导学生独立思考,实现掌握知识(学会)与发展能力(会学)的统一,使学案成为学生掌握学科知识体系和学科学习方式的载体,教师教学的基本依据。

(3)实现个性发展与全面发展的统一。学案的设计应该充分考虑和适应不同层次学生的实际能力和知识水平,使学案具有较大的弹性和适应性。大体上来说,学案的设计主要按课时进行,与教师上课基本同步。

2. 学案设计的方法。

在设计"学案"时，应依据学习的内容、目标和学习者的情况而变，没有千篇一律，固定不变的格式。从"教为主导，学为主体，以学为本，因学论教"的原理出发，遵循循序渐进的原则，有步骤、分层次地从知识、能力到理论的运用逐步加深。不同层次的同学可根据不同层次目标要求进行自主学习。教学中的"学案"设计一般分为以下四个部分：

（1）明确教学目标建立知识结构框架。

学案中要体现出明确、具体的学习目标，即知识目标、能力目标、德育目标。知识结构包括学科知识结构，单元或章的知识结构，课时知识结构。通过知识结构分析，建立知识结构框架，使学生对将要学习的知识有一个整体的宏观认识。

（2）把握知识的重、难点，找出最佳切入点。

"学案"把重点、难点问题交给学生，给学生一定方法引导和思维启示，让学生自己动脑，分析解决问题，在探究中加深对知识的理解，培养学生的分析问题、解决问题的能力和思维能力。

（3）设计问题，培养学生运用知识的能力。

设计恰当的问题是引导学生探索求知的重要手段，是"学案"设计的关键所在。教师要依据学习目标、学习内容，依据学生的情况，精心设计问题。问题的设置要根据学生现有的知识水平和综合素质，有一定的科学性、启发性、趣味性和实用性，还要具有一定的层次。

（4）通过练习，及时自查和巩固学习效果。

在"学案"的最后还要有一部分，对学生自学探索后的自查巩固。学生层次不同，理解问题和解决问题的能力有较大差异，自学过程中可能会出现许多各个层面的新问题，帮助学生及时从练习中发现这些问题并进行及时的正确的引导，对培养学生的主体意识和思维能力是至关重要的。

第四节　翻转课堂活动的设计

　　在传统课堂教学中，教师通过讲授来帮助学生识记和理解。因此，课堂教学的核心活动是教师讲授，而在翻转课堂教学中，昔日教师的讲授，现在都由教学视频代替了。那么，当教师走进现在的翻转课堂，他应该做什么呢？课堂教学活动和学习活动应该如何设计？这是一线教师在实践中感觉最为困惑的地方。既然学生在课前已经完成知识的认知和理解，那么，昔日需要通过大量的课后作业来完成的知识应用训练以及现在强调的知识"分析、评价、创造"，现在都要在课堂教学环节中解决。

　　在翻转课堂的课前学习阶段，学生得到的是"碎片化"的知识。对于一门学科来说，这些"碎片化"的知识，是需要整合成整体知识模块的。另外，课前学习的东西，毕竟还是初步的表层化的，学生需要对知识进行内化。这个整合和内化的过程，主要依靠在教师引导下，在课堂经过互动和协作完成。如果说课前的

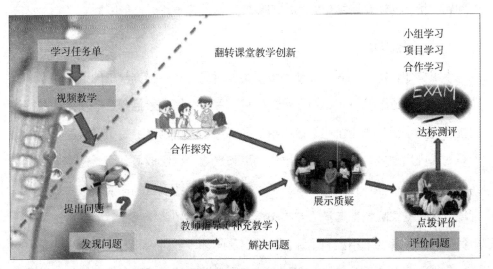

翻转课堂教学活动图

学习考验学生的自主学习能力和意志的话，那么对于习惯于传统"传道授业"的教师，要适应和掌握翻转课堂的互动和协作活动，是最考验教师的活动设计能力的。课堂上，师生共同对学习中存在的问题进行探讨、商榷、研究，包括答疑解惑、知识的运用等，让学生达到学习目标。翻转教学的课堂主要通过五个环节来完成。因此，翻转课堂教学活动的设计，也主要体现为四个环节的设计。

一、确定问题

课堂探究的问题需要师生共同确定。从教师的角度，教师需要根据教学内容的重难点提出一些问题；从学生的角度，学生根据自己在课前观看教学视频、进行课前针对性练习时发现的疑问及与同伴交流时未解决的困难提出一些问题。综合两方面来确定用于课堂探究的问题。具体过程如下：上课的第一个阶段，学生先根据教师提出的课前要求和问题，陈述在课前学习中遇到的、希望同学和教师给予帮助和解答的困难和疑问，再提出新发现的问题。教师整理旧问题的疑问和新发现的问题，提交小组讨论和解决。由于长期的传统教学形成的个体性格和思维习惯，学生可能既不愿意承认自己不懂，有问题，也不善于质疑和发现新问题，因此，这是翻转课堂最难的一步，需要教师加以引导和鼓励，消除心理上的障碍，引导发散的思维方式，教会学生学会找问题。教师整理需要小组讨论解决的问题，可以请同学帮助，与同学一起来挑选和决定最重要、最需要讨论和解决的问题。精选问题，既考虑到问题的重要性，还要考虑时间的限制。

二、合作探究

小组协作，解决问题，形成小组答案和意见。教师根据学生的不同特点进行异质分组，并分配给每个小组探究式题目，每组规模一般控制在4～6人，在每组中推选出一个组长，用于组织该小组的探究活动。小组中的每个成员都要积极地参与到探究活动中，随时提出自己的观点和想法；小组成员之间通过交流、协作共同完成学习目标。在此过程中教师需要随时捕捉各小组的探究动态并及时加以指导，并根据实际情况选择恰当的小组学习策略，如头脑风暴、小组讨论等。小组讨论可以先解决本小组同学陈述和提出的问题，再讨论和解决其他组同学的问题，这样更容易入手。如果对要讨论的问题不够清楚，还可以请提问的同学再陈述一遍。然后开始讨论其他同学的问题。形成小组答案和意见。如果还有解决不了的问题，可以向全班同学和教师提出，要求帮助和解决。按照"人人参与"和"轮流坐庄"的原则，确定全班研讨会的发言人。在翻转教学实验初期，可以请表述能力强的同学代表发言，以对其他同学起到示范作用。在后期阶段，一定要注意全体参与性，保证所有同学的积极性和参与机会，避免某些同学的意见和机会"被代表"。

三、展示质疑

学生经过了小组间开展协作探究式活动之后，要将个人及小组的成果在课堂上进行展示，并组织全班研讨。全班研讨，需要教师进行组织，必要时教师可以加以补充意见。但要避免教师过于主导，将研讨会变成教师"一言堂"。采取的形式有演讲型、成果演示型、小型比赛等，并且各小组之间进行交流与评论及分享学习收获。

四、点拨评价

教师总结，布置新任务。最后阶段，教师对同学的意见归纳和补充完善。对某些错误的答案，教师要进行更正。对不完善的意见，教师要进行补充。但对某些开放性的问题，并不需要"统一认识"。教师对学生完成任务的情况进行分析、归纳、整理，了解学生学习中存在的问题，已经掌握的和还需要进一步探讨的以及可以拓展和深化的东西进行分类，进而设计课堂教学新方案。最后布置下一次课需要观看的视频和需要思考和解决的问题。

五、达标测评

经过前面的深入探究和深度学习，学生对课程标准要求的概念知识和学科原理，已经达到深刻的理解和创造性的应用，理所当然可以在下课前五到十分钟内完成课程标准要求的达标能力，顺利完成达标测评。这可以理解为应试教育环境下翻转课堂实验的一个折中和妥协。既保证翻转后能大幅度提高学生的综合素养和创造能力，又能在学业成绩上保持稳定增长。

翻转课堂教学活动，贯穿了"提出问题——解决问题——评价问题"的过程。每一节课的时间是固定的，需要教师把握每个环节的重要性和难度，灵活调节时间分配，保证翻转顺利进行和完成。

第五节　翻转课堂教学设计模板

　　本书提供一套简便、有效的翻转课堂教学活动设计模板，如下表。有了这套设计模板，教师可以快速、高效地完成翻转课堂教学设计。翻转新手则可以快速掌握翻转设计的方法。

翻转课堂教学设计模板表

学科		教学内容	
课时		设计者	
学习内容			
学习目标			
学习者特征			
课前活动设计			
活动环节	学生活动		教师活动
自主学习			
思考问题			
课堂活动设计			
活动环节	学生活动		教师活动
解决疑难			
拓展延伸			

（续表）

教学设计反思

下面简要说明设计模板的使用：①"学习内容"的填写。说明这个教学内容在整个学期的授课时节，在学科知识中的位置；这堂翻转课教学内容特色、难点、重点等等。②"学习目标"的填写。描述本节翻转课的学习目标以及判断学生是不是达到目标的方法。③"学习者特征"分析。分析学生对学习内容的准备情况，对可能出现的问题进行预测。④课前活动设计。分别对两个"课前环节"的学生学习活动、任务和教师教学活动、任务进行规划和设计。学习资源的获得方式、途径等等。⑤课堂活动设计。对翻转课堂的教学流程进行总体的谋划，包括活动序列，每个活动形式和用时，每个活动所需的资料，对活动成效的评价方式和评价量规，应变候选方案等。分别对翻转课堂的两环节的学生学习活动、任务和教师教学活动、任务进行规划。包括如何发现问题和确定问题，学生应该做什么，教师应该做什么等等。⑥教学设计反思。解释设计者对这堂翻转课教学设计的思考、创新、亮点及需要进一步思考的地方。

关于翻转课堂教学设计的反思：教学设计是一种艰苦的教学创作活动。翻转课堂教学设计，对于许多教师来说，更是一个全新的挑战，需要更多借鉴和模仿、思考和实践。除此之外，翻转课堂教学设计还需要充分考虑学科内容适应性和学生特点等问题，根据不同的学科内容和学生特点设计不同的翻转教学活动；加强翻转教学和学习环境的设计，努力改善传统教室的固定格局并缩减每班学生数量，以便展开有效的翻转教学；重视学习资源的设计，有创造性地制作适合学生个性化需求的教学视频。我们既要吸取国外的成功经验并结合自身特点进行本土化实践，又要防止以"本土化"的名义"穿新鞋，走老路"，贴上"翻转课堂"的标签，轰轰烈烈地"翻转"，实实在在地"应试"。只有这样，才能实现翻转式教学的目的，即真正实现个性化、人性化教学，培养学生批判性思维和创造能力。

第六节 翻转课堂设计案例

一、案例名称

三角形的中位线

二、案例简介

本案例由广州市第九十七中学王智君副校长、陈晓妹老师设计,并由陈晓妹老师执教,最后经过笔者修改而成。内容以三角形中位线定理的证明及其应用为核心。案例突出了微课视频资源、学习平台(学习分析技术)的应用,突出了思考问题在引导自主学习和协作探究学习中的作用。

三、教学分析研究

【教学目标】

1. 理解三角形的中位线的概念和性质。

2. 掌握三角形中位线定理的多种证明方法并应用三角形中位线定理解决相关的问题,培养学生思维能力和分析问题、解决问题的能力。

【教学重点】三角形中位线性质定理证明及应用

【教学难点】用添加辅助线的方法来推证三角形中位线定理,了解证明线段倍分关系问题的基本要领。

【学情分析】所任教班级的学生思维活跃,但欠缺严谨。学生在此之前已通过微课视频自主学习并完成自学任务单,对于本节课三角形中位线定义的理解及完成大部分练习不难,但在本节学习中学生容易出现以下问题:一是如何证明线段的倍分问题;二是应用中位线性质定理时怎样添加辅助线的问题。

【教学环境】多媒体电脑、一体机、学生平板

四、课前自主学习设计

（一）课前学习目标。

1. 了解三角形中位线的概念及特点。

2. 理解三角形中位线定理的一种证明方法。

（二）微课资源分析。

本节课教师没有自己制作视频，而是选择"洋葱数学"的微课视频作为学生的主要自主学习材料。视频的教学过程分析如下。

微课名称	三角形的中位线	
微课来源	洋葱数学	
教学过程	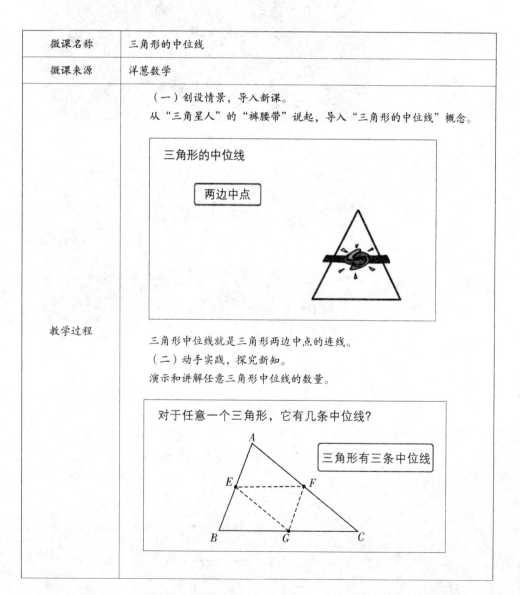	

（一）创设情景，导入新课。

从"三角星人"的"裤腰带"说起，导入"三角形的中位线"概念。

三角形的中位线

两边中点

三角形中位线就是三角形两边中点的连线。

（二）动手实践，探究新知。

演示和讲解任意三角形中位线的数量。

对于任意一个三角形，它有几条中位线？

三角形有三条中位线

第五章 翻转课堂的设计

131

（三）观察现象，探索规律。

中位线的特点（中位线定理）

1. 直观观察

2. 测量验证

（1）量角：

教学过程

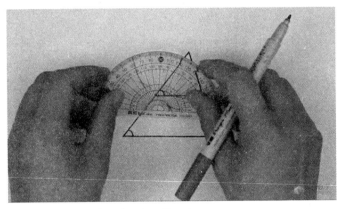

大胆推测：三角形中位线平行于第三边。

（2）量长度：

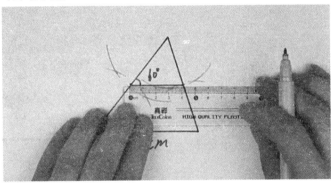

推测：三角形中位线长度等于第三边的一半。

（四）严格推理，证明定理。

三角形中位线的证明

如图，D，E 分别是 $\triangle ABC$ 的边 AB、AC 的中点。

求证：$DE \parallel BC$，且 $DE = \dfrac{1}{2}BC$。

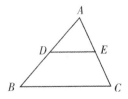

（续表）

教学过程	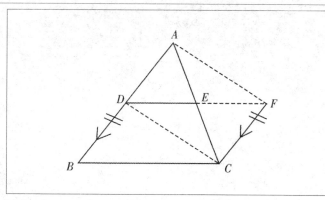 证明：如图，延长 *DE* 到点 *F*， 　　　　使 *EF=DE*，连接 *FC*、*DC*、*AF* 　　　　∵ *AE=EC*，*DE=EF* 　　　　∴四边形 *ADCF* 是平行四边形 　　　　∴ $CF \underline{\underline{/\!/}} DA$ 　　　　∴ $CF \underline{\underline{/\!/}} BD$ 　　　　∴四边形 *DBCF* 是平行四边形 　　　　∴ $DF \underline{\underline{/\!/}} BC$ 　　　　又 $DE=\dfrac{1}{2}DF$ 　　　　∴ $DE \parallel BC$，且 $DE=\dfrac{1}{2}BC$ （五）总结所学，促进应用。 --- **本课小结** 　　如图，*D*，*E* 分别是△*ABC* 的边*AB*，*AC* 的中点。 　　求证：$DE \parallel BC$，且 $DE=\dfrac{1}{2}BC$。 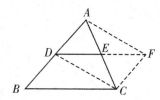 证明的关键是用"倍长中位线"构造平行四边形。

（三）学习指南。

学习指南包括需要暂停思考的视频时间、需要学生独立思考的问题和可能的想法、答案等，用于引导学生观看视频学习。

视频暂停时刻	思考问题	思考结果
00：48	什么是三角形的中位线？三角形的中位线是一条直线还是一条线段？	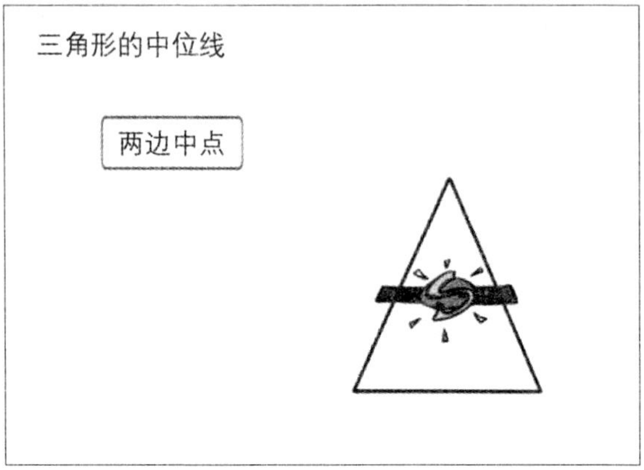 三角形的中位线 两边中点 三角形的中位线就是三角形两边中点的连线。它不是一条直线，而是一条线段。
00：57	对于任意一个三角形，它有几条中位线？	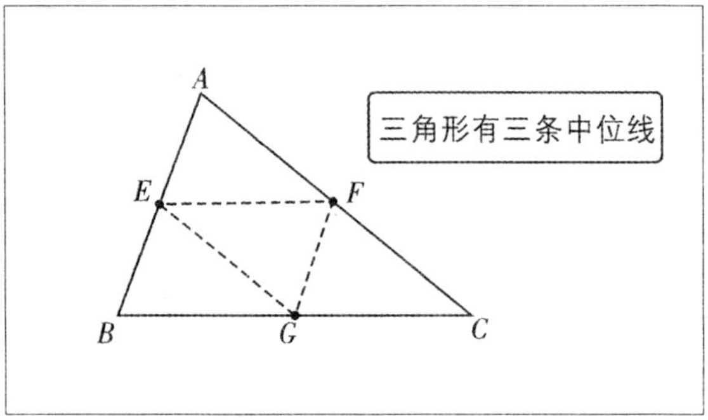 三角形有三条中位线
01：37	中位线有什么特点？	A. 中位线与底边平行 B. 中位线长度是底边一半 C. AB都对 D. AB都不对 答案：C
02：47	如何证明三角形中位线定理？	证明方法：构造平行四边形。 如图，D，E分别是△ABC的边AB，AC的中点。 求证：$DE /\!/ BC$，且$DE = \dfrac{1}{2}BC$。 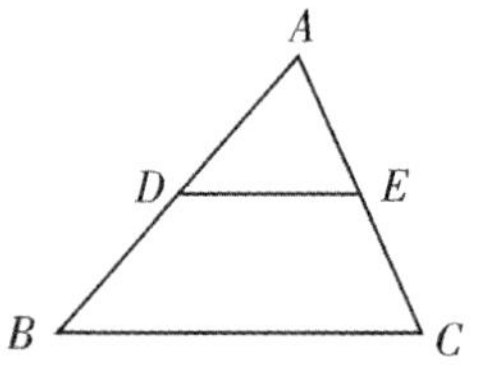

（续表）

视频暂停时刻	思考问题	思考结果
02：47	如何证明三角形中位线定理？	证明：如图，延长 *DE* 到点 *F*， 使 *EF=DE*，连接 *FC、DC、AF* ∵ *AE=EC，DE=EF* ∴ 四边形 *ADCF* 是平行四边形 ∴ *CF* ⫤ *DA* ∴ *CF* ⫤ *BD* ∴ 四边形 *DBCF* 是平行四边形 ∴ *DF* ⫤ *BC* 又 $DE=\frac{1}{2}DF$ ∴ *DE* ∥ *BC*，且 $DE=\frac{1}{2}BC$

（四）在线测试。

1. 在△*ABC*中，点*D*、*E*分别是*AB*、*AC*的中点，连接*DE*，则线段*DE*叫做△*ABC*的（　　　）。

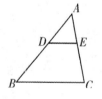

    A. 中线   B. 中位线

    C. 高线   D. 角平分线

2. 中位线有什么特点？（　　　）

    A. 中位线和底边平行   B. 中位线长度是底边的一半

    C. AB都对   D. AB都不对

3. *DE*是△*ABC*的中位线*AB*=9，*BC*=8，*AC*=6，则*DE*=（　　　）。

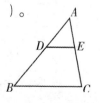

    A. 4.5   B. 4

    C. 3   D. 2

4. 在△*ABC*中，点*D*、*E*分别是*AB*、*AC*的中点，若∠*A*=45°，∠*B*=60°则∠*AED*=（　　　）。

A. 65°   B. 70°

C. 75°   D. 80°

5. 如图，线段DE是$\triangle ABC$的中位线，延长DE到点F，使得$EF=DE$。连接FC、DC、AF，则四边形$ADCF$是（   ）。

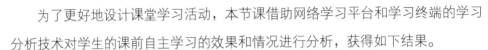

A. 长方形   B. 正方形

C. 平行四边形   D. 不能确定

6. 理解三角形中位线定理的证明过程。

（五）学情分析。

为了更好地设计课堂学习活动，本节课借助网络学习平台和学习终端的学习分析技术对学生的课前自主学习的效果和情况进行分析，获得如下结果。

题号	A	B	C	D	E	F	正确率	参与率
1	0人	45人	0人	0人	0人	0人	90.0%	90.0%
2	1人	2人	42人	0人	0人	0人	84.0%	90.0%
3	0人	45人	0人	0人	0人	0人	90.0%	90.0%
4	0人	0人	45人	0人	0人	0人	90.0%	90.0%
5	0人	1人	44人	0人	0人	0人	88.0%	90.0%

分析得到如下结论：

1. 多数学生对三角形中位线的概念和特点已经了解。

2. 学生对中位线定理及应用需要进一步拓展和加深。

五、课堂探究学习活动设计

根据以上学情分析，设计课堂探究学习活动的目标和活动过程。

（一）课堂学习目标。

1. 进一步探究三角形中位线定理的证明方法，建构知识。

2. 应用三角形中位线定理解决相关的问题，提高解决问题能力。

（二）课堂教学活动设计。

教学环节	学生活动	教师活动	设计意图
交流所学	 **三角形的中位线的性质** 三角形的中位线平行于第三边，并且等于它的一半。 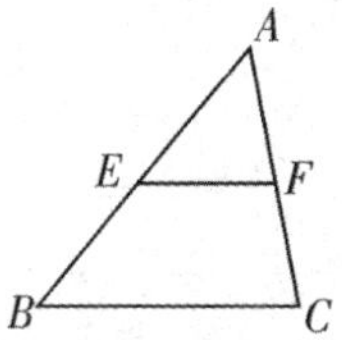 **用符号语言表示** ∵EF是△ABC的中位线 ∴$EF/\!/BC$，$EF=\dfrac{1}{2}BC$	关于三角形中位线的概念和性质，你学会了什么？	使课前自主学习与课堂探究活动发生连接。
问题梳理	 **核心问题一** 已知:如图，A、B两地被池塘隔开，在没有任何测量工具的情况下，小明通过学习，估测出了A、B两地之间的距离:先在AB外选一点C，然后步测出AC、BC的中点M、N，并测出MN的长，由此他就知道了A、B间的距离。 （1）你能说出其中的道理吗？ （2）若M、N之间有阻隔，你有什么解决的办法？	梳理课前自主学习过程中学生的疑惑。	根据学生的疑惑确定翻转课堂要探究的核心问题。

（续表）

教学环节	学生活动	教师活动	设计意图
问题梳理	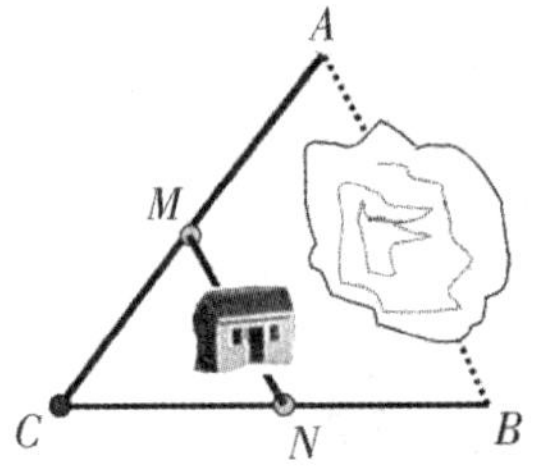 核心问题一引出核心问题二。 **核心问题二** 如图，已知E、F分别是$\triangle ABC$的边AB、AC的中点，求证：$EF \parallel BC$且$EF = \dfrac{1}{2}BC$。 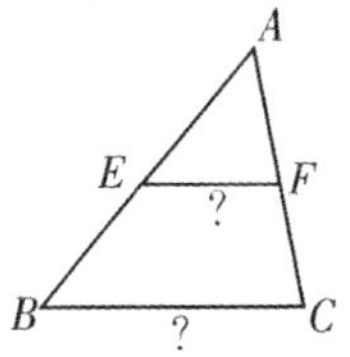 		
协作探究1	1. 小组协作探究中位线定理的多种证明方法。 2. 小组间展示证明方法并形成竞争。  "加倍法"： （1）延长EF至D，使$DF=EF$，连接CD。 （2）先证四边形$AECD$是平行四边形，再证四边形$BCDE$是平行四边形。 （3）先证$\triangle AFE \cong \triangle CFD$，再证四边形$BCDE$是平行四边形。 **方法一：** 要证$EF \parallel BC$且$EF=\dfrac{1}{2}BC$ $\xrightarrow{\text{转化}}$ 证$\square BCDE$ $\xrightarrow[\text{转化}]{\text{作辅助线}} \square AECD$	A. 指导学生探索多种证明方法的思路。 B. 归纳总结解题思路： ①证明线段平行：可以由角相等或互补得平行，由平行四边形得出平行； ②证明一条线段等于另一条线段的一半，当根据条件和图形直接证明困难时可添加辅助线，通常采用"加倍法"（将较短线段延长一倍）或"折半法"（将较长线段折半）构造全等三角形、平行四边形证明。	通过经历证明的过程，进一步培养学生数形结合、化归等数学思想方法；重视辅助线的添加思路，一题多解。

教学环节	学生活动	教师活动	设计意图
协作探究1	 方法一是学生在微课视频中已经学过的证明方法，要求学生理解、掌握，并能表达出来，藉此提升学生的数学表达能力和思维能力。 方法二： 要证 $EF \parallel BC$ 且 $EF = \frac{1}{2}BC$ $\overset{转化}{\Longrightarrow}$ 证 $\square BCDE$ $\overset{转化}{\Longrightarrow}$ $\triangle AEF \cong \triangle CFD$ 作辅助线 方法二是要求学生根据方法的启发，经过独立思考能发现的证明方法。 "折半法" （1）取 BC 的中点 M，连接 MF 并延长至 N，使 $FN = AE$，连接 AN。 （2）取 BC 的中点 M，连接 MF，过点 A 作 $AN \parallel BC$ 交 MF 的延长线于点 N。 （3）取 BC 的中点 M，连接 MF 并延长至 N，使 $FN = AE$，连接 AN、NC、AM。 a. 学生独立思考，尝试证明甚至探索多种证明方法。 b. 学生书写证明过程，并注重解题格式的规范。 c. 学生完成证明可拍照上传。 d. 小组间展示交流。		

教学环节	学生活动	教师活动	设计意图
协作探究2	【初步探究】 1. 如图，E为AB的中点，F为AC的中点。 （1）若∠B=50°，则∠AEF=？ ∠BEF=？ （2）若BC=12 cm，则EF=？ cm。 2. 如图，在△ABC中，D、E、F分别是BC、AB、AC的中点。 若AC=4 cm，BC=6 cm，AB=8 cm；你能得到什么样的结论？并加以说明。 教师可根据学生小组协作得出的结论，对以下问题的方式进行补充。 （1）若AC=4 cm，BC=6 cm，AB=8 cm，则△DEF的周长=_____； （2）三角形三条中位线围成的三角形的周长与原三角形的周长有什么关系？ （3）图中有多少个平行四边形，请证明其中一个？ 追问： （4）图中的四个小三角形有什么关系？ （5）三角形三条中位线围成的三角形的面积与原三角形的面积有什么关系？为什么？ 学生回答问题，并明确利用了性质中的什么关系（位置、数量）。 学生独立思考得出结论，再小组协作分享，利用分类讨论的思想整合结论，拍照上传。	教师进一步提出"为什么得出此结论"学生阐述，并联合使用性质的两个关系，证明平行四边形。 教师引导学生从数量关系入手可得线段长度和周长关系，从位置关系入手可得平行四边形，两者联合使用可得三角形全等和面积关系。 强调：利用中位线定理可以证明线段平行或倍分，两个结论可以分开使用，也可以联合使用。	简单应用，巩固所学。 灵活应用，体会中位线定理在证明两直线平行和论证线段倍分关系时的用处。

教学环节	学生活动	教师活动	设计意图
协作探究3	【深入探究】  1. 如图所示，已知四边形ABCD，R，P分别是DC，BC上的点，E，F分别是AP，RP的中点，当点P在BC上从点B向点C移动而点R不动时，那么下列结论成立的是（ 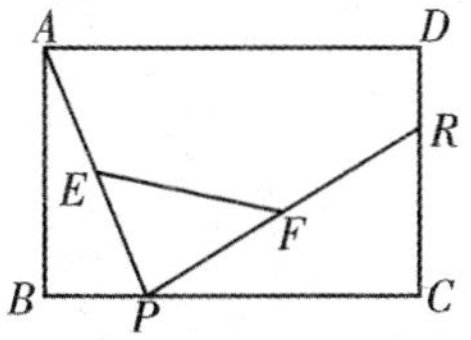　　）。 A. 线段EF的长逐渐增大 B. 线段EF的长逐渐减少 C. 线段EF的长不变 D. 线段EF的长不能确定 2. 如图，在△ABC中，E、D、F分别是AB、BC、CA的中点，$AB=6$，$AC=4$，则四边形AEDF的周长是（　　）。 A. 10　　B. 20　　C. 30　　D. 40 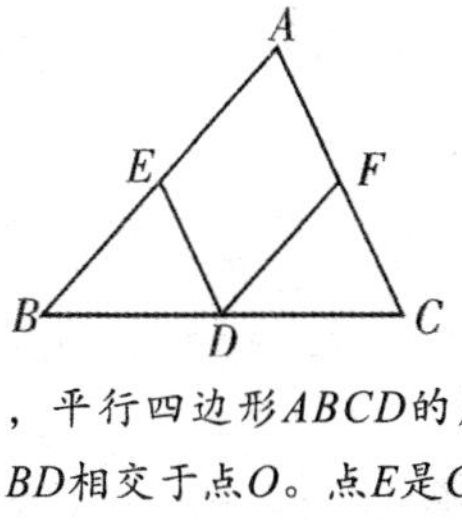 3. 如图，平行四边形ABCD的周长为36，对角线AC，BD相交于点O。点E是CD的中点，$BD=12$，则△DOE的周长为（　　）。 A. 13　　B. 14　　C. 15　　D. 16 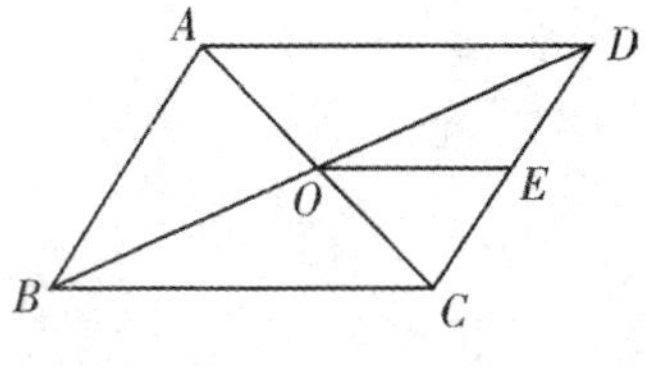 	教师指导学生设法构造三角形中位线定理的基本图形，利用三角形中位线定理解决问题。	培养学生利用化归的思想，从困难问题回到熟悉、简单问题，从而解决问题。

教学环节	学生活动	教师活动	设计意图
协作探究3	4. 如图，四边形ABCD中，E、F、M、N分别是AB、BC、CD、AD的中点，这个新四边形EFMN的形状有什么特征？ 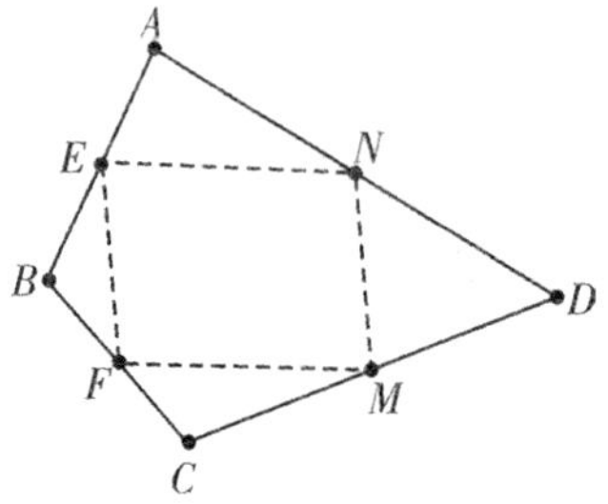 5. 如图，四边形ABCD中，E、F、M、N分别是AB、BC、CD、AD的中点，这个新四边形EFMN的形状有什么特征？ 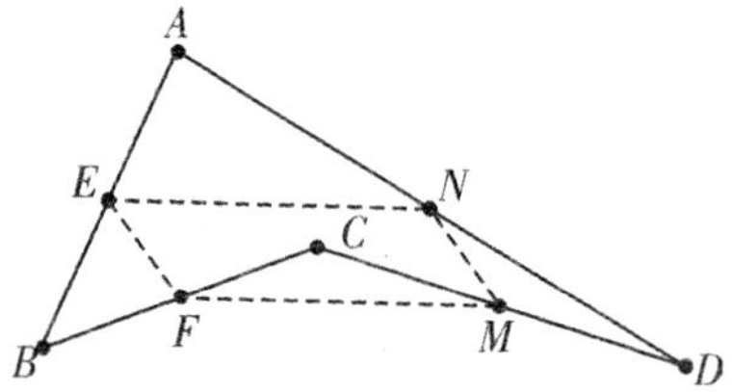 6. 如图，E、F、M、N分别是AB、BC、CD、AD的中点，这个四边形EFMN的形状有什么特征？ 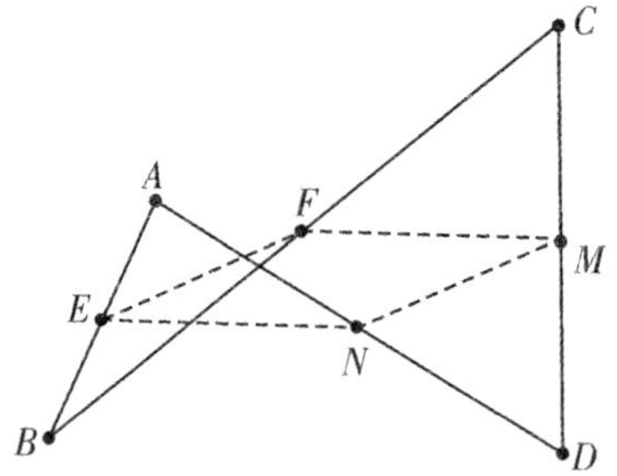		
达标检测	达标检测是对整节课所学内容的检查和测试，有利于实现"学业与能力齐头并进"的翻转课堂学习目标。本节课提供了10道题供学生进行当堂检测，其中7道题提供了讲解视频，供学生完成检测后进行纠错和进一步探究学习。 1. 直角三角形两直角边的长分别为3和4，则连结这两条直角边的中点的线段长为（　　　）。		

（续表）

教学环节	学生活动	教师活动	设计意图
达标检测	A.1.5　　B.2　　C.2.5　　D.5 2. 若三角形的周长为a，则它的三条中位线长的和是（　　）。 A. $\dfrac{a}{2}$　　B. $\dfrac{a}{3}$ C. $\dfrac{a}{4}$　　D. $\dfrac{a}{6}$ 3. 若三角形三条中位线的长分别为5、12、13。则这个三角形的面积为（ 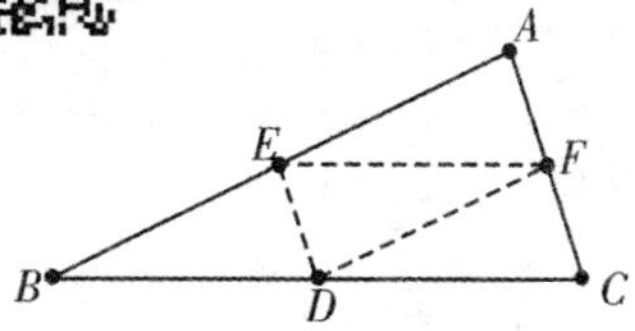　　）。 A. 30　　B. 60　　C. 90　　D. 120 4. 如图，DE是△ABC的中位线，延长DE至F使$EF=DE$，连接CF，$S_{\triangle CEF}:S_{四边形BCED}$的值为（ 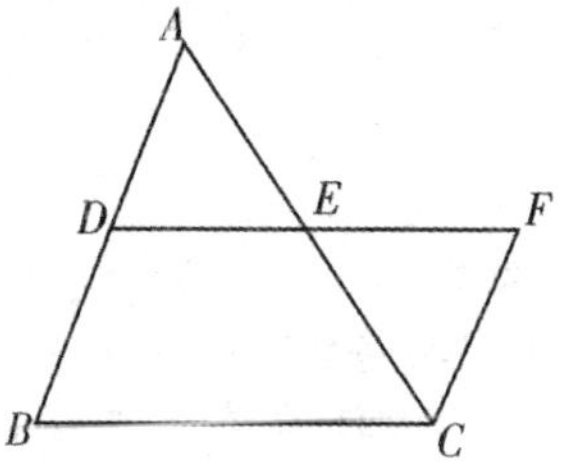　　）。 A. 1：3　　　B. 2：3 C. 1：4　　　D. 2：5 5. 顺次连结任意四边形各边中点所得到的四边形一定是（　　）。 A. 长方形　　　　B. 正方形 C. 平行四边形　　D. 不能确定 6. 如图，在△ABC中，BD、CE是△ABC的中线，BD与CE相交于点O，点F、G分别是BO、CO的中点，连结AO。若$AO=6$ cm，$BC=8$ cm，则四边形$DEFG$的周长是（　　）。		

（续表）

教学环节	学生活动	教师活动	设计意图
达标检测	 见正文		

A. 14cm   B. 18cm

C. 24cm   D. 28cm

7. 如图，在四边形ABCD中，P是对角线BD的中点，E、F分别是AB、CD的中点，AD＝BC，∠PEF＝18°，则∠PFE的度数是（   ）。

A. 10°   B. 18°

C. 36°   D. 不能确定

8. 如图，点D，E，F分别是△ABC（AB＞AC）各边的中点，下列说法中错误的是（   ）。

A. AD平分∠ABC   B. $EF=\dfrac{1}{2}BC$

C. EF与AD互相平分   D. ED//AC

144

（续表）

教学环节	学生活动	教师活动	设计意图
总结反思	小组汇报探究得出的答案，教师对整节课进行总结。 1.三角形中位线定理是三角形中位线的性质定理，它揭示了三角形的中位线与第三边的位置关系和数量关系，利用中位线定理可以证明线段平行或倍分，两个结论可以分开使用，也可以联合使用； 2.证明线段倍分：可采用加倍法或折半法添加辅助线构造全等三角形、平行四边形证明； 3.若图中有两个中点，找到第三边，可设法构造三角形中位线定理的基本图形，利用三角形中位线定理解决问题； 4.思想方法：数形结合、化归、构造。	通过本节课的学习，你有什么收获？ 你学到了哪些知识？你学会了哪些方法？你发现了哪些规律？	通过学生的自主小结，理清知识脉络，突出重难点，掌握一般的方法与规律。

六、案例点评

"三角形的中位线"案例属于基于"微课的翻转课堂教学模式"。课前让学生利用微课视频"三角形的中位线"学习三角形中位的概念和特点，理解中位线定理的基本证明方法，在学习过程中用问题引导学生思考。教师在分析课前学情后设计课堂学习活动，在课堂的第一阶段，学生交流课前所学所思，教师帮助学生梳理课前学习中的疑难问题，并确定课堂协作探究的主题。通过对三角形中位线定理的证明、应用的协作探究，对课前所学知识进行深度探究和拓展，取得了良好的效果，完成了整节课的教学目标。

本翻转课堂设计案例的特点是实现信息技术与教育教学的深度融合，完成个别化学习与群体学习的完美结合，原理探究与应用训练相互促进。

第一篇　互动教学在翻转课堂设计中的应用

翻转的"课堂",是一个生生、师生互动的教学过程。它表现在针对课前观看视频或教材的自主学习过程中难以解决的问题或困惑,或者老师提出的具有"延伸拓展"性质的问题,学生建立学习小组,互动交流,协作探究,在不断地协商和探究中完成知识建构和知识创新。因此,研究互动教学在翻转课堂中的应用对于提升翻转教学设计的品质非常有意义。

一、什么是互动教学

互动有广义与狭义之分。广义的互动是指一切存在物的相互作用与影响。我们通常所说的互动是狭义的互动。狭义的互动主要是指社会互动,即在一定的社会背景和具体情境下,个体与个体、个体与群体、群体与群体之间通过信息传播而发生的各种形式、各种性质和各种程度的相互作用和影响的交往活动。它既可以是人与人之间交互作用和相互影响的方式和过程,也可以指在一定情景中人们通过信息交换和行为交换所导致的相互之间心理上和行为上的改变,从而表现为一个包含互动主体、互动情境、互动过程和互动结果等要素的、动态和静态相结合的系统。作为一种人际间的相互作用和影响,互动必须在两个或两个以上的个体之间发生,一个个体谈不上相互作用。但仅仅有两个以上的个体客观存在,个体之间只是简单地施加与接受、刺激与反应或被动的单方面作用,不能认为彼此之间存在互动。只有当这些共存的个体之间行为发生相互联系和彼此能动反应时,才谈得上互动的存在和发生。

课堂互动教学就是教学过程中,教学参与者之间在交往、交流、合作、对话的情境中,教师为配合学生学习而不断引发教学活动,学生又不断反馈和调节教学活动以满足自身学习的要求,完成教学任务,使师生在知识、情感、思想、精神等方面的相互交融中实现共同发展的一种教学模式。互动教学作为一种特殊的社会互动,是一种使生命得以拓展、人格得以丰满的过程,而不是那种简单意义上的、忘了人的生命意义的、抽象的认识过程。

二、本质上翻转课堂是一种互动教学

传统的课堂教学中，教学关系是一种自上而下的流通灌注式的供求关系。在这种关系中，教师只关注教学进度，而不关注学生学习的程度；只考虑书本逻辑和学生的一般思维进程，而不关注具体学生不同思维差异的表现。学生受到教师权威的束缚，在情感、语言等方面处于被压抑的状态，课堂气氛紧张，师生关系冷漠。因此，传统课堂教学中的教学关系是一种主动与被动的关系，而不是互动关系，不具有互动教学的属性。

在翻转课堂中，教师不再是独占知识的权威，而是学生学习的伙伴；学生不再是知识的被动接受者，而是怀揣着各自的兴趣、需要和观点，在教师的引导下直接与客观世界进行对话、收获经验的学习主体。师生共同探究知识，构建生命的意义与价值。因此，翻转课堂中的教学关系是一种互动的教学关系。翻转课堂的本质就在于尊重或体现学生的主体地位和主体作用，让教师与学生、学生与学生之间的言语和表情、思想与情感等更加充分地互动起来，让自由、批判的清新空气弥漫课堂，碰撞出更多的灵感与创造的火花，从而达成生命的交融、智慧的生成和精神的觉醒。

三、在翻转课堂中互动教学的应用

1. 在翻转课堂中，互动教学在主体间实现以精神客体为中介的意义建构。

教学主体不仅指教师，也包括学生。主体间既指师生之间，也指生生之间。教学中介主要指能促进学生认知发展、精神丰富及人格完善的精神文化和科学技术知识。在翻转课堂中，互动教学打破了传统教学中那种把教学仅仅视为一种特殊认识过程的狭窄的视野，进而把教学看成是一种人格生成与生命交往的活动。参与者之间在教学活动中不仅交流知识信息，而且在情感与智慧、精神与生命的沟通过程中感悟到生命的美好与自由。双方交往的结果是彼此的信任和了解，形成良好的人际关系，从而使教学成为一种学生的社会性与主体性的建构过程。在这个过程中，教师与学生、学生与知识之间就不再是单一主体和客体间的两极摆动，而是教师和学生以共同的客体为中介的"对话"关系。师生双方凭借互动发展着自身的主体性，实现着人与人以及人与"知识"的协调与融合，使教育回归到"生活之界"。

2. 在翻转课堂中，互动教学有利于发展学生的主体人格。

传统教学重视知识与技能的传授，把获取知识与技能视作教学的基本价值，翻转课堂教学以发展学生的个性和人格为基本价值取向。互动教学着力关注主体的心态开放、个性张扬和创造性潜能的解放，使学生获得符合特定社会要求的知识、技能、习惯、价值观、态度和行为模式，从而成为具有独立人格的社会成员。参与者使用的互动符号不仅是语言或者文字，还会有声音、表情、姿势、手势和教具等。在互动的过程中，互动的双方给予彼此的影响都会比较深刻，不仅有信息与思想的交流，而且会产生情感与心理反应；既可以传授知识，又可以使学生形成一定的价值观。这些知识不仅有助于改善学生的生命实践，而且有助于滋养和丰富学生的精神与人格。

3. 在翻转课堂中，互动教学促进平等关系下师生间面对面的相互影响。

互动教学不是对文本知识的简单交接，而是将教材和参考资料上负载的知识、学生已有的知识、教师具备的知识三者"投放"到特定课堂情境中，在主体与客体思维的激烈碰撞中促成知识之间的融合、修正、再生、发展和形成新知，实现心灵的对话、情感的交流、生命的沟通和个性的绽放。互动是一种平等关系下师生间面对面的相互影响。教学活动中，教师关心、信任学生，鼓励、期望学生成功，支持、引导学生创新。主体间相互理解，形成着一种互联、互助、互评、互促、互动的平等与共生的关系。这有助于改善课堂的社会心理氛围，优化师生的心理环境，促进学生形成良好的认知品质，从而大面积提高学生的学业成绩。互动教学由此而成为现代教学模式中最常见和最基本的教学形式。

四、在翻转中实施互动教学的基本原则

在翻转课堂中实施互动教学，必须坚持以下几个基本原则。

1. 主体性原则。

翻转课堂教学要求把培养学生的主体意识作为教学的基本价值取向，要求尽可能充分地调动学生学习的积极性和主动性，为学生提供话语的权力和机会。教学中每个人都是主体，都把与自己有关的其他交往者的主动性、自主性作为相互对话、相互理解和相互沟通的条件，在一定的规范、习俗和文化传统的共同承诺下进行交流、对话、沟通和理解。主体性原则着眼于人和社会未来的发展，把人类历史积淀下来的物质文明和精神文明的精华传授给学生，让他们掌握凝结于其中的社会道德准则、理想、审美意识、责任感和义务感，形成内在的价值准则，使之成为他们的内在需要和自觉行为。主体性原则还体现在教学的内容不封闭、不保守，面向学生的生活实际，符合学生的兴趣和愿望，以使其能主动地吸收科技文化发展的新成果，拓展学生的思维空间，提升学生的主体参与意识和创造能力等方面。

2. 民主平等原则。

在翻转课堂教学中，教师要充分发扬民主，要努力营造生动活泼、宽松

和谐的教学氛围，激发学生的学习动力和探究欲望，使学生拥有乐观的情绪、思考的心向和坚定的信念。教学方式多采用讨论与对话的方式，让学生尽量减少心理压力，畅所欲言，有较多的参与机会。这样，在民主、平等的互动中，教学双方互相吸纳对方的智慧与精神、经验和情感，并将其内化为自身的主体性品质。民主平等原则一方面强调具有独立人格的学生的主体地位和价值，反对教师以法职权和形式权来彰显自己的权力，提倡教师以专家权与参照权来赢得学生的信服；另一方面强调学习者应以平等的心态、开放的方式参与学习活动，并能从那些与己不同的观点和思维方式中受到启发，获取补益；尤其反对优势学习者用自己的思维和结论代替他人的独立见解，从而导致翻转课堂变成优势者的课堂，弱势学习者因缺乏独立思考而毫无收获，甚至逐渐丧失自己的灵性与特质。

3. 自主探究原则。

传统教学忽视学习主体的情感和自身发展的需要，重结果而轻过程，重知识技能而轻认知发展，学生的创造个性、自主意识、探索精神等因而受到压抑和扼制。翻转课堂教学要求教师以培养学生敏锐的发现意识、务实的探究态度、大胆的批判精神为目的，以问题引发学生对教学内容的独特的阐发和质疑，让学生形成一种对知识的积极主动的探求和追寻的心向。同时，它还强调应从过程与亲历中获得新知的能力。它一般从提供背景、发现问题、解决问题和交流成果等几个方面来组织与实施教学，还学习主动权予学生，培养学生独立的主体意识、浓厚的探究兴趣和强烈的好奇心，让他们自主观察与发现，独立思考与探究，凭借自身的经验、知识基础和智慧力量寻找与众不同但又合情合理的答案。它还关注情感体验，注意使学习过程多一些激情与幻想，注意使学生的学习真正自主化、自由化和实效化。

4. 尊重差异原则。

在学生身上显现的各个学生个体间的智力、体力、心境、习惯等方面的差异都是客观存在的，这种差异会表现在他们的学习动机、学习能力、学习方法与学习习惯等方面。翻转课堂教学秉承"追求个性、宽容另类"的现代教育理念，注意促进每一个学生的良好个性品质和独特性的形成与发展，注意使不同水平的学生都能获得与其特点相适应的发展。在课前学习中，充分考虑学生的知识水平、接受能力和学习进度的差异，以便每个学生都有成功的学习体验和相应的发展空间。在翻转课堂中，要求依据学生个体学力程度的悬殊而设置不同层次的目标。对学有困难的学生，应设置基本目标；对那些学有余力的学生，则可选择具有新颖性、争议性和挑战性的学习内容。

以上几个原则并不仅仅适用于翻转课堂，但目前翻转课堂教学实践几乎都脱胎于传统课堂教学。由于受到传统课堂教学的惯性和影响，学生在短期内比较难以适应翻转的互动教学，坚持这些必要的原则就显得更加必要。

五、翻转课堂中互动教学存在的问题及对策

1.存在问题。

在翻转课堂中，互动是最基本、最重要的教学和学习方式，但部分学生在讨论中甘当听众，只听不言；甚至有个别学生既不发言，也不听别人讨论，坐着开小差。互动和讨论变成少数同学一言堂。无论哪一种情况，都严重影响互动学习和整个翻转课堂的学习效果。

2.原因分析。

一些学生对于翻转课堂和互动学习在认识上存在误区，认为讨论和展示是优秀学生的事，与自己无关；对参与学习的重要性缺乏认识，认为小组展示只要由学习成绩好的同学代表即可，自己参与与否，并不影响小组展示的成绩，教师也不会在意；有些教师在互动学习评价上，只关注小组评价，忽略了小组成员的评价，让一些同学养成了"吃大锅饭"心理。

3.解决问题的建议。

为解决翻转课堂互动教学的存在问题，可采取如下一些办法：

（1）教师在互动教学中及时给予引导、点拨和监督，提高学生对互动学习重要性的认识，帮助一些因成绩不好的同学克服自卑心理障碍，鼓励他们在学习中大胆参与和表达。

（2）小组评价与个人评价相结合，处理好个人评价与小组评价的关系，激发每一个个体参与互动的积极性和主动性。

（3）采用抽签等一些方法，使每一名学生都有机会展示，处理好个别展示与人人参与的关系，创造机会，做到人人参与。

第二篇　问题导学策略在翻转课堂教学设计中的应用

问题导学又称问题教学就是以问题为中心和导向的教学策略。它以设置情景、提出和解决问题为表现形式，目的在于引起学生学习注意和学习兴趣，激发学生独立思考，培养和发展学生批判性思维和创造能力。问题教学的渊源可以追溯到古希腊哲学家苏格拉底的问答法。在近代，美国杜威的"通过解决问题进行学习（在实践中提出问题，分析问题，解决问题）"的思想，也是问题教学法的源流。

翻转课堂教学是一个课前提出问题，促进学生思考，课堂解决问题，发现问题和解决问题的过程。因此，翻转课堂具有问题导学的属性。促进问题

导学策略在翻转课堂中的应用，是提高翻转有效性的前提和基础。因为问题导学是以问题为中心或导向的教学和学习策略，因此它在翻转课堂教学的有效应用就涉及三个问题：一是问题从何而来；二是选择何种类型的问题；三是如何解决问题。问题导学（问题教学）与传统的提问式教学类似而又有本质的区别，因此笔者就从这三角度，并与提问式教学进行对照，分析问题导学在翻转课堂中的应用策略，以促进问题导学在翻转课堂中的应用。

一、变"教师提出问题为主"为"学生发现问题为主"

传统提问式教学的误区之一是教师"满堂问"。教师把一个个问题抛给了学生，却没有学生主动的质疑。在翻转课堂教学中，需要教师提出挑战性的问题，激发学生独立思考，学生在思考中自己发现和提出更有探究价值的问题，特别是针对教材提出疑问，并通过学生的多方面的思考、讨论，来解决问题。由学生提出问题，意味着"发现问题"这一环节是由学生自己完成的。只有将"发现问题"主动权交还给学生，才能充分发挥问题在教学的"导学"作用。那么究竟怎么做才可以使翻转课堂教学中的问题设置从单一教师提问到学生自己质疑？教学的着力点应更多地放到培养学生发现问题、提出问题和解决问题的能力上来。是否能做到这一点，关键又在于促使学生在学习中不断"生疑"。

二、选择开放性、发现性和创造性的问题进行探究

传统提问式教学中几乎所有的问题都是"标准化"的问题，答案唯一，思路唯一。学生在分析和解决过程中只能往教师的思路去想，去解决问题，千人一法，无疑不利于学生创造性思维的培养。而翻转课堂中的问题导学，要求学生从不同的侧面，不同的角度去分析和回答问题。学生思考问题的角度和解决问题的方法不同，得出的答案亦不尽相同，有利于培养和锻炼学生的发散性思维品质。一个人的发散性思维能力的大小是创新能力强弱的一个重要标志，而培养学生的创新能力是素质教育的首要任务。因此，翻转课堂教学中应该尽量选择开放性的问题进行探究。美国芝加哥大学心理学教授 J·W·盖泽尔把"问题"分为三类，即呈现型、发现型和创造型。呈现型问题指的是由教师或教科书给定的问题，其思路和答案都是现成的，直接体现着教师和教材设计者的思考。显然，这类问题并非学生主动参与的产物，而且往往追求标准答案，因而一定程度上压抑求异、质疑的精神。发现型问题是一些由问题解决者自己提出的或发现的，而不是由教师或教科书给定的问题。发现型问题虽然并不一定产生创造性见解，这种问题并没有超出人类认知的视野。但要通过学生自己独立思考才能获得，因此，它比呈现型问题的层次更高，也更有价值。学生思维训练主要是这类问题。创造型问题是人

们从未提出过的问题。爱因斯坦所说的"提出一个问题比解决一个问题更重要"指的就是这类问题。相比之下，发现型和创造型问题更具有创造价值。这两类问题的共同特点是：①从问题产生过程来看，是学生在学习过程中思考探索的结果，是"愤""悱"的结果，具有一定的自主性。②从问题解决的过程看，由于具有强烈的内驱力，学生一般会孜孜以求，探究解决，表现出执着的追求性。③从问题的本身特点看，它不是在教师统一要求下的产物，会更具有个性，是个性思维的表现。④从问题的答案来看，具有一定的开放性。二者的区别在于，创造型问题是人们从未提出过的问题，没有先例的；而发现型问题的答案大多是已知的，发现学习的过程是一种创造情境的再创，从人类认识的角度看，未提供新见解，但从学生认知个性来说，却是独立地发现，是探索，这种探索过程中所形成的意识和思维发展下去，就是真正的创造和发现。就学生目前而言，最有使用价值的是发现型问题。而最欠缺的是创造型问题，应该加以重视，大力提倡。

三、探究问题要充分体现学生的主体作用

在传统提问式教学中我们看到更多的是在教师控制下的学生活动，看不到学生的自主学习活动。而且，在某些环节有教师包办代替现象：比如教师代替学生朗读课文。教学的主动权仍然掌握在教师手里，整个教学过程仍然是学生围绕着教师所提出的问题而进行着貌似热烈的思考或讨论，而这种讨论在本质上却是被动的，学生的学习仍然处于被动地位，学生的主体作用并未得到充分发挥，结果仍无法激发学生的学习兴趣。而翻转课堂是学生为主体的课堂。在翻转课堂中，学生肩负发现问题的责任，同样肩负解决问题的责任。在教师的组织下，学生交流自学的成果和心得体会，并对一些似是而非的重要问题开展深入讨论，探究问题的真谛。讨论可以采用"小组互助"形式，若干个人围成一组，心情轻松，相互平等。思维呈开放状态，先讨论个体疑点，协作启发，以"悟"为果。教师也要加入讨论，并保护学生的独创意识，鼓励学生对疑难问题各抒己见，并进一步讨论问题的分歧点，让学生不受拘束地暴露自己的思维过程，求得问题的正确解决方法。

最后值得强调的是，传统的提问教学的最终目标是消灭问题，而翻转课堂中的问题教学最终目标是发现更多新问题，以此培养和发展学生学习的问题意识和批判精神。

第六章
翻转视频的制作

虽然一百多年前爱迪生关于电影取代教科书的预言暂时没有实现，但用电影传授人类知识已经被证明是完全可能的。随着互联网的发展和应用，学校教育系统也必然产生颠覆性的改变。视频是电影的延续和超越。在翻转课堂教学中，视频使课堂教学和学习发生了神奇的变化。在教学视频的支持下，产生了"教师不需要讲课，学生也能学好"的传奇。更奇妙的是，课堂变成真正的、学生主动协作探学习的"学堂"。因此，翻转课堂的视频制作，显得如此重要，不管是教师自己开发还是共享他人开发的作品。

　　翻转课堂中使用教学视频（包括微课）简称翻转视频。翻转课堂是否需要视频？翻转视频的制作有多难？如何制作优质的翻转视频？本章将一一回答。

[学习任务单]

一、有人说，翻转课堂没有视频也能翻转。你怎么看？

二、如何解决翻转视频不足的问题？

三、翻转视频的录制有哪些方法？

四、录屏录像使用的原理和工具不一样。各自有什么特色和优
　　势？

第一节 翻转视频概述

一、翻转视频的发展现状

翻转视频是指翻转课堂所使用的教学视频资源。由于目前国内翻转课堂主要使用微课视频资源，因此，本书不对翻转视频和微课视频这两者进行严格的区分。在今天的中国，微课模式已经红遍大江南北。但微课一点都不新鲜，因为它并不是一个什么新发明、新思想，早在20世纪80年代，周君达、李运林等老一辈电教专家，就提倡将一些影视短片用于教学，但限于当时的技术条件，制作成本十分高昂，难以在学校教育中推广应用。今天的微课，实际上继承和发展了80年代的教育短片的理念，今天的信息技术和视频技术飞速发展，大大降低了视频制作和应用的成本，为微课的制作和推广应用打下了非常好的基础。第二个原因，是美国可汗学院和TED演讲等微型学习视频、翻转课堂教学模式等教学实验取得的成功经验，激发我国教育工作者研究和探索微型视频在教学和学习中的应用。第三个原因，是教育行政部门的政策引导和支持。一是教育部颁发《教育信息化十年发展规划（2011—2020年）》，指出：教育信息化要以教育理念创新为先导，以优质教育资源和信息化教学环境建设为基础，以学习方式和教育模式创新为核心。二是举办全国性或省市微课大赛，激发广大教师开发和应用微课的热情。在各种合力的推动下，这种以微型视频为核心的新型教学模式引起了教育研究者以及一线教师的广泛关注。

二、翻转视频的重要性

翻转课堂的出生，纯粹是"无心插柳柳成荫"。为了帮助缺课的学生补课，林地公园的伯尔曼和萨姆斯两位化学教师精心制作了授课视频，吸引学生来观看学习，先是供缺课的学生使用和学习，以补上所丢失的功课。由于他们制作的授课视频，已经对教材中的教学内容进行了去伪存真、修枝剪叶的处理，时间非常短，一般不超过10分钟，再嵌入影视、图片、故事等多媒体元素，还有幽默风趣的语言、深入浅出的讲解、形象行动的展示、逻辑清晰的思维，结果不光是缺课的学生从这些授课视频获益，继而是从未缺课的学生也喜欢通过观看授课视频，以复习和巩固所学知识，甚至提前学习课堂将要学习的知识。因为课前看了视频，已经了解甚至掌握了基本的知识，形成了自己的观点和见解急于向他人表达，到了上课时学生讨论非常热烈。当然也产生了疑难问题，求知欲望非常强烈。两位教学经验非常丰富的教师十分敏锐地察觉到这些变化，对于学生通过观看授课视频已经掌握了的知识和内容，认为可以尽量少讲或不讲，留下更多时间给学生讨论或帮助学生解决困惑的问题。经过反复实践，形成了翻转课堂的教学模式。

再来看看美国可汗学院的教学模式。根据可汗学院可汗院长在TED演讲视频的介绍，可汗录制授课视频的初衷，是为了给表妹补习数学。由于他的讲解和演算过程非常专业、亲切和有趣，表妹看了非常欣赏，认为比自己老师的讲解更加易懂易学。后来可汗将视频放在视频网站YouTube上免费供网友共享学习，网友也觉得非常优秀和有吸引力。由于有了可汗学院免费优质教学视频资源的支持，教师纷纷减少讲授的时间或干脆不讲，课堂时间用来"翻转"教学。

可见，从翻转课堂的起源来看，翻转课堂是微型教学视频广泛应用的产物。虽然"翻转"课堂，有利于促进微型教学视频的应用，但翻转课堂的基本原则仍然是"先有优质授课视频，后有翻转课堂新型教学模式"。有了优质授课视频的支持，翻转课堂自然是水到渠成的事情。优质的授课视频是翻转课堂的根源和保证。没有优质授课视频，就没有翻转课堂。没有优质授课视频的支持，翻转课堂也走不远。

三、翻转视频的来源

既然视频资源对翻转课堂如此重要，那么问题来了：这些视频资源从何而来？如果实施常态翻转，一门课一学期少则需要几十节微课，多则需要一百多节甚至两百节，的确让人发愁。那该怎么解决呢？

第一个办法，"自己动手，丰衣足食"。自己制作微课，会有很大的优势。比如，能更好地针对学情、学生听起来更亲切等等。更重要的是，目前教育教学视频还不能做到全覆盖，有些内容可能你怎么努力也找不到。作为信息时代的教师，掌握必要的设计和录制技术，已经是一种必需的基本技能。自己动手制作微课，可能是最可靠的途径。尽管教师制作微课的技术和水平不是那么高大上，但起码能满足教学的需要。另外，信息时代的教育教学资源需要共建共享，众人拾柴火焰高，只有每一位教师多参与多贡献力量，才有共享资源的可能。

第二个办法，"拿来主义"。虽然鼓励教师掌握微课的基本技术并学会自己制作一些微课，但再厉害的教师也没有充足的精力亲自制作需要的微课，质量也难以保证。现在网络上优秀的教育开放资源还是很多的，各种微课比赛搞得轰轰烈烈，积累了大量的微课资源。虽然质量参差不齐，也不系统，起码提供了可供选择的资源。通过收集不同教师的不同微课，可以建立起一个小小的微课资源库。当然，收集的微课使用时需要教师通过对教材的把握和知识点的理解对视频进行分析和处理——多余的内容要剪掉，没有讲清楚、讲透的内容再通过自己录制微课或其他资源进行补充。同一个知识点，还可以选取不同类型的微课供学生自主选择。

第三个办法，开放你的视野。翻转课堂需要的视频资源目前使用得最多的就是微课，但并不应该局限于微课。正如我们课堂中的授课资源可以多种多样，学生的自学资源也可以多种多样。这需要教师通过对教学目标和学情的精确分析来进行选择。比如BBC的纪录片题材广泛、制作精良。央视CCTV 9纪录频道，人文、科技、历史、地理都有涉及。还比如语文学科可以利用微信公众号"为你读诗"，还有各种散文朗诵资源。科学学科可以使用一些优秀的虚拟实验室软件，某些科学馆和海洋馆网站等3D平台等等，还有一些Flash动画和手机APP具有趣味性和互动性的都可以有效地加以利用。

第四个办法，由学生来寻找视频资源。当学生的自学能力提升到一定程度的时候，可以不给他们提供学习资源，只给学生自学任务，由学生自行寻找学习资源完成任务的过程，就是获取新知识、运用、分析知识的过程。当然，这个对中小学生的能力要求很高，不是所有的孩子都能做到的，但是这并不妨碍我们把它当作努力的方向。

第二节　翻转视频的设计

翻转视频（包括微课视频）的创作，需要历经"选题——设计——制作"的过程。制作技术是基础，"选题"和"设计"是核心。有时"选题"也列入"设计"的范围。因此，"设计"是翻转视频创作的关键。

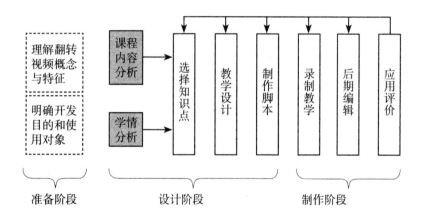

翻转视频的创作过程图

翻转视频具有微型化、可视化、动态化的特征，能让学生按自己的需要、步骤，以适合自己的方式进行个性化学习，的确在改变传统教育教学模式，但并不意味着所有的微视频都能吸引学生。只有那些经过精心设计的学习视频能激发学生的潜能和天然的求知欲，释放对学习新事物新技能的热情。

一、视频设计要处理好十大关系

1. 翻转视频各部分的关系。

主要指处理好教学视频内部结构的关系，如导入、讲解和结束三部分的处理，如何突出重点和难点，如何做到详略得当等。翻转视频的导入部分虽然短快，但也要吸引学生注意力，明确学习目标，引起探究悬念，进入求知的良好状态。中间的讲解部分是翻转视频的核心部分，讲究的是循序渐进，步步深入，深入浅出，学生在理解知识的过程中深入思考，提升思维能力和实践能力。结局部分，要求干脆利落，前面放得开，这里收得住，而且意犹未尽。

2. 翻转视频与其他学习材料的关系。

翻转视频和纸质教材，共同构成翻转课堂课前自主学习的主要学习材料和学习资源。两者应该以谁为主呢？笔者认为没有绝对的标准和答案，应该根据实际的教学情况来决定。既可以以视频为主，视频无法覆盖的内容，可以通过阅读纸质教材来完成学习。也可以以纸质教材为主，对于纸质教材中难以理解的内容，通过观看视频来辅助学习。鉴于纸质教材作为一种教学工具或教学媒体，是传递教学内容、帮助学生理解和学习知识的主要手段，具有方便、经济和实用的特点，但纸质教材不等于学材，大多数学生通过阅读纸质教材来学习是非常困难的，因此建议尽量以教学视频为主开展翻转课堂教学，至于其他多媒体课件或电子教材，可以作为翻转课堂的补充学习材料。

3. 翻转视频与学习单的关系。

关于翻转视频与学习单的关系，通常有两种观点：一是以视频学习资源为主体，将学习任务单当作学习视频资源的一个组成部分，甚至在视频设计时将学习任务或需要学生思考的问题作为视频的有机组成部分，学习任务单对学生观看视频起到启发和引导作用。二是以学习任务单的设计为主体，突出学习任务和自学活动的设计，视频只是辅助完成学习任务，达成学习目标的工具和资源。中国的翻转课堂，可能更多的是强调后者。

4. 翻转视频与其他学习视频的关系。

大多数学校实施翻转课堂，都是将微课视频作为标配的翻转视频。这虽然是一个不错的选择，但我们似乎不应忽视其他类型的教学视频的开发利用。包括超过10分钟的视频（一般被排除在微课之外而被忽略），如一些精彩的专家讲座等。

5. 学习资源与教学模式的关系。

学习资源是为教学和学习应用服务的。翻转视频资源的设计，必须充分考虑不同翻转课堂教学应用模式的需要。应用于不同的教学模式的学习资源，在设计上存在非常大的差异。

6. 知识碎片与知识系统的关系。

知识碎片是系统知识的组成部分。作为知识碎片的翻转视频，务必在系统化课程内容规划基础进行设计。一是关注视频包括的知识点在系统课程中的位置，二是关注知识点之间的联系。

7. 讲授知识与启发思考的关系。

知识讲授是主要内容，但在传授知识的同时，必须通过提出问题，促进学生独立思考，培养学生的质疑精神和批判性思维。如果只有知识传授，缺乏促进学生思考的因素，就会被质疑为课堂搬家。

8. 传授知识与情感交流的关系。

理想的视频教学过程，既是传授知识的过程，也是情感交流的过程。如果没有知识传授，没有考虑人的情感因素，学生观看视频时就会缺乏学习动机和情感的支持，难以专注投入和持久坚持。

9. 开发与应用的关系。

教学视频的开发不能为开发而开发，必须以教学应用为导向进行设计和开发。反过来，在教学应用中收集的数据，有利于促进教学视频的设计和开发。

10. 简易制作与豪华制作的关系。

对教学视频设计和制作高水平、高质量的追求永无止境，教学视频比赛中搞一些高大上的豪华制作，作为教学视频巅峰水平的标杆，对教学视频的设计制作起到引领作用，是非常必要的。简易制作，则适合常态化制作和应用。两者不可偏废。

二、三个设计原则

1. 有用（要有用，值得学）。

选题和内容对于学习者来说应该是"有用"的——值得他付出时间来观看和学习。

2. 有效（要明白，易懂）。

要求教师讲解要深入浅出，容易理解，容易记忆。这是最重要也是最难做到的。

3. 有趣（想学，要有趣/吸引力）。

要吸引用户来点击并且反复观看。要满足这一条，我们经常采用的方式之一是幽默吸引；方式之二是情景吸引；方式之三是问题吸引。幽默，会让学习更轻松；情景，会唤起人的共鸣；问题，能引发人思考。更多情况是这三种方式结合使用。

三、三个设计步骤

1. 选题设计（知识点的选取）。

设计的第一步，就是在全面考虑课程标准的要求、后续翻转课堂教学的需要、学生学习能力和学习基础的实际，选择一节适合录制成视频的教学内容（知识点）。主要考虑"三性"。

必要性：选取非要教师讲述才能理解的内容。学生能够自己通过阅读教材理解的内容，不需要教师制作翻转视频。

可行性：一节翻转视频只讲解一个特定的知识点或典型问题。

典型性：选取学习的重点、难点或者易错点设计翻转视频。

2. 内容设计。

设计的第二步，就是考虑如何有效地将选择的教学内容教给学生。在录制视频的过程中，教师不可能与学生进行面对面的互动，但教师"录课"与学生"看课"，必须是一个思想、思维交流和碰撞的过程。虽然不是面对面的教学场景，教师也要充满教学激情地教。教师 "录课"有激情，才能激发学生渴望求知，努力学习的激情。从而调动学生探究问题的积极性和主动性。内容设计主要考虑三个"策略"。

问题化策略：把要讲授的内容先转化成学生思考的问题，而不是从头到尾直接讲授内容。教师先提出一个与新知识有关的问题，或创设问题情景，让学生发现、提出问题，激发学生学习和使用新知识解决问题的兴趣，激发和维持学习动力直到问题解决（学习结束）。"任务驱动"与"问题导向"都是引发学习的好

策略。而且目标明确。但问题导向，学生学习会更主动。因为孩子天生有探险的欲望。

案例一：《三角形的内角和》一课，根据常识，很容易得到特殊三角形（如等腰直角三角形）的内角和是180度。

问题：一般三角形的内容和是多少？会不会也是180度？

问题一提出，学生的好奇心和好胜心被调动起来，积极思考，专心听讲。老师通过测量计算、撕拼等办法证实或证伪假设。最后得出结论。

案例二：《辛亥革命》一课，可以以下面两问题引入教学：①如果你回到百年前的孙中山先生的位置，你会如何来构建你所理解的"中华民国"？②如果革命果实没有被袁世凯窃取，孙中山能不能实现其"民主共和"的梦想呢？为什么？

学生如果想要回答这两个问题，就必须对"辛亥革命"中提出的民主共和进行更深入和全面的探究，这类问题的设置能激发学生更主动地发挥他们的想象力和创造力。

可视化策略：要善于把教学重点、难点内容进行情景化和可视化处理。在教授教学重点、难点时要善于运用多媒体的图形、动画、视频等多媒体进行操作与演示，直观形象，化难为简，让学生过目不忘。

交互性策略：视频教学不能光呈现知识和技能，还需要有师生情感交互和交流。最好每个视频都设计教师出场的镜头。

好的课堂要用问题点燃激情，激情拼发活力，活力激发思考，思考启迪智慧，智慧成就人生。

3. 结构设计（三段式结构设计）。

设计的第三步，就是考虑用什么技术和工具，如何有效地将教师教的过程以可视化的方式记录和展示给学生。考虑让学生通过听什么，看什么来掌握知识，获得技能，积极思考。下面重点介绍"三段式教学视频"。

教学视频既是一个传授知识的过程，也是一个情感交流的过程。为了突出情感交流，一些微课视频以画中画的形式，让讲课教师全过程出镜，往往造成对学生认知的全程干扰。笔者借鉴电视专题片的结构和表现形式，设计了一种能够扬长避短，既做到师生情感得到有效交流又不造成学习干扰的"三段式微课"——一种微课表现形式和结构。三段式结构的原理主要是教师在非教学核心过程（导入和结尾）部分出镜，中间部分突出展示教学内容和教学过程。头、中、尾刚好三个段落，所以称"三段式"。三段式微课，既发挥了"教师出镜"的优势，又避免了"教师出镜"的干扰。既让学生有学习时产生"师生面对面"的存在感，又保证不会干扰和分散学习注意力。实践证明，效果非常好。

除此之外，翻转视频设计还要考虑教学语言设计、课件设计、过关测评设计、录制方式选择等。

四、三个经验层次的视频及其在翻转课堂中的应用

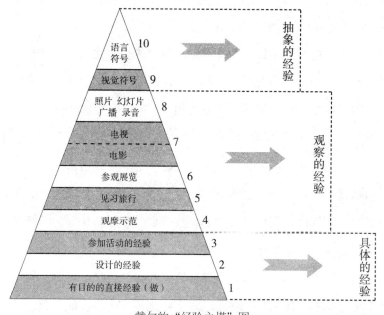

戴尔的"经验之塔"图

根据戴尔的"经验之塔"理论，经验分为具体经验和抽象经验。教育教学应从具体经验下手，逐步升到抽象。具体经验越丰富，就越有利于抽象思维的发展。教育教学最大的失败，在于使学生记住许多普通法则和概念时，没有具体经验作为它们的支柱。电影电视能够提供的是一种替代性的具体经验，较语言、视觉符号更能为学生提供具体和易于理解的经验，并能冲破时空的限制，弥补其他直接经验方式之不足。但事实上翻转课堂中应用的媒体（视频）有三个层次：

第一个层次是直接地讲解间接知识（书本知识），是替代型的教学视频，主要是用信息技术手段代替传统课堂中的教师课堂讲授。虽然它在内容的呈现方式上没有更多优势，但视频学习有一个传统课堂讲授无法比拟的优势：有利于让学生自己掌控学习。翻转课堂后，利用教学视频，学生能根据自身情况来安排和控制自己的学习。学生在课外或回家看教师的视频讲解，完全可以在轻松的氛围中进行，而不必像在课堂上教师集体教学那样紧绷神经，担心遗漏什么，或因为分心而跟不上教学节奏。学生观看视频的节奏快慢全在自己掌握，懂了的快进跳过，没懂的倒退反复观看，也可停下来仔细思考或做笔记，甚至还可以通过聊天软件向教师和同伴寻求帮助。另外，从教师的角度看，这种视频可以代替教师讲授，让教师腾出更多时间来关注个别学生的学习。目前教师制作的微课，绝大部分还是这种类型。虽然，具有存在的价值，但不能局限于此。

第二个层次的视频是比替代型视频更高层次的教学视频。主要表现在它具有更强、更丰富、更多样性的表现力。事实上，更高层次的翻转视频是能将抽象的知识和思维以可视化和动态化的方式呈现和展开的教学视频。许多教育心理实验证明，只有少数学生能通过导学案或文本教材进行自主学习，而可视化和动态化的教学视频适合所有学生特别是擅长于右脑思维的学生进行自主学习，可以让更多学生获得成功。以接受间接经验为主的接受学习和基于直接经验的探究体验学习都是学习的必要形式，但由于目前的学校教育过于强调接受式间接经验学习，导致直接经验和探究学习的稀缺和珍贵。

第三个经验层次的翻转媒体是全媒体，是能涵盖视觉、听觉、触角等人类各种接受信息的器官的传播工具和体验技术。它比第二个层次的视频功能更强大。以老师讲发动机为例，如果光讲原理，学生听不明白；如果将发动机拆开，发动机就不工作；发动机工作时，学生又看不到发动机内部的工作原理。但如果借助虚拟仿真技术，就可以让学生"看穿"工作中的发动机。原来要讲好几个小时的问题，一下子就让学生看明白了，而且非常形象生动。

在翻转课堂教学中，不同层次和质量的教学视频决定了翻转的成效。通过观看直接传送知识的教学视频进行自主学习虽然比较起课堂上的集体讲授更能适应不同学习节奏的学生进行个性化学习，但动态化和可视化的教学视频更有利于促进学生对知识的理解和思维发展。全媒体还能给翻转课堂的进步带来更多的可能性。

在翻转课堂教学中，不同的教学类型和教学环节，需要不同层次和质量的教学视频。其一，情景化、动态化的视频，有利于创设学习情景，引导学生进入学习新知识需要的思维状态。例如在讲授《苏州园林》一课时，首先让学生通过多媒体展示欣赏苏州园林的"完美"特点，然后选择几处有特色的景点：如亭台轩榭、假山池沼、花草树木等。在此基础上突出建筑物的色彩，并捕捉每一角落的"图画"美。这样一幅苏州园林的生动影像就呈现在学生的面前。其二，概念和原理的讲授，可以采用第一种（替代型）视频，但需要插入情景化特别是全媒体的视频帮助理解。其三，技能、活动的教学，毫无疑问需要情景化、动态化视频的支持，替代型视频仅能起辅助作用。这些都是翻转视频设计、制作和应用过程中必须考虑的。

五、微课的四个"度"

什么样的微课更具有生命力？笔者认为可以从微课的四个"度"来判断。

1. 长度。

从时间方面看，微课一般都要求时间控制在10分钟以内，甚至更短，如要求控制在5分钟以内。

2. 宽度。

从内容方面看，微课一般都要求是小块的教学内容，讲解一个知识点，演示一个技能点，解决一个小问题等。

3. 深度。

从功能视角看，有生命力的微课要求不能仅仅满足于帮助学生理解一个知识点或看懂一个技能点，而且要能促进学生独立思考，培养学生的批判性思维和质疑问题能力。微课的设计要善于使用"问题导学"教学策略。

4. 高度。

从应用的角度看，有生命力的微课不能仅仅作为直观、形象的教学材料，满足于辅助传统教学，即课前的预习、课中的边看边讲、课后的复习巩固，而是促进教学方式和学习方式的改变，乃至整个教育系统的变革，如翻转课堂教学模式的应用，培养学生的独立思考能力、批判性思维能力、实践能力和解决问题的能力等。

从佛山市电教站的胡铁生老师提出微课的概念到现在，微课研究者和实践者多数比较关注微课的长度和宽度，对微课的深度和高度关注和研究非常少，导致微课一直在低水平的层次上重复和徘徊，停滞不前。其结果是微课开发数量多，精品少，比赛热闹，应用不到位。如果不提高微课设计和开发的层次，再怎么系统化、专题化，也走不出"信息化教育资源建设的怪圈"。

六、翻转视频设计案例

下面提供一个翻转视频设计的案例：三角形的内角和，谨供读者参考。

翻转视频结构	教学环节	展示内容和教学过程	制作工具和方法
片头字幕（5秒）	片头要求蓝底白字、楷体、时长5秒，显示教材版本、学段学科、年级学期、作品名称、教师姓名和所在单位等信息	人教版小学数学四年级下册三角形的内角和广东省教育技术中心王奕标	蓝底白字字幕；字体为四号和二号。用CS软件标题功能后期添加和编辑。
一、导入（1分钟内）	提出问题、激趣导入	提出问题：知道三角形两个角的度数，如何求出第三个角的度数？并将问题转化为求三角形的内角和。这就是咱们这节课要研究和解决的问题——三角形的内角和。（产生认知冲突，引发思考，激发求知和探究的兴趣和欲望，让学生带着问题去学习）（1分钟）	使用DV录制，教师出镜头。教师讲解的声音在片头字幕中出现。
二、讲解（8分钟内）	围绕提出的问题，从特殊到一般，一层层，一步步，逐步引导，逐层剖析，先探究，再验证。最后是问题解决，能力提升，智慧得到启迪。	1. 从最常用的两种直角三角形的内角和（180度）入手，提出一般三角形内角和的问题。（搭建帮助学生思考的脚手架）（30秒）	Smart notebook课件与录屏软件

（续表）

翻转视频结构	教学环节	展示内容和教学过程	制作工具和方法
二、讲解（8分钟内）	围绕提出的问题，从特殊到一般，一层层，一步步，逐步引导，逐层剖析，先探究，再验证。最后是问题解决，能力提升，智慧得到启迪。	2. 利用测量的方法探索和发现三角形三个内角的和等于180°，建构"三角形三个内角的和等于180°"的知识。（4分钟）	使用Smart notebook的量角器工具与录屏软件
		3. 利用"撕拼方法"验证三角形三个内角的和等于180°，进一步巩固对"三角形三个内角的和等于180°"的认知。（3分钟）	插入预先制作的动画片断
		4. 知识应用：解决"知道三角形两个角的度数，如何求出第三个角的度数"的问题。（20秒）	Smart notebook课件与录屏软件
		5. 知识拓展：解释不能画出一个有两个直角的三角形的原因？（10秒）	Smart notebook课件与录屏软件
三、小结（1分钟）	教学回顾与小结，提出新的问题，引发新思考。	1. 本课回顾：五个探究步骤。（40秒）	教师出镜头，使用DV录制
		2. 提出新问题：一个三角形中，有没有可能有两个钝角呢？（20秒）	

七、翻转视频的互动性设计

互动有广义与狭义之分。广义的互动是指一切存在物的相互作用与影响。我们通常所说的互动是狭义的互动。狭义的互动主要是指社会互动，即在一定的社会背景和具体情境下，个体与个体、个体与群体、群体与群体之间通过信息传播而发生的各种形式、各种性质和各种程度的相互作用和影响的交往活动。它既可以是人与人之间交互作用和相互影响的方式和过程，也可以指在一定情景中人们通过信息交换和行为交换所导致的相互之间心理上和行为上的改变，从而表现为一个包含互动主体、互动情境、互动过程和互动结果等要素的、动态和静态相结合的系统。作为一种人际间的相互作用和影响，互动必须在两个或两个以上的个体之间发生，一个个体谈不上相互作用。但仅仅有两个以上的个体客观存在，个体之间只是简单的施加与接受、刺激与反应或被动的单方面作用，不能认为彼此之间存在互动。只有当这些共存的个体之间行为发生相互联系和彼此能动反应时，才谈得上互动的存在和发生。

课堂互动教学就是教学过程中，教学参与者之间在交往、交流、合作、对话的情境中，教师为配合学生学习而不断引发教学活动，学生又不断反馈和调节教学活动以满足自身学习的要求，完成教学任务，使师生在知识、情感、思想、精神等方面的相互交融中实现共同发展的一种教学模式。互动教学作为一种特殊的社会互动，是一种使生命得以拓展、人格得以丰满的过程，而不是那种简单意义上的、忘了人的生命意义的、抽象的认识过程。

从目前的微课研究和实践的情况来看，多数微课研究和实践者认为微课缺乏课堂教学那样的互动性，并认为缺乏互动性是微课的短板甚至是硬伤。

一些微课研究者为了增强微课的"互动性"，借助网页制作技术，为微课的在线播放设计边看视频边完成测试的"互动"效果，笔者认为这种看一段，停一停，断断续续，割裂了学习内容和学习过程的连续性和整体性，不但难以取得"互动"效果，而且令学习者感到索然均无趣。

一些老师认为微课缺乏互动性，主要原因在于仅仅关注到教学中教师问学生答这种"看得见"的互动，却往往忽视了"看不见"的互动，主要包括教学中师生之间，思维的碰撞和思考的启发。事实上，一些优秀的微课设计者和开发者在微课设计中并没有过度关注微课的长和短，而是着重关注微课的品质。他们选择"问题导学"策略，在微课视频中嵌入深层次、挑战性的问题，激发和引导学生深入思考，启发思维。这种以微课视频和问题为载体，建立的师生联系、师生影响，才是互动教学的核心和价值。

因此，认识微课中的互动性，是有效设计和应用微课的前提和基础。

八、翻转视频设计中应避免的问题

1. 关于过度使用技术的问题。

有学者认为，技术是手段而非目的，在教学视频设计制作中要克服过度使用技术的倾向。笔者则认为，技术发展的趋势，是功能大小与操作运用难度形成强大的"剪刀差"，即功能越来越强大，操作运用的难度越来越小。就视频制作来说，所采用的视频技术和软件越先进（新版本），教学表现力就更丰富，更强大，而操作使用反而更简单，更容易。因此，在教学视频设计制作实践中，并不存在过度使用技术的问题，但确实存在技术滥用的问题（请注意，"技术过度使用"与"技术滥用"不是同一个概念）。在传统教学中，一些老师一味地赶时髦，追求形式，滥用多媒体。如把多媒体当成展示自己计算机水平高低的表演工具，把课堂摆弄得绚丽夺目，煞是"好看"。整节课热热闹闹，学生上课看得眼花缭乱，下课变得晕头转向。最终造成本末倒置，使本应为课堂教学服务的多媒体变成了追求多种感官刺激的干扰源。在微课制作中，也有些老师滥用视频技术。最近一些软件开发了一些简单易用的动画开发软件，一些老师非常热衷于将这些简单的动画技术应用于微课制作中，但其追求的动画效果与教学无关，并没有增加视频的表现力。因此，教学视频制作，技术宜多用，不宜滥用。

2. 有专家认为目前微课开发存在"强开发，弱应用，缺创新"现象，主要原因是"重技术应用，轻教学设计"，只追求微视频和课件的美轮美奂。

为了使微课的使用更加常态化，教师应该将更多的精力用于提高微课教和学的设计。笔者认为我国微课开发不仅存在教学设计问题，同样存在技术设计问题。从技术设计的角度看，微课以录屏式为主，存在画面过于简单、呈现方式单一、场景缺少变化。从表现力来看，主要属于第一个层次，即最低层次。迫切需要往情景化、动态化方向发展。从教学设计的角度看，目前的微课设计，局限于知识点的讲解，方法上仍然属于知识搬运和灌输。对如何设置问题，启发学生思考，还缺乏研究。这恰恰是教学视频最具潜力之处，例如在讲授《苏州园林》一课时，在通过多媒体展示苏州园林的"完美"特点后，让学生思考问题：苏州园林总体特征是怎样的？设计者们是如何实现这一特征的？如果你是设计者，你会有怎样的理念融入其中？才能达到让学生参与其中，让学生产生成就感，并且与教师培养出更深的默契，进而轻松、完整、深刻地掌握所学内容的效果。

第三节 翻转视频的 录制

　　翻转视频的录制，不是简单地将已有的优秀教学课例（录像课例），经过加工编辑（如视屏的转录、切片、合成、字幕处理等）并提供相应的辅助教学资源（如教案、课件、反思、习题等），进行"微课"化处理，而是需要经过选题和教学设计、录制、编辑加工、试用修改等一系列过程。制作方法很多，常用的方法有：手机+白纸拍摄、DV拍摄、录屏软件+PPT、手写板+录屏软件、PPT2013录制等。分别介绍如下：

一、手机+白纸拍摄

　　手机拍摄具有技术门槛低、操作方便快捷、画面真实亲切、易分享等特征，是最简单易行的录制方法之一。手机拍摄需要的工具与软件包括：一个可进行视频摄像的手机、一个耳机麦克风、一个支架、一打白纸、几支不同颜色的笔等，再加一个安静的环境。录制方法主要是使用手机对纸笔结合演算、书写的教学过程进行录制。

　　录制过程包括：

　　第一步，针对微课主题，进行详细的教学设计，设计脚本。

　　第二步，固定支架，将手机安放在支架上，调整手

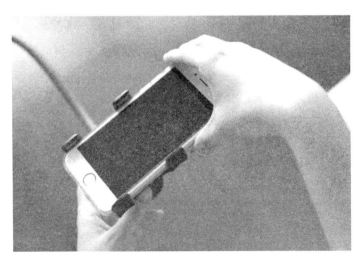

机位置，使手机镜头对准桌面。

第三步，根据镜头对准的范围在桌面上画定位框，定位框可以防止录制画面移出镜头。

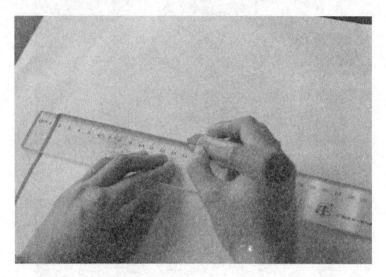

第四步，准备就绪，开始录制。用笔在白纸上展现教学过程，可以画图，也可以书写，不仅仅是展现预先准备好的图片图表，用手机将教学过程拍摄下来。尽量保证语音清晰、画面稳定、演算过程逻辑性强，解答或教授过程明了易懂。

录制时还需要注意：

1. 头不能过低，以免遮挡镜头。

2. 书写时不能超出定位框，以免画面移出镜头。

3. 移去手上的装饰物，以减少无关信息的干扰。

第五步，对录制完成的视频进行必要的编辑和美化。这里推荐使用Camtasia Studio 8 录屏和编辑软件。

二、DV拍摄

录制方法是对教学过程摄像。录制过程包括：

第一步，针对微课主题，进行详细的教学设计，设计脚本。

第二步，利用黑板展开教学过程，利用便携式录像机将整个过程拍摄下来。拍摄分几个环节：

1. 拍摄的准备。

拍摄需要准备一台DV摄像机、一个三脚架、一块白板，再加上一个光线充足、安静的场所。

2. 进行拍摄。

拍摄时尽量使用三脚架。在使用三脚架时，要调整好三脚架的高度及水平位置。

拍摄时要保证画面端正，既取景完整，又突出主体。

在整个教学过程中，教师要适当注视镜头，与摄像头或者摄像机有眼神交流。在板书时要尽可能避免教师的身体挡住镜头。

第三步，简单的后期制作，可以进行必要的编辑和美化。在视频后期处理过程中要保证画质清晰、图像稳定、声音清楚（无杂音）、声音、画面字幕同步。

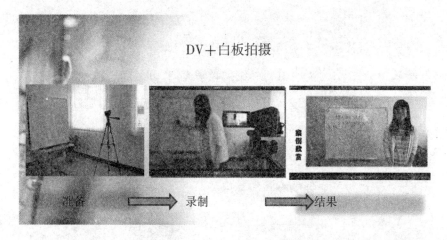

DV＋白板拍摄

准备 ⟹ 录制 ⟹ 结果

三、录屏软件+PPT

这是目前最常用的微课录制方法。使用的工具与软件包括：计算机、耳麦（附带话筒）、视频录像软件（Camtasia Studio 8）。录制方法是对PPT演示过程进行屏幕录制，辅以录音和字幕。录制过程包括：

第一步，针对所选定的教学主题，搜集教学材料和媒体素材，制作PPT课件。

第二步，在电脑屏幕上同时打开视频录像软件和教学PPT，执教者戴好耳麦，调整好话筒的位置和音量，并调整好PPT界面和录屏界面的位置后，单击"开始录制"按钮，开始录制，执教者一边演示一边讲解，可以配合标记工具或其他多媒体软件或素材，尽量使教学过程生动有趣。

第三步，讲解结束，按F10键或ESC键，结束录制。这时会出现"停止录制"或"继续录制"的选择框。如果还没录完，选择"继续录制"；如果选择"停止录制"，就会出现保存对话框，让你选择保存视频的位置，并保存视频。

第四步，编辑和生成视频。这时会出现"生成录制"或"编辑录制"的对话框，一般情况下，选择编辑录制，对录制视频进行编辑处理和美化，根据生成向导生成视频文件。在这个过程中需要选择最终的视频文件格式（通常选择FLV或MP4）。

四、手写板+录屏软件

使用的工具与软件包括：屏幕录像软件Camtasia Studio 8、手写板、麦克风、画图工具，如Windows自带绘图工具。录制方法是通过手写板和画图工具对教学过程进行讲解演示，并使用屏幕录像软件录制。录制过程包括：

第一步，针对微课主题，进行详细的教学设计，形成教案。

第二步，安装手写板、麦克风等工具，使用手写板和绘图工具，对教学过程进行演示。

第三步，通过屏幕录像软件录制教学过程并配音。

第四步，可以进行必要的编辑和美化。

五、使用PPT2013录制

这种录制方法简单易行，如果不是用于参赛，可以免于学习和使用编辑软件带来的麻烦。它是利用PPT2010以上版本自带的录制功能实现对PPT放映、演示过程和内容的视频录制。

第一步，准备好一个2013版的PPT课件并在计算机中将其打开。

第二步，打开"幻灯片放映"中的"录制幻灯片演示"。这时会出现"从头开始录制"和"从当前幻灯片开始录制"两个选项。在开始录制之前，还会让你选择录制内容，包括"播放旁白""使用计时"和"显示媒体控件"三个选项，通常全部选择。

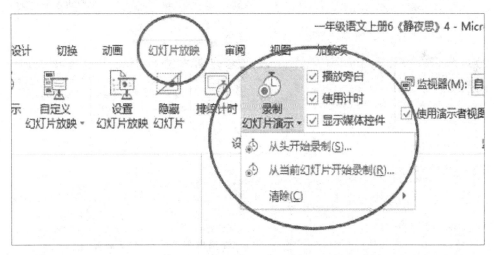

第三步，将话筒与电脑进行连接并调试好音量大小到合适位置。

第四步，点击"从头开始录制"或"从当前幻灯片开始录制"，会出现"录制幻灯片演示？"对话框。在"录制幻灯片演示？"对话框中，勾选"幻灯片和动画计时"和"旁白、墨迹和激光笔"两个选项，并点击"开始录制"按钮开始录制（如图）。

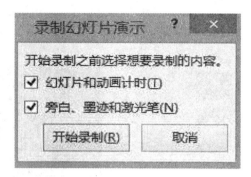

第五步，点击"开始录制"按钮后，电脑屏幕左上角会出现一个小窗口（如图），教师开始一边逐页展示幻灯片的内容，一边对着话筒讲解，PPT软件将自动记录幻灯片播放的过程和讲解的内容，直到幻灯片放映结束。

以上录制窗口各个按键的功能说明如下：

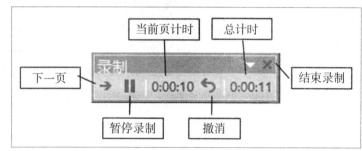

下一页：播放下一个动画。

暂停录制：用于"暂停录制"，再次点击则"继续录制"。

撤销：在录制中如出现操作失误或讲解失误，点击"撤销"按键即可重复录制当前页，无须全部重新录制。

为了取得更清晰、明确的录制效果，还需要掌握激光笔等工具的使用，简要说明如下：

激光笔的使用：在录制过程中，将鼠标移至屏幕左下角不动，将出现一排圆形按钮，点击"鼠标笔"按钮，在弹出的菜单中选择"鼠标笔"选项后，鼠标变成红色激光点，它的移动轨迹将被录制下来。"笔"和"荧光笔"可以被记录，但是其动画过程不会被记录。此时，如果要播放动画，点击键盘上的"下"方

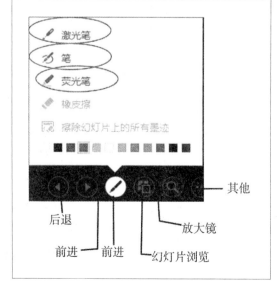

向键即可，无须切换鼠标左键，如图所示。

放大镜：在录制过程中，看不清幻灯片中某部分内容，可使用"放大镜"按钮放大该区域，在这个时候，录制默认暂停，点击右键返回后将继续录制。

幻灯片浏览：如果在录制过程中忘记后面幻灯片的内容，可点击"幻灯片浏览"按钮，观看全部幻灯片的缩略图，此时，录制默认暂停，点击屏幕左上方"返回"按钮后，将继续录制。

第六步，录制完毕后，点击"幻灯片放映"可观看幻灯片，此时，幻灯片将自动播放所有动画、旁白和激光笔轨迹等之前录制的全部内容。

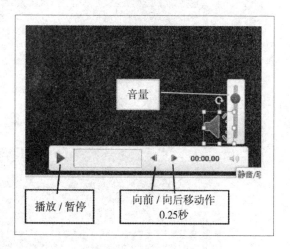

退出"幻灯片放映"，在每一页幻灯片的右下角都会出现一个喇叭图标，将鼠标移动至"喇叭"图标上方，即出现如图的音量控制条，如图所示。

播放/暂停：用于试听当前录制的旁白。

向前/向后移动0.25秒：每点击一次，则将旁白时间向前或向后移动0.25秒，此功能可解决声音和画面不同步的问题。

音量：滑动音量调节按钮，可调节当前页旁白音量大小。

第七步，如果效果不理想，可以重新录制，但需要清除相关的幻灯片计时和旁白。如图所示。

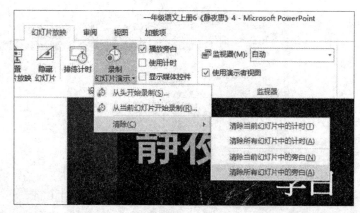

但如果录制效果很好，就可以直

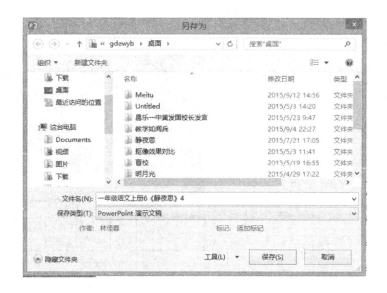

接跳过这一步。

第八步，将幻灯片保存为视频文件。点击"文件"菜单中的"另存为"选项，弹出如下窗口。

在弹出的窗口中选择保存类型，既可以选择"MPEG-4视频"格式，也可以选择"Windows Media WMV视频"格式。最后点击"保存"即可。

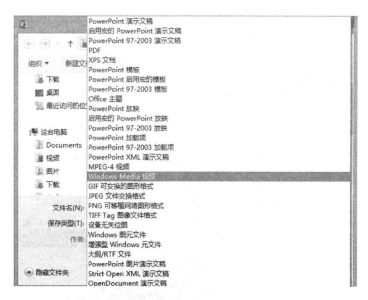

第九步，进行必要的编辑和美化。

走进希沃学院　学习微课制作

　　希沃学院是一线教师专属的信息化教学技能在线学习平台。它以提升一线教师信息化教学应用能力为宗旨，集学习交流、资源共享、教学工具和常用软件培训于一体。其中有大量的微课视频制作技术培训课程和其他信息化教学应用课程可供学习。除了定期会进行微课制作的培训，还为全国教师提供一个微课交流学习的社区平台。广大教师可在上面免费获取大量优质微课教学培训资源，学习先进的信息化教学技术，亦可与诸多名师进行互动交流。希沃学院每周都会邀请各地一线名师在线上分享信息化教学工具使用技巧、课上实操、教研教学经验等，分享结束后亦可与线上名师进行实时互动问答，交流心得。走进希沃学院，再也不用担心不会制作微课啦。

剪辑师：从完整到完美

——一款非常适用于微课制作的录屏剪辑软件

剪辑师是由希沃学院开发的一款简易、实用的专业录屏剪辑软件，关键它还是完全免费的。在软件功能和操作使用上，它具有Camtasia Studio等录屏软件无法比拟的优势。

一、无须学习，轻松上手

软件操作简单、易学易用。在关键的使用步骤上，剪辑师均贴心地给出了直观明了的使用方法指引，帮助初次使用的用户，轻松上手。你甚至不需要任何视频剪辑经验和基础，也能轻松成为出色剪辑师，制作完美的视频。

二、录屏剪辑，一步到位

采用录屏录像、剪辑编辑一体化设计，具有支持快速录屏、剪辑和生成视频等功能，为初级视频制作用户量身打造，尤其适合一线教师录制视频和制作微课，使一线教师人人成为微课制作高手。

三、删繁就简，恰到好处

在满足初级用户使用和丰富功能的平衡上，以"留刚需去冗杂"为原则，保留了经典的转场、水印音视频淡入淡出等功能，为初级用户屏蔽了传统视频软件中专业、复杂的功能，一切恰到好处。

四、实景拍摄，屏像同录

剪辑师支持实景录像与电脑屏幕同时记录，不仅可以在微课中显示教师讲解的真人镜头，还可以完整呈现整个知识点讲解演示的过程，教师轻轻松松便能制作各种类型的微课。

为了方便广大一线教师学习剪辑师软件的使用和技巧，希沃学院提供了详尽的在线学习教程给教师学习。

第七章
翻转课堂实践中的常见问题

翻转课堂的实践探索是翻转课堂研究和应用推广的重要组成部分。与传统课堂教学相比，翻转课堂具有无与伦比的优势，但目前更多地表现为一种"潜力"，而不会自然而然地变为"实力"。能否将"潜力"变为"实力"，主要取决于学校和教师能否通过教学应用和实践让翻转课堂的理念"落地"。翻转课堂实践，不是为了跟风，而是为了解决传统课堂教学存在的各种问题。翻转之后会同样面临许多新问题，这些新问题不是停止搞翻转或不应该搞翻转的理由，而恰恰是需要用翻转解决的问题。随着翻转的深入，这些问题都会在翻转中得到解决。

[本章导读]

　　从国内重庆聚奎中学翻转课堂的成功实践可以看出这种新的教学模式在我们的教育体系下可以应用得很好，但在实施的过程中会有一些实际的问题需要反思。如翻转课堂实践中学生提不出问题怎么办？学生家里没有电脑或网络怎么办？家长不支持翻转课堂怎么办？学生不完成自学任务怎么办？在翻转课堂实践中教师如何应对应试的挑战？等等。本书既给出作者的建议，也感谢青岛26中孔恬恬老师提供的经验和解决方案。

[学习任务单]

一、翻转课堂实践中的常见问题有哪些？你是否有更妙的解决策略？

二、翻转课堂能否提升学生的考试分数？

三、有人认为中国学生缺乏自主学习能力，所以中国不适合搞翻转课堂。你怎么看？

四、如果你的学生家长不支持开展翻转实践，你怎么办？

第一节　实施翻转课堂需要具备哪些条件

　　笔者经常听到一些老师讨论诸如没有授课视频能不能实施翻转课堂这样的问题。这主要是一个翻转条件问题。当然，翻转条件远不止这些。那么，实施翻转需要哪些必要条件呢？

一、翻转需要优质的授课视频资源

　　翻转课堂第一阶段的主要任务就是根据老师的要求，通过观看授课视频接纳和理解基本概念和基础知识。翻转视频通过代替教师的课堂讲授而将传统课堂时间和空间腾让出来，为第二学习阶段的研讨、交流、展示、质疑等环节使用。以观看视频为主要形式的自主学习，是后续翻转课堂活动得以展开的基础。如果学生在自主学习阶段没有将基本问题弄明白，在研讨交流中，不仅没有观点可发表，甚至听不懂别人讨论的问题。在2007年前后，翻转课堂这种全新的教学模式在美国科罗拉多州的部分地区逐渐流行，但是尚未能在更大范围推广——因为课前需要播放的教学视频并非每一位教师都能制作。美国翻转课堂搞得好，并得到广泛推广的一个重要原因是美国有可汗学院的支持，能够解决各学科优质教学资源（即大量优质"微视频"）的研制与开发问题。我国由华东师范大学牵头成立了C20慕课联盟，是解决大规模优质教学资源研制、开发与共享的一个良好开端。有一些教师认为如果没有授课视频，也可以通过让学生自学教材来实施翻转。笔者认为，教材当然可以配合视频一起使用，但学生单纯依靠教材进行自学，翻转效果绝对没有授课视频好，况且现有教材并不是自学型的，不适合单独自学。有专家认为学生通过教材进行自学更有优势，甚至认为通过视频进行学习，是传授性学习，而不是新课程改革倡导的探究性学习，得出翻转课堂"没有翻转传授性学习的本质"的结论。其偏差之处在于：其一，该观点追求探究性学习而否定传授性学习，是从一个极端（传授性学习）走向另一个极端（探究性学习）。事实上，传授和探究都是学习的重要形式，不可偏废。其二，缺乏对翻转课堂的全面考察，仅仅看到第一阶段的学习，没有观察过第二阶段的探究学习，是典型的"见树木，不见森林"思维。正因为授课视频在翻转中如此重要，翻转视频的质量高低在某种程度上决定翻转的质量甚至成败。那么如果教学视频不好看、不优秀的话，学生是没有兴趣去看的，也不能提高教学质量。基于这一点，教师提高设计和制作授课视频的能力和水平就显得非常必要。

二、翻转课堂的实施要有网络化教学环境的支撑

可汗学院实际上是一个专门开展翻转课堂教学的非营利教学网站。网站具有在线管理和演示视频资源、在线互动交流和收集处理学习大数据等多种教学和管理功能。随着我国以"以三通两平台"为核心内容的教育信息化建设加快推进，翻转课堂的网络和平台环境会越来越好。一些学校除了自建翻转学习平台，也有些学校考虑借助一些现有的网络学习平台，如网校的平台，取得不错的效果。

三、翻转课堂实施要求教师具有微课设计能力和翻转活动设计能力

教师的教育思想、教学观念亟须更新。翻转课堂采用"混合式"学习方式，它包括课前的在线学习和课堂面对面教学这两部分。前者（在线学习"微视频"）是以学生自主学习为主（但其中的重点难点以及知识点之间的内在联系，仍需要教师的启发、帮助与引导）；后者（课堂上进行面对面教学）是在教师指导下由学生围绕作业中的问题、实验中的问题或教师提出的某个专题进行自主探究或小组协作探究。显然，要把这两部分的教学都开展好，都达到预定的教学目标要求，教师的教育思想和教学观念必须更新，还需要较强的资源和教学的设计能力。从我国来看，传统教学强调"师道尊严""为人师表""传道、授业、解惑"，强调教师在课堂上的监控、讲授以及整个教学过程中的主导作用，总之，是"重教轻学"，要实施好这种教学，教师必须树立"以教师为中心"的教育思想。在翻转教学中，情况则来了个大"翻转"，即强调"以学生为中心"的教育思想。

四、学生需要具备较强的自觉性和自主学习能力

翻转课堂要求学生在家里上网学习微视频，但由于种种原因，例如，学生的学习自觉性还不强——上网玩游戏而影响了看微视频。还有的是因家长的督促、配合不到位，或是其他学科课业负担过重的影响等等，使这个教学环节有可能落不到实处，或落实得不够好。学生自主学习的习惯和意识的养成需要教师有意培养，因此翻转课堂的实施需要一个过程。翻转课堂不同于一些学校如山西新绛中学实施的"先学后教"教改实验，但这些教改实验培养了学生的自主学习能力，为翻转课堂打下了较好的基础。

五、翻转实验需要家长、社会、管理层的共识与支持

只有在翻转课堂的目的意义等各方面取得各界的认识和支持，翻转才可能有一个良好的教育改革环境、经济和物质环境、社会舆论环境。

显然，要想取得好的翻转效果，以上这五个条件必不可少的。明确了实施翻转课堂的必要环境和条件，就能知道如何从哪里着手创造实施翻转的各种条件和环境支持，避免翻转因环境和条件的制约而遭受半途受阻甚至中途夭折的命运，一些"翻转先行者"已经感同身受。

这里所说的必要条件并不是说只能具备这五个条件，才可以开始翻转。而是说要取得好的翻转效果并持续发展，必须具备这些条件。也许有些教师会说聚奎中学在开始翻转时信息化条件也并不好。但笔者留意到一个事实，他们边翻转边努力改善翻转条件的。还有些教师提出，第四条的问题根本不在学生，在于教师的任务设计，以及教师的影响力和课程领导力。是不是可以这样理解，只要教师具有强势的影响力和课程领导力，设计好自主学习任务单，就能保证学生按照自主学习任务单的要求自觉完成自学任务，而可忽略学生的自觉性和自主学习能力？笔者对这点不敢苟同，因为自主学习任务单并不能解决所有问题。甚至"学习任务"即"需要学习思考的问题"可以整合在教学视频中，即在视频中提出需要学生边观看边思考的问题，激发学生的独立思考。

第二节　如何有效地组织和管理翻转课堂

翻转课堂通过网络整合了传统课堂教学与在线自主学习的优势，其教学环境、组织方式和教学时间安排等都发生了巨大变化，如何有效组织教学和管理课堂，形成更有利于学生知识建构的教学结构，是实施翻转课堂需要解决的重要问题。

一、翻转课堂的教学组织

翻转课堂由传统的"课堂讲授+课后作业"变为"课前自学+课堂探究"，课堂教学组织方式随之也发生根本性变化。主要组织方式包括如下三种。

（一）小组协作学习。

小组协作学习是翻转课堂学习活动的核心。因为翻转课堂把传统教学中的知识讲授环节前移，为师生在课堂中开展小组研讨、问题探究、协作学习提供了更多可能。小组学习活动的实施需要考虑分组策略和活动组织策略。

教师可以结合学生性格、能力等因素进行合理的分组，发挥每个学生的长处，帮助学生在协作过程中相互学习、互相促进。

总结分组学习的经验，分组一般应该满足如下要求：

1. 小组成员应有共同的目标。

2. 每个小组成员必须使用各自不同的技能或资源来解决问题。

3. 每个小组成员都应分配一个特定的角色，每个组员都了解自己的角色在整个活动过程中的作用，整个小组形成一个不可分割的整体。

4. 小组成员能够获得来自教师或其他成员的鼓励和支持。

5. 小组成员能够使用有效的人际及团队沟通技巧，与其他成员有效沟通、分享想法和意见等。

（二）全班互动教学。

由于新知识的讲授已经在课前完成，因此翻转课堂的全班互动教学时间，除了由教师对知识重难点梳理、总结、归纳和个别难题讲解以外，主要时间用于师生汇报交流、小组研讨、作品展示等多种形式。

（三）个别辅导教学。

翻转课堂的优势之一，是留下更多时间给教师根据个别学生的学习情况进行有针对性的指导、答疑等活动。学生应用网络进行课前自主学习时，教师可以通过网络教学平台中的论坛、聊天室等为学生进行一对一的个性化辅导；在课堂上，教师可以通过在教室里巡查或通过网络教学管理平台监控学生的学习活动，对学生提出个别化的辅导与矫正，并适时给予引导。

二、翻转课堂的管理策略

教学结构和教学方式的改变，传统课堂管理中存在许多问题已经不存在，但也会产生新的问题。只有根据新的问题，采取新的管理策略，才能保证翻转课堂的有序开展。

（一）时间管理策略。

翻转课堂时间管理包括课前自主学习时间管理和课堂教学时间管理两部分。

1. 课前时间管理。

课前时间管理的目标是确保学生在课前有足够的时间观看视频，完成测试，特别是保证学生有时间进行独立思考。主要的策略是对教学视频、学习任务进行优化，保证教学视频长度、知识结构和学习任务安排合理、科学。翻转课堂的教学视频是供学生课前自主学习观看的，基本处于一种弱控制的状态，因而学生学习的效果和效率存在一定的不确定因素。教师提供的教学视频如果过长，容易使学生产生厌烦或抵触的心理，使学生不看或只是粗略地看一遍了事。如果时间过短，则容易让学生产生疑问或对知识理解不透彻的情况，达不到学习效果和要求。因此教学视频过长或过短都不合适。目前国内比较常见的做法是利用微课作为课前自主学习的材料，因为微课具有时间、知识点短小精悍等特点，非常适用于课前的自主学习。

2. 课堂时间管理。

翻转课堂教学以学生协作学习、探究学习等学习活动为主，因此，如何充分利用课堂面对面交流的时间，是翻转课堂成功的关键。主要管理策略有：

（1）课前做好准备，合理分配时间。传统课堂教学包括组织教学、复习旧课、讲解新课、巩固新课、布置作业等教学环节，组织教学、复习旧课、讲解新课等环节要花费和占用大量时间，但翻转课堂在课前已经让学生学习了新知识，这些时间可以省下来给学生直接用来研讨和探究学习。传统课堂的讨论因受时间限制，往往是走过场。翻转课堂则可以留下足够的时间给学生进行深入讨论和思考。

（2）减少时间的损耗，增加学生的学习时间。同样道理，由于学生在课前已经学习了新知识，教师在课堂应该少说少讲，给学生提供更多时间用于学习和自我表现，而学生学习时间越多，讨论和探究的效果越好。

（3）激发和维持学生学习的积极性，优化教学过程。在翻转课堂教学中，为提高学习的效率和时间的利用率，教师需要唤起并维持学生学习的主动性和积极性，使其主动地参与到教学活动中来，并充分发挥学生的主体作用。而确保教学环节的连贯和流畅，同样可以提供课堂时间的利用率。保持教学的灵活性，随时把握每个环节的时间，根据教学实际情况适当增减一些教学内容和活动，是必要的。

（二）环境管理策略。

课堂环境管理是翻转课堂实施过程中的重要支持和保障，它包括翻转学习中时刻所需的网络环境的管理和课堂活动教学环境的管理。

1. 课堂教学环境的管理。

翻转课堂的教学活动组织，教师经常采用基于项目的学习、基于问题的学习、基于游戏的学习等多种学习方式，学生往往需要通过小组协作、共同探究的形式来参与课堂活动。因此，翻转课堂对课堂教学的环境要求高，选择一个适合开展这些多样化学习活动的课堂环境显得极为重要。传统课堂中横竖整齐排列、适应以教师为中心的集体讲授式的学习环境，对学生小组协作学习是一个严重障碍。因此，实施翻转课堂的环境最好配备有足够的空间的教室，同时具有现代化教学设备来保证技术支持，教室中的桌椅最好能够自由、灵活地移动组织，方便学生开展小组讨论、交流和展示。

2. 网络教学环境的管理。

翻转课堂将课程原来需要统一讲授的部分或全部内容以视频的形式置于网络学习平台、APP客户端或其他平台上，供学生进行在线学习。教师通过学习管理平台监控学生学习进度，根据需要介入学生的学习，予以个性化指导和帮助。除此之外，教师还要通过网络平台有序引导学生进行自主学习，避免与学习无关的网络行为。因此，只有对网络环境进行有效的管理，才能维持翻转课堂的正常开展。

（三）行为管理策略。

随着教学目标、教学环境和教学方式的改变，翻转课堂行为管理的内容和方式都发生改变。传统课堂行为管理主要是为了维护良好的课堂教学秩序，约束和控制可能干扰学习的行为发生。而翻转课堂行为管理的主要任务，则是建立良好的激励机制，引导学生积极参与到小组讨论和协作探究等多样性的活动中来，从而提高学习效率和翻转课堂的教学效果。换言之，传统课堂担心学生动得太多，翻转课堂则鼓励学生多动。传统课堂强调的是有序，而翻转课堂强调要有活力。

第三节　学生提不出要讨论的问题怎么办

"提出问题，往往比解决问题更重要。"这是爱因斯坦从事科学研究的宝贵经验，发现问题提出问题的能力，是学生学习科学，获取知识的基本能力。翻转课堂教学，不仅借助教学视频，让学生在家自主学习，实现差异化、自主化学习，让学生获得学习的主动权。更重要的是，由于课前完成了基础知识的学习，课堂上教师不需要太多的讲解，就可以腾出更多时间给学生协作探究、拓展加深，培养学生问题解决能力。培养问题解决能力的前提是学生具备发现问题和解决问题的能力。但许多教师在翻转课堂实践中发现，学生根本提不出要讨论的问题。

当然，这里所谓的"问题"不是简单意义上的问题，而是指学生对所学知识反思后的质疑。主要原因有四个：一是没时间提问；二是不敢提问；三是不习惯提问；四是不善于提问。而所有这些，实际上都跟应试教育的制度和教学方式有关。

在应试教育中，许多教师本身缺乏"问题意识"，对要交给学生的知识没有深刻的认识与把握，连自己都一知半解，而且缺乏挑战书本中所谓权威知识勇气，不敢有自己的观点。有些教师对教参、教案的依赖性很强，一旦离开就感觉无所适从，更不要说"提问题了"。

目前的教育，仍然是一个标准答案式的教育。教师在课堂上将每节课的内容分解为一个一个的标准答案，连解题的程序，都有标准样式，甚至作文也有标准的套路。教师按照标准套路好好教，学生按照标准答案好好学，考试的分数自然就高。最终就能考上好大学。因此，中国人民大学张鸣教授认为，"学生不怀疑、不质疑"的深层次原因，是学生不需要怀疑什么的，更没有必要质疑什么。教师按照教学参考书上的套路教就是，把标准答案灌输给学生，就算大功告成。学生呢，自然什么都不用问；若要问，也是教师的讲授有不懂的地方才问。这样的日子过久了，原本充满童真、一肚子问题的孩子，就被练成了"金刚不坏"之身，没有问题了；脑子里，根本就没有质疑这根弦，在他们看来，所学的一切，都是理所当然，天经地义的。

因此，对于应试教育来说，"学生提不出问题"是再正常不过的事情了。但对于翻转课堂来说，学生发现问题，提出问题是不可或缺的基本功课。

有人认为中国的学校教育长期受到应试教育的影响，学生不会提问题、不会讨论、不会自主学习、不会协作探究等等，所以不适宜实施翻转课堂。这种观点看起来似乎非常有道理。但笔者认为，这种分析问题的逻辑非常值得研究。事实上，"翻转"非常有利于培养这些学习能力。正确的逻辑是，在实施"翻转"过程中逐步培养学生各种学习能力，而不是等具备了各种学习能力，再来开展"翻转"。当然，开始实施"翻转"时，学生可能会不太适应，但随着实验的开展，学生各种学习能力会得到提升，"翻转"的效果也会越来越好。

为培养学生发现问题、提出问题的能力，我们应该从以下两方面着手努力：

一、教师及时鼓励学生提问，肯定学生提出的问题，树立学生的自信心，激发他们提出问题的意识和兴趣

在课堂上，学生提出的问题会是各种各样的，五花八门，甚至是漫无边际。但教师必须给予他们积极的鼓励，少给他们严厉的训斥，否则，孩子们那种提问的欲望会被我们无情地扼杀在萌芽状态。牛顿看到苹果落地后不断地问自己："苹果为什么不向天上飞？"瓦特看到水壶开了之后自问："壶盖为什么会响？"正是这些我们看来有些愚蠢的问题，造就了"万有引力定律"的发现和"蒸汽机"的发明。孩子们的提问，教师有时可能认为是可笑的，但对于他们来说是经过思考得来的，是严肃的。正因为如此，教师对于学生提出的任何问题，都要抱着认真的态度来对待，及时鼓励，从而使他们树立自信心，激发提出问题的兴趣，调动学生探索求知的情绪，进而创设良好的课堂氛围。

二、教会提问方法，引导学生发现问题，学会提问

学生提不出问题，主要是因为学生长期被动地学习，没有掌握提问的方法。教师在教学中要适时、适度地教给学生提问的方法，使他们由不会问到会问、善问。试举两个方法：

1. 根据课题学会提问，确定学习方向。

在课本中，许多课文题目都反映了这课书的主要内容。学生如果能够围绕课题提出相关的问题，那么就会为学生明确学习方向。例如：有教师在讲《林则徐虎门销烟》一课时，出示课题后引生提问。学生提出了：林则徐是什么人？为什么要硝烟？什么时间在哪里硝烟？经过如何？结果怎样？等许多问题。抓住了课文的主要线索，使学生的学习方向十分的清晰。

2. 抓住独特之处发问。研究社会现象和问题，要让学生学会对比，抓住其特点，寻根溯源，探究原因。

在课上，我们引导学生针对课文内容的独特之处发问。例如：有老师在讲《新疆的沙漠和绿洲》一课时，这里干旱少雨是其主要特点，让学生与自己生活地区进行比较，引导学生提出：为什么这里会干旱少雨、沙漠广布？讲解藏族地区的服饰特点，引导学生对比自己的穿着，让学生产生疑问，进而提出：为什么会有这种"露"一只胳膊的奇特穿着？进而研究人们的穿着与环境的关系，使学生懂得每一个地区都有自己的特色，这些特色的形成与其环境密不可分，这样引导学生抓住不同区域特点提问，可以更明确地让学生看到事物间的联系。

三、正确对待、处理学生的提问

教师对于学生提出的问题应予以重视，哪怕有些问题"不像样"。孩子在成长的路上需要教师的鼓励，一次提问就是孩子的一次尝试，我们不应该扼杀学生的尝试与好奇心。同时要充分利用好学生发现和提出的问题。

在传统课堂中，学生提出问题，往往让老师帮助他们解决问题。但在翻转课堂中，我们务必把这些问题再推给学生，让学生通过自主思考、协作探究等形式解决这些问题。比较简单的，书上有现成答案的问题，可以让学生自读课文、画画、找找、想想自行解决。稍难一些的问题，我们可以引导学生小组讨论后解决，运用集体的力量去攻克难题，对于教学中难于回答的疑难问题，我们可以课下共同查阅资料，共同探讨。

第四节　家长不支持翻转课堂或家里没电脑怎么办

在翻转课堂实践过程中，由于学生家长担心实验和改变教学方式会影响考试成绩和升学，不放心自己的孩子参与实验，给翻转实验造成一定的困扰。青岛市第二十六中学的孔恬恬老师在这方面取得了丰富的经验：

我是幸运的，在硬件知识方面，没有遇到多大的困难。但是，电脑是掌控在家长手里的，如果家长不支持翻转课堂，就不会同意孩子使用电脑，甚至会由于抵触情绪影响孩子的学习。从另一个方面来讲，学生能够主动、自觉地完成各种任务，离不开家长的支持和帮助。这一点在翻转初期尤为重要。因此，我们必须通过充分的沟通与交流取得家长的支持。

首先，在开学之初，我向家长发放了我录制的《2014，生物你好》的微视频。内容包括翻转课堂的教学优势、需要家长如何配合等等。目的是向家长介绍新学期生物学科将要进行的课堂变革，最重要的是让家长亲自体验视频学习的优势，将来也能更好地指导孩子。家长向我反映，很喜欢这种方式，因为能让他们更直观、形象地学习，更清晰地了解教师的意图。

其次，我在一个学期之内，发放了三次调查问卷。通过调查，了解家长对待翻转课堂的态度，收集家长的意见和建议。再充分利用家长信、班级QQ群、家长会等渠道与家长及时交流沟通，解答他们的疑惑，打消他们的顾虑。

总结来说，家长的顾虑主要有以下几种：

一种是担心会增加孩子的负担。关于这个，我会跟家长讲清楚以下几点：①从时间上来讲，我们每周最多三次任务，每次任务完成时间的长短要根据孩子的学习能力和理解能力。当然，不能为了赶时间而半生不熟的。一般来说，孩子需要20分钟来完成这些任务，慢的最多40分钟，快的十几分钟就能完成。②从作业量上来讲，以前的练习册都是课后完成，不能及时反馈，解决效率很低。现在呢，放在课堂上，在教师的指导下解决，课后就不再留这些作业了。③从完成难度上来讲，现在自学任务的难度比以前的作业难度要低很多。孩子完成起来会更加轻松。后来，家长看到孩子很喜欢并且很自觉地完成任务，慢慢打消了顾虑。第二种是担心孩子课前不会学习。这种家长其实是比较关心孩子的学习的，担心他们不会学习之后不知道如何帮助他们。我会明确地告诉家长，孩子在自学的时候，需要做什么？怎么做？家长指导时需要关注哪些方面？后来很多家长也跟我反映，用这种方式学习，他们可以跟孩子一起看视频，一起学习课程内容，能更好地帮助孩子学习。孩子学习也越来越有热情了。第三种是担心教师课堂上不讲孩子不会学习。这种担忧是不了解翻转课堂而产生的误会。我会给家长讲清楚，我们的课堂环节当中到底要做什么。让家长清晰地明白，我们的翻转课堂，会比以往的传统课堂更有针对性地解决学生的学习问题，发展学生的高级思维能力，效率更高。

还有一个更好的办法就是邀请家长体验翻转课堂。每个学期初有一个家长开放日，我在某个班恰好有一节课。家长听过之后，反响非常好。后来这个班是翻转课堂进行得最顺利的，家长和学生配合得最好的一个班。其实，当大家真正去做的时候，没有那么多家长会提意见的。刚才说到的三个问题，每个问题仅仅有一两个家长提出，大部分家长还是很支持教师工作的。另外，在开家长会的时候，我也把成绩和调查数据向家长做了汇报。当家长感觉这种教学模式对孩子是有利的，他们会全力支持的。

我的建议是，抓住一切机会，用事实和数据说服家长。

在翻转课堂实践中，大家最关心的一个问题，就是学生家里没有电脑或者网络怎么办呢？这个问题也可与家长的支持有密切关系，因此在此一并回答：

其实，这个问题，也是我在进行常态翻转前最为担心的。因为学生需要频繁地在家中使用计算机完成自学任务，如果缺少硬件条件，可真的是一个大麻烦。为了了解学生家庭电脑和网络情况，我在开学第一天，就下发了一张调查问卷。调查结果是150个学生，只有3个家里没有网络，1个家里没有计算机。说实话，这个结果挺让我意外的，原来是自己把困难想得太严重了。那该如何解决呢？通过跟学生的沟通，没有网络的，先用U盘进行拷贝，再劝说家长尽快开通网络。当然，会有个别学生家里计算机突然出了问题，可以想办法通过其他途径解决问题，比如，借用亲戚或邻居家的计算机，或者来学校借用班级电脑、教室电脑，手机在一定程度上也可以替代电脑。实践过程当中，通过收集数据发现，有将近30%的学生用手机来完成自学任务。由此看来，移动端学习也成为网络学习的一个重要的发展方向了。若你通过调查发现，大部分学生没有电脑，该怎么办呢？从学校层面，可以借鉴荆家镇中心小学的做法，通过宣传动员家长购买电脑，或者像聚奎中学和昌乐一中那样，学校统一购置平板电脑。从教师层面，也可以有效利用学校机房进行校内翻转或课内翻转。但有一种方式并不可取，需要老师们尤其注意，就是课堂上，教师统一播放一遍视频给学生看。这种方式呢，不能照顾到学生的个性化需求，也不利于自学能力的培养，并不能称之为真正的翻转课堂的自主学习。必须要说明的是，随着时代的发展和科技的进步，电脑的普及率越来越高，我相信这个困难在不久的将来就会消失得无影无踪。

　　总的来说，对于这个问题，我的建议是：硬件问题先调研，再有针对性地解决，因地制宜。

第五节　学生缺乏自主学习意识和能力怎么办

　　翻转课堂中，学生需要在家里完成自学任务，这要求他们具有较强的自我管理能力和自主学习能力。可实际上，跟以前不完成家庭作业一样，也会有那么几个偷懒的孩子找各种借口不完成任务。这点，在翻转的起始阶段尤其明显。想象一下，我们将自己精心制作的微课和任务单发给学生，居然只有一半的孩子完成任务，那接下来的课堂活动该如何开展呢？着实让人头疼。因此，抓自学任务的完成率就显得十分地重要。幸运的是，孔恬恬老师已经成功地解决了这一问题：

　　首先，从自学任务的设计入手，增强学生学习动机。设计好的自学任务非常重要。在这个方面，汪琼老师讲的ARCS动机激励模型还有金陵老师讲的自学任务单的设计都给了我很大的启发。在一开始的时候，任务的设计要相对地简单一些，指导性的语言要多一些。防止学生因畏难而产生抵触情绪。在学生完成自学任务的过程当中，还要提供学生必要的支持和帮助，比如，建立QQ群解决他们自学遇到的各种问题。设计自学任务时，要考虑如何和课堂活动相匹配。课堂中，要有解决学生课前提出困惑的活动，也要有学生展示自己自学成果的活动，促进学生积极地、主动地完成自学任务。另外，还要充分考虑不同层次学生的学习需要。除了必需的学习资源，还要提供拓展视频或习题，让每个层次的学生都感到挑战性。总之，要在理论的指导下，根据学情设计出符合学生心理特点的、妙趣横生的、花的时间少、内容精而形式多样的自学任务。

其次，从学生的认识态度入手，提高自学意识。俗话说，态度决定一切。很多时候，学生并不是没有时间完成任务，而是态度不够认真，没有把自学任务当回事。为了提高学生对自学任务的重视程度，开学第一节课，我就讲了本学期的课堂改革。提到了自学能力的养成对他一生发展的重要性。鼓励他们勇于锻炼自己、主动求知、做学习的主人。同时，我还宣布了本学期新的评价制度——经验值积累升值制度。学生的所有学习环节，都可以拿到一定的经验值，经验值积累到一定的程度都可以升级获得不同的头衔，颁发相应的证书。学生在课前环节，能拿到大约三分之一的经验值，自然非常重视。另外，我还发现，某些不完成任务的学生，意识上存在一些误区：以为课前自学就像以前的预习，就算不学老师也会讲。我会通过举例分析让学生意识到自学任务和预习的区别。也会安排学习经验交流，让优生来讲自学任务的重要性。在传统课堂中，由于缺乏对学生自学能力的培养，大部分学生缺少自主意识。

最后一点，要从学生的学习环境入手，营造积极的自学氛围。在学校内部，刚刚提到的评价制度当中，我们不仅有个人经验值，还有团队经验值。一个团队，只有自学任务全员通过，才可以加团队经验值。学习习惯不好的孩子，没有团队愿意接纳，我会通过跟这几个孩子谈话，对他们具体提出要求，同时说服队长努力带动。孩子们还是非常在乎同学心中的印象的，会起到一个很好的效果。学校外面呢，通过构建家校联络网取得家长的支持和配合，协同作战。每次任务的布置，同时发布给家长。完成情况也会第一时间反馈给家长，方便家长对孩子的督促。学校和家庭通过经常性的沟通，形成合力及时遏制住偷懒的苗头。

通过以上的措施，学生的自主学习习惯逐步养成，绝大多数同学不需要督促即可主动完成自学任务，当然，每所学校、每个班级总有那么一两个问题学生，任你如何努力，也不给你留一分情面。对于这种学生，就需要老师牺牲一点时间，先通过谈话了解清楚他不学习的原因，然后让学生利用自己的个人电脑陪伴其完成自学任务，手把手进行指导，帮助其逐步建立良好的学习习惯。当然，学习习惯的建立是需要一定的时间的，老师需要具有足够的耐心。总之，对于这个问题，我的建议是：精心设计自学任务，通过内外合力，培养学生良好的自学习惯。

笔者经常听到和看到一种言论，姑且称之为"学习能力决定论"。大约的意思是，如果学生学习能力强，在任何模式下都能学好；如果学生学习能力差，在哪种模式下都学不好。既然学习好不好与什么样的教学方式无关，你搞教学变革（翻转课堂）做什么呀。翻转课堂课前自主学习需要学生具备自主学习能力，目前大多数学生都不具备这种能力。这种观点一出，在客观上淹没了翻转课堂变革的意义和价值。多数教师静观其变，但还是有个别教师附和，没有教师提出异议，说明这种观点会对翻转课堂造成较大的影响。

　　笔者认为它在否定教学变革（翻转课堂）方面存在如下两个逻辑错误，以此来否定翻转课堂的目的意义就变得没有依据。

　　一是夸大了学习能力决定学习效果的作用。学习能力是影响学习效果的重要因素，但不是唯一的因素。除了学习能力，决定学习效果的因素还有学习动机、学习态度、教学效果、知识基础、学习时间、学习者身体健康状况等。改善任何一个因素都可能或多或少提高学习效果。布鲁姆的掌握学习理论，认为只要有足够时间或增加足够时间，提供足够的学习材料，任何一位学习者都可能达成确定的学习目标。虽然观点过于绝对化，但对于某些学生来说，自己掌握学习的节奏，如果翻转课堂中通过看视频进行学习，的确可以提高学习效果。有些在接受信息过程反应比较慢的，在班级授课状态中难以适应学习，在翻转课堂中可能如虎添翼，突飞猛进。并不如"学习能力决定论"者所认为，学习能力决定一切，学习能力是一个固定值，改革教学方式方法毫无意义。

　　二是模糊了传统课堂与翻转课堂中学习能力与学习效果目标、评价标准的区别。所谓学习能力，在不同的教学模式中具有不同的含义。在传统教学中，学习能力主要表现为听课和完成作业的能力，即理解和记忆能力。在翻转课堂中，学习能力表现为自主学习能力、协作学习能力和探究学习能力等。另外，在翻转课堂教学中，教学目标已经发生质的变化。培养创新能力和发展智慧已经取代知识理解和记忆成为核心的目标。所谓大智若愚，成为大智慧者，并不一定是最聪明（学习能力强）者。两者既然存在如此大的区别，说"如果学生学习能力强，在任何模式下都能学好"就变得没有意义，以此来否定教学变革和翻转课堂就站不住脚。

关于学生缺乏自主学习能力、协作学习能力和探究学习能力的问题。的确，部分学生缺乏自主、协作和探究学习能力（天津夏老师补充：我们不得不承认，现在不仅是孩子，有的教师，也缺乏一定的自主学习能力、协作学习能力和探究学习能力等），给翻转课堂的实施造成了比较大的困难。但学生的自主学习能力、协作学习能力和探究学习能力缺乏，不是遗传的原因造成的，而主要是学生在班级授课教学形式没有得到重视、发挥和锻炼造成的，正是在翻转课堂教学中，突显了这些能力的重要性和必要性，并引起师生的重视，在老师有意识的指导和帮助下，学生的自主、协作和探究学习能力得到逐步的培养和提升。

因此，学生学习能力并不是一成不变的。学习效果也不是一成不变的。虽然"翻转"还须"应试"，但教学变革（翻转课堂），改变的不仅仅是教学方式，也改变教学的目标和整个面貌。当然，前景非常美好，但实现并不容易，还要避免出现"穿新鞋走老路"（"翻转"仅仅为"应试"服务）的现象。因此需要"多思考"与"多实践"同行，需要大家一起来探索，一起来努力！

第六节 在翻转课堂实践中如何应对应试教育挑战

从理论上讲，翻转课堂教学模式的实践，有利于培养学生良好的学习习惯，能照顾到不同理解水平、适应各种学习节奏，增加生生、师生之间的交互次数、时间和质量，使优等生学得更多更快，后进学生跟得上节奏，中等生学得更主动，绝对是比传统课堂更有利于提高学生考试成绩的。但事实上，翻转课堂更加注重培养学生的知识质疑能力和科学探究能力、发现问题和解决问题能力、批判性和创造性思维能力。它的目标与行动与应付考试很少在一个轨道上。特别目前的升学考试严重偏离了培养目标，与实践能力、创新能力毫无关联，强迫师生使用题海战术和疲劳战术来应战，而无暇顾及其他，给开展翻转课堂实践的老师带来严重的挑战和困扰。

1989年，杭州市天长小学老师周武受邀参加一次毕业学生的聚会。当时他暗自吃惊：那些已经担任副教授、经理的学生，在学校时的成绩并不十分出色。相反的，当年那些成绩突出的好学生，成就却平平。这个现象引发周武老师的好奇，他开始追踪毕业班学生，经过十年、针对151位学生的追踪调查发现：考前十名的孩子未必在今后的事业上就能取得骄人的业绩，倒是前十名之后的一些孩子日后说不定干得非常成功；也就是说，许多在学校期间学习成绩并不是太好，但是他们在走上工作岗位以后，各方面的潜能得到了充分地开发和发挥，再加上自身的努力，往往能成就一番事业，成为一个对社会有贡献的人。这就是著名的"前十名现象"。

2014年6月19日，中国校友会网发布《2014中国高考状元调查报告》，报告对1952—2013年中国各省市自治区近3000名高考状元的求学与职业等状况展开最新追踪调查及研究分析，结果发现：高考状元多属"高级打工仔"，少有行业拔尖创新人才。

这些现象说明了一个观点：一个人能否成功不取决于学习成绩的高低。著名心理学家斯腾伯格用成功智力来解释：他把学业上表现出来的智力称为"惰性智力"，而成功智力是达到人生中主要目标的智力，它包括：创造性能力、分析性能力、实践性能力。因此许多具有责任感的老师从不间断地思考如何革新传统教学，于是有了处于热火朝天、却又让有些老师感到困扰的翻转课堂实践。

然而，无论是家长还是孩子，都无奈地被中国的教育制度、高考制度牵着鼻子走，只有成绩优异的优等生才是这场惨烈竞争中的胜出者，谁有勇气拿自己孩子的前途去与这个制度较劲呢？于是，有责任感的老师既要对孩子的未来负责，又要为孩子的目前考试成绩、对孩子的家长有所交代。因此，帮助学生应付考试，是老师绕不开的弯。笔者认为应对应试的策略有两个，一是深挖翻转模式的潜力。翻转教学能顾及不同层次学生的差异，让学生学得主动，思维活跃。借助视频的帮助，对一些抽象的概念和原理理解得更深更透。同伴互助，促进思考，提高自信。这些都是积极的"应试因素"。要将它挖掘好，并用于应付考试当中。二是考试前突击训练。对于咱们目前的中小学来说，还是要面向未来，立足眼前的，对孩子的未来负责，也要保证考试有好成绩。翻转教学让学生学得广、学得深、学得有价值，应付考试有好的基础和底子，但还不一定能与考试对接，所以教学方式可以灵活多变。不管平时的课堂怎么翻天覆地，但考试前的课，还是要来个有针对性的突击复习训练。花的时间尽量少，取得效果尽量好。第一，来个知识再串联是必需的，建立各个知识点的联系，建构知识地图，用于学生对知识综合应用；第二，精选例题进行讲解；第三，精选考题给学生精练，是少不了的。反对"题海战术"，但支持来个"题江战术"——让学生有顺序、有节奏、有结构性地做一些代表性的考题。

第七节　翻转课堂实践中的误区

　　笔者曾写过一篇博文，探讨学校和教师在翻转课堂实践中存在的认识误区：其一是用"先学后教"这个词来概括翻转课堂的特征。其二是翻转课堂仅仅是教学流程发生了颠覆性变化。其三是课内翻转，课内教师播放，学生观看视频。其四是没有电脑和视频也能搞翻转课堂。认识上的误区导致行动上的问题。本文主要探讨翻转课堂教学实践中的存在问题（不是翻转课堂本身存在问题）与应对策略，希望对在实践中或准备实践翻转课堂的老师有所启发。

一、翻转课堂实践中存在的主要问题

（一）以"检测习题"代替"思考问题"。

　　由于课前自主学习的学习时间和学习环境的特征和局限，决定翻转课堂的课前自主学习，其性质和核心任务是通过观看视频或阅读教材，发现更多问题，然后带着问题到课堂上参加研讨，在研讨中深化理解，并创新知识，发展能力。但笔者观察一些学校和教师的翻转实践，主要还是将课前自主学习的焦点放在"解决问题"。甚至是课前做基础性的练习和检测，课堂做提高性的练习和检测。然后根据检测的结果进行展示、质疑和评价总结。而且这些练习，从出题到评价，都是以标准答案为本，对学生的作用，是制约和局限思维，而不是拓展思维。题做得越多，学生的思维面积就越窄，而不是越宽。

（二）课前课后任务设置出现严重本末倒置。

由于翻转课堂的课前自主学习的性质和核心任务是通过观看视频或阅读教材，发现更多问题，然后带着问题到课堂上参加研讨，在研讨中深化理解，并创新知识，发展能力，自然决定翻转课堂的自主学习具有基础性和引导性。作为核心任务，知识内化、问题解决、思维拓展还是要在课堂上完成。但笔者发现一些教师的翻转课堂教学设计和教学实践，出现了严重的本末倒置现象，给课前学习布置过多过重的学习任务，甚至希望能在课前解决尽可能多的问题。比如有一位教师在设计《辛亥革命》翻转课堂时，布置了如下的课前自主学习任务：

1. 认真观看第1组视频《民族资本主义的发展》《留学教育》《清末预备立宪》《如何理解辛亥革命的历史背景》及教材第62～63页内容，总结出辛亥革命发生的历史背景。

2. 认真观看第2组视频《孙中山与兴中会》《中国同盟会成立》，总结出兴中会、同盟会的异同。

3. 阅读教材63～64页，从黄花岗起义等多次起义失败及湖北军政府成立等事件中，你能看出资产阶级革命存在哪些不足？

4. 认真观看第3组视频《"中华民国"临时约法》及教材64页相关内容，考虑与美国的《1787年宪法》在治国理念上的异同。

5. 从结果来看，辛亥革命是成功了，还是失败了？谈谈你的看法。

如果学生真能在课前完成这些任务，到了课堂上反而"没事可做"，非常轻松。但各位老师可以估算一下，一位普通水平的学生完成这些任务需要多少时间？由于课前学习时间有限，而且缺乏教师的指导和同伴的协作，这些任务绝对是"不可能完成的任务"。因此，合理、科学地分配和设置课前和课堂的学习任务，是翻转课堂设计的一个重点和难点，需要我们在实践中进一步深入探索和研究。

（三）学生深陷题海，未见协作探究。

一些学校和教师将翻转课堂定位为"学案为本，训练为主"，整个课堂学生埋头做题，深陷题海，除了短时的展示环节，少数学生向全班同学讲解展示解题过程，教师同学纠正，基本看不到任何的师生协作探究学习活动。事实证明，虽然在全国范围内，翻转课堂实践如火如荼，热闹非凡，但其本质上是扎根于应试教育的土壤。结果是，本来以变革传统课堂为己任的翻转课堂，非但没有产生对应试教育摧枯拉朽的作用，反而变本加厉，对应试教育推波助澜，将应试教育引向深入。

二、应对策略

（一）一线翻转实践者加强对翻转本质规律的学习。

教学实践中出现的问题，通常表现为教学行为上的操作性失误，但实际上根源在于理念上存在偏差。翻转课堂实践中存在的问题，表面上看原因是缺乏翻转教学设计能力，根本的原因在于翻转课堂对于许多老师来说，它是一种新事物、新实践，一些老师在实践之前，对翻转课堂教学理论和本质规律缺乏深入准确地把握。因此，解决翻转课堂实践中的问题，策略之一，是从事翻转实践的老师要加强对翻转课堂本质规律的学习。

（二）校长教师理性看待和选择翻转课堂的学习典范。

教师学习，主要途径有三：一是教育教学专家引领；二是向教学实验的"成功"典范学习；三是同伴互助互学。教师突出地表现为更愿意向典范学习，因为向典范学习，更具有模仿性。模仿学习，难度小、见效快、更轻松。那么问题来了，被树为或自己树为学习典范的教改学校，是不是真典范？是不是具有学习借鉴的价值？对于远道来参观学习的教师、校长，正引导还是误导？翻转课堂教学实践中存在这样或那样的问题，与一些典范的误导不能说没有关系。那么，怎么来鉴别典范的真伪？谁来鉴别典范的真伪？就目前来说，笔者的建议只有一个：热情前来学习的教师擦亮自己的眼睛。当然作为互联网时代的教师，理应具有批判性精神和独立思考判断的能力。因此，解决翻转实践中存在问题的策略之二：理性看待和选择所谓的翻转课堂"成功"典范，虚心学，不迷信，不盲从。

（三）研究者用正确的"本土化"研究引领翻转课堂的发展。

实践中之所以出现伪"典范学校"，原因可能是这些"典范学校"自己没有认真探索研究翻转的本质规律，也可能是受到专家的误导。这些专家不仅误导"典范学校"，也通过培训讲学等活动误导校长教师。这样看来，这些"翻转专家"的误导才是翻转实践问题的源头。因此，专家能否静下来、沉下来对翻转课堂深入研究和思考，就显得非常重要。翻转课堂作为来源于美国的教学改革实践，引进中华大地这片热土，必然要经历"本土化"的过程。问题是，这个"土"是指什么？是指应试教育制度和现实？还是指变革工业时代工厂式教学方式和培养目标的需求？如果是前者，我们就只能无奈地适应现实。如果是后者，翻转课堂研究者和实践者就要做改革教育现实的先锋。翻转课堂研究者用正确的"本土化"研究引领翻转课堂的发展。

第八节　如何看待翻转课堂实践中的曲折

写作本文的起因是笔者通过王竹立老师的博文《直面日常教育的"真相"》读到华南师范大学汪晓东老师和他的妻子李月霞老师联名撰写的文章《翻转课堂：一朵带刺的玫瑰———一节微课的多重叙事》（发表在《中小学信息技术教育》2014年第12期），两文引发了笔者关于如何看待翻转课堂实践中遇到挫折的思考。

汪老师的文章以实事求是的精神、坦诚的态度、自嘲的语气，不仅原汁原味地描述了李月霞老师与其他两位老师试验微课与翻转课堂的全部过程，而且毫不隐瞒其中的失败与挫折，比如教师制作微课远没有想象的那么容易，甚至发出"我不想再做了，这个东西很烦！"的感叹；学生上课看微课竟然"睡着了"，或者玩起了扫雷游戏；多次的试验效果并不理想等等。

竹立老师读了汪老师的文章，兴奋不已，不仅发了短信给汪老师，表达他对汪老师文章的赞赏，而且写了《直面日常教育的"真相"》一文，表达他的兴奋。所以兴奋，不仅因为汪老师和李老师如此的实事求是和严谨认真的态度让他肃然起敬，而且汪老师的文章正好证明了他对"微课和翻转课堂"的预言和观点："微课的应用主要在网上、在课外，而翻转课堂只是众多的教学模式之一，并不是对所有课程所有情况都适用，在我国基础教育的现状下，更难普遍推广。"在竹立老师看来，汪晓东老师是微课和翻转课堂的专家，他妻子也是一名优秀的中学教师，加上其他骨干教师组成的研究团队可以说在国内并不多见。这样一个专业团队在中小学研究微课与翻转课堂都不太成功，可见这种模式想要推广与普及的难度。

难道这就是微课教学与翻转课堂的"真相"吗？在翻转课堂实践中遇到的一些挫折，到底是翻转课堂本身的问题、缺陷，还是由于对翻转课堂内涵、本质、理念理解不到位和翻转方法掌握不熟练、准备工作不足，学生对这样新的教学方法不适应带来的暂时困难？搞清楚这个问题，对寻找翻转课堂实验失败的原因并对进一步实验加以修正和改进，甚至对正确判断翻转课堂的前景，引导翻转课堂健康发展，都非常重要和必要。

细读汪老师的文章可以看出，李老师和她的团队所做的翻转实验的失败，显然不是翻转课堂本身存在什么缺陷造成的，主要原因还是准备不够充分，仓促开展实验，包括微课设计存在一些问题。

一、翻转教学存在不足

（一）缺乏专业指导。

虽然作为丈夫的汪老师是高校里研究微课和翻转课堂的专家，但并不意味着他能给作为妻子的李老师给予更多的微课开发与翻转教学的专业指导。从案例来看，显然他既没有直接参与翻转实验，所能给予的指导也非常少。

（二）缺乏微课开发与翻转教学方面素养，试验目的不明确。

显然，李老师和她的团队严重缺乏微课开发与翻转教学方面素养，开展翻转实验的目的仅仅是为了应付市里培训班要求完成的作业。虽然两年前，李老师就知道"微课"一词，并看过一些微课，甚至还与人讨论过它的价值及应用前景。不过终究没有付诸实践。现在，为了研修班的结业证书，需要提交三个微课并用于课堂教学。这样的知识准备怎么能保证翻转实验的成功呢？

（三）对学生的学习缺乏引导。

事前对学生没有任何形式的培训和指导，在课堂活动中也缺乏任务单（导学案）的引导，学生对学习目标不明确，对老师安排的活动也不明就里。由于缺少任务单的引导，学生看微课目的不明确，也缺乏动力，更不会自己提出问题。

（四）缺乏对翻转课堂活动进行科学合理创意的设计。

对自主学习后的翻转课堂活动进行创新教学设计是翻转教学成功的关键。本案例由于对翻转课堂缺乏科学合理创意的设计，学生看完微课后不知道该干什么了。

（五）对教学环境的考虑和准备欠缺。

本案例提供的教学环境是这样的：信息技术科专用电脑机房因已经排满了课无法借用，学生电子阅览室有30台电脑显示器坏了，只有语音室可以借用，但据说有几十台学生机接收不到教师机发出的文件。结果是要么音箱的声音太小，学生听不清楚；要么干脆音箱出了问题，微课无法播放，改为常规上课；要么通过教师机发送至学生机的微课，有22台电脑是播放不出来的；要么将微课上传到学校的服务器，让学生进入服务器去看微课，很快，发现学生的注意力转移到翻阅服务器里的众多资料，局面很难控制，只有带了耳机来的小部分学生在学习，整节课算是报废了。

二、微课质量存在欠缺

学生对她们做的微课的评价是：声音小、语调平淡，没有抑扬顿挫，画面单调，没有变化，知识讲解少。结论是：不感兴趣，看不懂。原因有几个方面：

（一）微课受到时间的严重制约。

微课选取的都是主干知识，仅仅抓住核心问题去分析，成了平时教学的"压缩饼干"。虽然教师自己觉得挺好的，对思维的锻炼也很有帮助。但学生觉得怎么平常老师用40分钟讲完一节课，现在用十几分钟就讲完了？虽然微课可以反复播放、暂停，但因为经过多次重播，没有先前的那种激动。于是乎，有的在玩扫雷，有的在玩蜘蛛牌，有一个同学竟然还在睡觉。

（二）微课缺乏互动。

同学晓蕾认为："在平常的课堂上，老师和我们会有很多互动，会用不同的方式引导我们去思考。不懂的时候，老师会通过一些简单易懂的例子及时帮助我们解答疑惑。但是这次的微课，我只是麻木地抄笔记或者呆呆地听老师在电脑里的声音。"

（三）缺乏问题导学策略支持。

本案例缺乏任务单（或导学案）配合微课使用和引导，学生缺乏心理准备，也不是带着问题去看视频。看完后老师也没有提出问题，仅仅问学生看懂了没有？学生怎么判断看懂了没有？学生虽然有许多问题，但不知道如何表达出来。

因此，不得不说一句，翻转课堂，东西是好东西，只不过是还不会用，或者没有用好，而不能否认它是好东西。虽然敬佩汪老师和李老师的诚实、勇气和实事求是的精神，但并不认为他们提供的失败案例具有代表性和典型意义。更不能以此证明翻转教学模式不适合在我国中小学推广应用。事实上，不仅是美国，就是在国内也已经涌现了许多翻转的成功案例，如重庆市聚奎中学、山东省昌乐县第一中学等。笔者相信，只要大伙携手努力，必能让翻转课堂成为课堂教学的"新常态"。汪老师以"玫瑰很美，小心有刺"作为文章的结尾。笔者借用并略作修改，作为结束语：玫瑰有刺，但很美！

第八章
翻转课堂的经典故事

　　小故事蕴藏大智慧。无论是文化传播，还是文学创作，故事都扮演重要角色。在我国翻转课堂引进和推广应用过程中，有一批学校和教师善于思考，敢于尝试，在翻转课堂探索中取得了初步的成效。他们实践翻转课堂的曲折经历和动人故事，虽然波澜不惊，但启迪智慧，催人奋进，更是从实践层面透视翻转课堂的重要维度。

本书除了系统讲述翻转课堂的基本理论、教学模式、设计方法、实践问题、还特别分享了聚奎中学何世忠校长和两所学校、七位老师的实践翻转课堂的故事和感悟。故事讲述翻转课堂实践者面临的困难和挑战、解决问题的智慧和经验。这些翻转课堂经典故事真实，生动，鲜活，而且充满正能量。我们坚信实践中遇到的所有困惑和问题都是翻转课堂教学改革过程中的问题。随着翻转课堂的不断深入和发展，一切问题都会迎刃而解。

[学习任务单]

一、一位名校长名教师从抵触和怀疑翻转课堂到接受和拥抱翻转课堂的故事，说明了什么？

二、如何做到常态化翻转课堂？

三、一位小学英语老师"初试"翻转课堂的故事，说明翻转没有想象的那么难。你怎么看？

四、你如何看待翻转课堂实践中遇到的困惑与问题？

第一节 翻转课堂推动学校整体发展

——重庆市聚奎中学何世忠校长的翻转故事

重庆市聚奎中学从2011年9月开始在全国率先采用翻转课堂教学模式，成为全国教育同仁探讨翻转课堂的中心，被誉"中国翻转第一校"，引领着全国新课改的潮流，吸引了来自全国各地的专家、同行前来交流学习。身为聚奎中学翻转课堂总指挥、现任校长何世忠，个子瘦小，但目光坚毅，面对未来的各种挑战，自信满满，心中充满了对聚奎中学和翻转的美好愿景。在这背后何校长却经历了鲜为人知的困惑、痛苦、蜕变。下面是他自己讲述的翻转故事。

何世忠校长

2013年9月9日，我从重庆市江津中学副校长的岗位上被重庆市江津区人民政府升任重庆市聚奎中学校长。在此之前，聚奎中学的翻转课堂已经实验两年时间，取得了较大的成功和荣誉，作为一位"新当家"，能否在前任的基础上有所突出和创新，不可能没有一点压力。

更关键的是，我并不是一个容易改变的人，尤其是在教学方面。作为一名生物教师，我对自己的教学水平相当自信。我曾在区内最好的中学、最好的班级任教，我所教的学生生物学科考试成绩显著。事实是当我第一次接触和旁观翻转课堂这种最新的教学模式时，心里并不认可和接纳。2012年10月，当我以来访者的身份走进聚奎中学翻转课堂实验班观摩的时候，看着拿着平板电脑的学生，看着"乱哄哄"的课堂，我心里老想着一句话："形式！又是一种典型的表演性质的课改形式！"

作为当时本区最好中学的分管教学副校长，我自认为对课程改革也有一定的研究。但面对这种新鲜的事物，一种极其复杂的心态让我对翻转课堂产生了莫名的抵触和怀疑。一个人要打破固有的思维是多么的困难，特别是当我认为自己的教学水平足以应对学生高考的时候，当我能驾轻就熟地管理着学校的教学工作时。一切都是按部就班，显得那么自然而平和，为什么要变呢？这或许是许多久经考场的教师的心态。

但如同老天和我开了个玩笑，走进聚奎中学一年后的某一天，我竟然被调到聚奎中学担任校长。在新的环境、新的岗位，人在江湖，已经不允许我以旁观者的姿态来静观其变。当教科处的中层干部一次次跟我提及学校的翻转课堂改革时，我都显得极为平静。虽然那时聚奎中学的翻转课堂开展得已经颇有成效，也得到了全国许多学校的关注，仍然没有改变在我心中固有的成见，我仍然想看看再说，但翻转，还是不翻转，成为我无法回避的难题。

幸运的是我的几位足智多谋的部下看出了我的心思，并帮我"解围"。几个负责翻转课堂的成员千方百计找机会从多个角度、多个层次与我沟通，交流翻转课堂的实践情况，并把他们编译和撰写的博客文章发给我阅读，甚至把我拉到学校翻转课堂QQ群中看老师们的讨论。慢慢地我的思想开始动摇了。直到有一天，一份邀请校长参加翻转课堂交流发言的通知摆在我面前，我知道，直面翻转课堂问题的时刻到了。现在回想，我庆幸有这个机会，让我以学术的态度而非带着偏见去了解翻转课堂以及聚奎中学的实践。

此后，学校翻转课堂核心团队每周一次的小型"微论"会，我都会尽量参加。坐在这帮年轻人中间，听他们辩论，记着笔记，偶尔我也会谈谈自己的看法。我的角色既是校长也是"学生"，听着年轻人的声音，思考着学校的未来。

我开始认真思考这一新的教学方式，并参与研究与实践，同时也走进翻转教室看看学生的学习状况。个性化学习、一对一教学、在线教育、大数据……我对翻转课堂了解得越深，就越发激起我对翻转课堂的认同。几个月的时间，让我在校长、教师与"学生"之间不断地转换角色，我看到了未来教育的希望。翻转课堂的多种优势让我如同沉浸于一曲激荡的乐曲中，不能自拔。我忽然发现，原来在传统教学中许多难以解决的问题，许多不能实施的措施可以在翻转课堂中实现。记得有一次外出演讲，晚上睡觉的时候，我习惯性地温习我的演讲内容，结果我发现大家经常用的关于翻转课堂的图表中居然有一个细小的错误。我兴奋地给分管教学的副校长打电话，谈了我的看法，指出可能的问题所在。放下电话的那一刻，我突然明白，翻转课堂已经深入了我的内心。

理念一旦扎根，就会让自己焕发新的活力，不断向前。

一开始我之所以开始对翻转课堂没有太任性，最主要的是因为当时我还有一份担心。作为校长，我深知教学质量关乎学校的发展。我必须要认真了解观察之后才能将翻转课堂准确定位，才能找到焦点以凝聚更多的力量，才能为教师们搭好平台，留足改革实践的空间。

2014年6月高考结束，学校高考成绩实现连续十年递增。而这一年恰好是学校2011年开展翻转课堂教学实践后的第一届高中生毕业。要想说服别人，首先要说服自己。我高兴地看到，最先开展的两个翻转课堂实验班在高考中都取得了较好的成绩，至少没有被翻转课堂"拖后腿"。我想，这就是最大的成功。但我们还是非常清醒地认识到，由于是第一届，高考成绩的获得还不能完全用翻转课堂来进行评估，但是当我们拿着高中2015级成绩进行横向比较的时候，我发现，翻转课堂教学理念和实践过程最大的成功是让师生发生了很大的改变——教师的教学方式变了，学生的学习方式变了。对教学质量的担忧被事实消除，我坚定了脚下的路，我为翻转课堂选择"转身"。

实际上，让我选择"转身"的还有学生综合素质的改变。一位学生在"我的感想"中写道："我是一个内向的学生，我几乎不会问老师什么问题，我更不会在课堂上发言。我在翻转班学习一段时间之后，每次小组讨论可把我害苦了，没有办法，我只有偶尔说两句。没有想到我的观点总是被老师和同学认可，而我的'胆子'就越来越大，话也越来越多……"

聚奎中学作为一所农村中学，学生80%来自农村，大多数学生都是"留守儿童"，学生的综合素质非常薄弱。通过翻转课堂，农村孩子的潜力不断被挖掘，个人能力得到提高。比如，通过平板电脑观看教学精讲微视频，实现课前"一对一"教学。基础不好的学生找到了自信，他们更愿意在课上表露自己的思考和问题，更喜欢参与到团队当中，更愿意参与学校的多种活动，学生享受着学习的成果，教师对学生也有了更多的信心。因翻转课堂而带来的变革开始往学校整体拓展延伸。

一首好听的音乐无论是低吟婉转还是激情澎湃，都能让内心生发共鸣、充溢感动。翻转课堂犹如一首未完待续的乐曲，清新而不华丽，舞台广阔，有演唱者也有听众，我要做的就是一个转身，然后重新站在舞台中，与大家一起唱出最美的歌声。

【笔者点评】

估计许多在传统学校课堂里成长起来的名校长名教师，面对翻转课堂这个新的教改事物，都会像何校长一样怀疑和抵触，因为要改变原来已经驾轻就熟的思维方式和行事方式，确实需要付出更多的努力，甚至承担一些风险。但一旦让翻转课堂的理念扎了根并付之行动，它又会让你焕发无限的活力。另一方面，聚奎中学的老师为了说服校长转身翻转课堂，各出奇招，对于想说服校长支持翻转课堂的老师也不无启发。

第二节 中学物理课堂的常态化翻转

——重庆市聚奎中学物理科
羊自力老师的翻转故事

羊自力是重庆市江津中学副书记、副校长，中学高级教师，重庆市物理学科教学名师，重庆市教师教育专家库成员，重庆市高中物理市级骨干教师，重庆市江津区学科带头人。2016年之前，他在重庆市聚奎中学担任教学副校长，是聚奎中学翻转课堂项目的主要推动者，从硬件环境、软件支撑、课堂环节等方面对翻转课堂教学法进行深入研究，并亲自担任了翻转课堂实验班一个班的物理教学工作，为翻转课堂在聚奎中学得以常态化、规模化开展做出了相当的贡献。下面是他自己讲述的翻转故事。

羊自力副校长

我于2012年8月调入重庆市聚奎中学，开始接触到翻转课堂教学法的相关知识，此时聚奎中学已对翻转课堂进行了近一年的实践探索。2013年9月我对学校关于翻转课堂的实践探索成果有了充分的了解后，就申请担任2016届一个翻转实验班的物理教学工作，从2013年10月起新授课采用翻转课堂教学法，基本实现"翻转"常态化。

一、常态翻转的物理课堂

（一）课前准备和课外学习环节。

1. 先备课，再看视频。

我在看视频之前，要像传统教学一样先备好课。我班所使用的视频基本都不是我亲自录制的，比如本学期的前半段使用的视频主要是物理组教研组长和三个备课组长录制的，四、五月份因为教学进度较快来不及录制，我在网上找了一些优质视频。由于录制视频的这些老师教学水平都比较高，如果教师在备课之前就先看这些视频，就容易被带进去，反而不知道该如何指导学生学习了。所以依据我的经验，如果使用的不是教师本人录制的视频，就一定要先备课，再去看视频。

2. 看视频要细致。

由于使用的视频基本不是本人录制的，所以备好课以后，我是一定要认真去看一遍将要使用的视频。另外，在翻转课堂的初期，由于视频资源不丰富，老师们可能没有过多的选择。但随着时间的推移，视频资源会越来越丰富，同一个内容老师们可能会有好几个视频。这时老师们一定要经过精挑细选，再提供给学生使用。

3. 安排学生看教材和视频、完成预习学案。

我的学生大多都住校，所有的学生都要在学校上三节晚自习，我就安排学生利用晚自习的时间先看教材，再看视频，并且完成预习学案。学生在看视频时常常停下来做笔记、演算，甚至某一段内容反复重放。实践表明，一个15分钟左右物理学科的视频，学生看完一般会花30~40分钟。所以一节新课的内容，我会给学生留两天晚自习的时间。这两天白天课堂教学的内容就是前一节新课的内容，这样两天一个时间单位滚动。

4. 第二次备课。

根据前面备课的内容以及视频的内容还有我班学习的实际情况,进行第二次备课。在实际操作中,我主要根据视频内容确定还需要在课堂上补充讲授什么内容,由于我使用的视频质量普遍较高,需要补讲和强调的内容一般不会超过5分钟。

(二)课中作业与讨论环节。

1. 做15~20分钟作业。

翻转课堂能否常态开展下去,最为关键的一点是能否在课堂上把作业处理完毕。这里所说的"作业"是一个广义的作业概念。对于高中物理教学常态而言,作业最主要的表现形式是完成教辅资料上的纸质作业,但我也经常根据不同的教学内容要求学生在课堂完成一些更灵活的"作业",比如给学生一些器材,要求他们设计一个验证型或探究性的实验等等。我的课堂一来就是让学生先做15~20分钟的作业,一般在新课内容的第一天完成比较简单的"一教一辅"练习,第二天做学校自编学案中的练习。这样做的理由和好处如下:

(1)让学生课前看教材和看视频的时间得到保证。学生看一节教材的时间一般在5分钟左右,看一节内容的视频的时间一般在半个小时以上,完成"预习学案"以及核对答案的时间是3~5分钟。如果课堂上不把作业处理了,课下既要求学生看视频,又要求学生做作业。学生要学习那么多的科目,时间是不够用的。因此,课堂上必须要把作业完成了,学生课前看教材和看视频的时间才能得到保证。

(2)督促和检验学生看视频。有些老师使用"自学任务单"来督促和检验学生看视频,我没有使用任务单。第一个原因是因为我的班级是本年级基础成绩最好的两个班之一,学生自觉程度都比较好。第二个原因就是我直接通过这十多分钟的作业情况检查学生看教材和看视频的情况。学生在做作业的过程中,我会在教室内巡视,如果发现学生出现连基础的题目均不能动笔的情况,那就可以判定是没有认真看教材和视频,就要询问其原因和提出批评。经过1~2周,学生基本都可以做到课前认真看教材和视频。

(3)让学生养成注重效率和不磨蹭的好习惯。我认真观察和研究过选用的"一教一辅"的教辅资料以及学校自编学案中的练习，一节内容一般配套12道题目。在正常的晚自习完成作业的情况下，学生完成这12道题目，一般在20～30分钟左右，但如果在我关注的情况下，15～20分钟就可以完成，这两种情况下的时间差异，表明了学生作业的效率方面有潜力可挖。翻转课堂每堂课的作业都在我关注的情况下完成，学生就可以养成注重效率并改掉磨蹭的不良习惯。在我的关注下做作业也会带来一个负面影响，就是学生往往喜欢在我面前表现他们的高效率，从而对规范性和准确性有所忽视。基于这个问题，我在2014年三月份的教学中采用了两周左右的课堂上看视频，课后完成作业，然后交上来批改的形式，来解决学生作业的规范性和准确性的问题。

（4）让老师有充足的时间对学生进行个别辅导。我要求同学课前一定不能做这些练习题，以避免在物理学科上花太多的时间。但如果在课堂上有问题要单独问老师的例外，可以提前做一到两个题目，这样可以腾出几分钟的时间问老师问题，又不会影响做作业的进度。在学生作业的时间里，我在教室里不断地巡视学生做的情况，同时回答学生在看教材、看视频中的问题以及前几天课堂遗留下来的问题。

2. 给学生答案，自我纠错，小范围讨论。

学生完成作业的速度有快有慢，在新课的第一天作业时，我要求快的同学可以做第二天的作业，第二天做得快的就可以看学校自编的"探究学案"。如果觉得"探究学案"难度过低也可以使用第一轮复习资料。当我在教室里巡视时看到所有同学都进入了下一步时，我就知道学生都已经完成当天的作业。我就让同学们停下来，由我公布答案，给他们3～5分钟时间自我纠错，纠错完毕可以和靠得最近的同学进行小范围的交流讨论。

3. 小组讨论，互派高手释疑。

当我看到很多同学都在小范围讨论了，我就知道他们独立思考的阶段已完成，就开始开展小组讨论。这两学期我班的学生都是60人左右，班主任把学生按"组内异质，组间同质"的原则分成了10个小组，每个小组6人左右。我要求小组讨论时所有同学都站起来以提高效率，如果通过讨论就解决了所有问题就可以坐下。小组讨论到第5分钟时同学们还没有坐，我就知道他们在讨论过程可能有些问题不能解决，这时我会去问各小组关于今天作业的疑问，对于小组间不同的疑问互派高手解决，普遍性的疑问就收集起来下一步我来解决。第7分钟时我或者科代表再向各小组收集需要老师评讲的问题，一般情况这时需要我讲解的题目就不会超过三个。

4. 教师评讲有疑问的习题，"补讲"教学视频未讲到位的地方。

聚奎中学一节课是40分钟，一般小组讨论环节结束时，离下课还有近10分钟。我会利用这10分钟统一评讲有疑问的习题，并且"补讲"视频讲不到位的地方。

5. 布置课后看下节的视频。

最后我会布置当天学生应该看的教材内容和视频，若已布置则进行提示和强调，有时会根据视频内容略为提示学生需注意的地方（特别是视频有误的地方需要提前告知学生）。

二、翻转物理课的开展成效

1. 提升学生考试成绩。

在这近一年的实践中，我所教的翻转班物理积分（聚奎中学考评教学质量的一个数据）和平均分排名均呈明显的上升趋势，从最初的跟对照班差不多，到逐渐地比对照班要好。数据显示，实施翻转课堂对提高考试成绩略有优势。

2. 培养学生综合能力。

虽然没有相应的工具进行检测，但我感觉学生自主学习能力有显著的提升。本学年，因工作安排，我常缺课，就提前给三个科代表之一写上看教材和视频以及做课堂作业的计划，并且将作业的答案给这个科代表，科代表就进行相应布置和组织，整个教学环节就只剩下"教师评讲"和"补讲视频知识"环节未开展，待我回校再根据科代表们收集的问题情况进行集中讲解即可。在今年高考期间，我要组织高三年级学生到江津城区参加高考，期间耽误了近一周的课，但同学们按计划的进度有条不紊地进行学习。

3. 减轻教师工作负担。

开展翻转教学以后，我除了在今年三月份为了规范学生的作业而改变操作程序收和批改作业以外就没有批改过作业。所以虽然在备课、找视频、看视频、再备课上面比传统模式多花了精力和时间，但在批改作业上面，教师的工作负担又减轻了。

【笔者点评】

羊校长的常态化翻转物理课堂，具有一定的特殊性，如教学副校长的身份，具有更多的资源和自主改革的权力；所教的班成绩较好等，因此其他学科其他教师不能照搬他的翻转经验，但他的翻转课堂还是具有许多值得借鉴的地方。一是羊校长吃透翻转课堂的本质意义和规律。做到"穿新鞋，走新路"。二是切实根据学校、所教班级和自身的教学风格特点开创性地开展可行性的常态翻转，接地气。三是让翻转试验兼顾学生考试成绩的提升和综合能力的发展，并减轻教师的工作负担。这是让翻转做到常态化、可持续性的前提和基础。不过，羊校长的常态化翻转物理课堂似乎还有更大的发展空间，如除了提升学生的考试成绩和自主学习能力，是否还可以有更高的目标？如促进学生批判性思维发展、培养学生解决问题的实践能力和创新能力等，值得期待。

第三节　基于微课的英语课堂翻转

——广东省东莞市虎门镇太平小学邹燕老师的翻转故事

2014年9月，当我拿到了市教育局颁发的课题立项证书《利用微课构建小学高年级英语阅读翻转课堂教学模式的研究》时，我心中喜忧参半——欣喜的是一向对新鲜事物充满好奇与兴趣的我终于可以在自己的教学中运用翻转课堂这种新的教学方法了；担忧的是能否在自己的尝试下，掀开翻转课堂神秘的面纱，寻找出能与小学英语阅读课相适应的翻转课堂教学模式？毕竟小学生有相对固定的作息时间与学习方式，要打破固有的学习模式还是有一些难度的。带着心中的疑惑，怀着探索的心情，我推开了翻转课堂的大门，开启了自己的翻转之旅。

一、初次翻转，出师不利

我要在新接手的五（2）班实施翻转课堂的教学模式——面对着新的学生和新的教学方式，因此需要做更多的准备，自不待言。

首先，为了和家长、学生进行更好的沟通，我建立了五（2）班英语学习QQ群。利用QQ群，我和家长说明了本学期英语阅读课将要进行的一些改变——学生根据老师派发的自主学习任务单观看微课视频，完成对应的学习任务，课堂中不再讲授微课中已经讲授过的内容，而是学生相互交流、讨论，在老师的协助下解决疑难点，完成巩固练习。其次，我也对班级学生家庭里所拥有可观看微课的设备及使用情况（电脑、智能手机、平板等）进行了小调查。经过了解，我发现，学生家里都具备观看微课的条件，但是大部分学生家长只允许周末使用这些设备。于是，我结合英语阅读课的课时设置（每单元1课时），决定采取周末的时间来布置学生的翻转作业。

感觉已经为学生和自己做好了实施翻转的准备，也得到了家长的支持。由于自认为准备充分，对于翻转的结果，虽然不敢说信心满满，起码也是充满着期待。我挑选了第二周的周末时间来进行初次的翻转教学。选好了目标课时之后，我就开始根据教学内容录制微课视频、撰写学生的自主学习任务单。由于平时也经常录制微课，而且还拿过全国大奖，因此感觉难不倒我。当我制作好了微课视频及自学任务单，我就迫不及待地发到了班级QQ群，布置学生完成学习任务。看到学生们积极地下载微课观看（见下页图），我不禁心中窃喜，翻转课堂并不像大家说得那么难嘛。我甚至希望翻转的时刻早些到来。

好不容易盼到了周一的英语课。上课伊始，按照翻转专家所教的套路，为了了解学生的学习效果，我自然组织他们讨论观看过程中遇到的疑难点。我自信地将此任务布置下去，结果却令我失望。不但没有看到我想象中讨论得热闹非凡的场面，反而比起平常的课堂安静和冷清，除了少数几个学生发言，其他基本不参与。我觉得很诡异，于是问学生："同学们对微课内容没有疑问吗？"大部分学生摇了摇头，小部分学生脸上露出迷茫的神情。看到此种情景，我为了完成教学任务，保证教学进度，我只好返回传统课堂的教学方式，把课文又讲了一遍——这样一来，虽然很不愿意看到这样的结果，但是事实就是事实：我的第一次翻转教学出师不利，初战告败了。

课前学生自主学习

二、冷静反思，重燃激情

虽然第一次踌躇满志的尝试就这样被泼了一盆冷水，但我是一个不服输的人。初次翻转失利，我心里面疑惑丛生，百思不解——我精心准备了微课视频，学生也根据自主学习任务单观看了微课，怎么没能收到想象中学生们热烈讨论、积极发言、各抒己见的效果？为了解开疑团，我通过QQ，虚心、诚恳地向省教育技术中心的翻转课堂研究专家王奕标老师请教。王老师耐心地听完了我的问题描述，片刻后他就找到了我的症结所在，他问道：你有没有根据学生提交的自主学习任务单的完成情况，分析学生的掌握情况，然后根据学情进行二次备课，调整课堂教学的内容？经王老师这一提醒，我恍然大悟——我虽然也使用了自主学习任务单，但是没有充分发挥其应有的作用，因此，学生在家中自学与学校的课堂教学之间的桥梁没有很好地搭建起来。王老师还叮嘱我，学生在家中自学环节固然重要，但是课堂解惑、巩固环节也非常重要，教师一定要认真对待，做好充分的准备，把教学内容和巩固练习等都在课堂上完成，不能再占用学生的课后时间。经过王奕标老师的耐心指点和热情鼓励，我被浇灭的激情又被重新点燃了。我又重整旗鼓，准备第二次的翻转教学。

三、吸取教训，重新起航

在经历了初次的失败后，我对第二次的教学内容进行了更为仔细地分析，认真地撰写了学生的自主学习任务单，让学生结合自主学习任务单来完成微课观看任务。在课堂教学前，我批阅了学生上交的自主学习任务单，分析他们在观看微课后仍未能解决的教学重难点，进行了二次备课。在课堂中，我先让学生们分小组讨论老师在微课的最后留下的开放性问题。由于学生们已经在家里提前思考过这些问题，加上不同的学生对这些问题各有看法，他们讨论起来非常热烈。在小组汇报时，学生们都争先举手，想要陈述自己的观点。一些学生提出了比较有见解的观点，不仅让我觉得有点出乎意料，而且也赢得了其他同学的掌声。此环节结束后，我把根据自主学习任务单完成情况归纳出来的一些疑难问题列出来，让学生们以小组合作、老师协助的方式来共同解决这些问题。不知不觉间，下课铃打响了。本来还有些阅读课相关的巩固练习要完成，但是由于学生的讨论热情高涨，我实在不忍心打断他们，只能变成课后作业了——这也是本节课稍有遗憾的地方，没能在课堂中解决本节课的全部内容。虽然这次翻转没能完全达到翻转课堂的标准，但是我和学生们都已经体会到翻转带来的乐趣，感受到其独特的魅力。

四、且行且思，渐入佳境

实施翻转课堂已有一段时间了，虽然期间也遇到一些问题，如有些学生由于突发原因没有及时观看微课，导致未能跟上课堂节奏；有些时候由于自己事情太忙，想省点时间，不能自己录制视频而在网上寻找微课视频，却很难找到合适的微课，导致最后视频的发布时间比较晚。虽然存在一些小的问题，但是从学生的调查问卷和学生的上课情况来看，大部分学生还是比较喜欢这种教学模式的。学生感觉自己是学习的"主人翁"——学习不用再被老师牵着鼻子走，家里自学时可以自己调整微课学习的进度，课堂学习时可以表达自己的观点与想法，甚至可以向老师提出质疑。而作为教师，我也深深地感受到翻转课堂给自己带来的变化。首先是观念上的改变，课堂不是老师的独唱与独演，而是师生们的共同演绎；其次是行动上的改变，以前的上课，有些时候可能简单备一备课就去上课了。但是实施翻转课堂，如果不对教材内容作详细的分析，不根据学情做好充分的准备，是根本无法完成的。

在边实践边思考中，我与学生们共同成长，共同享受翻转带来的乐趣，期待在未来的日子里，能更加愉快地度过翻转之旅。

第四节　职业学校的课堂翻转与创新

——吉林省珲春市职业高中陈立华老师的翻转故事

对于翻转课堂，虽然我早有耳闻，但是停留在字面上的浅层理解，对它的基本理念和核心要素不甚了解。今年三月份，我们学校换了校长，新校长号召我们全体教师参加翻转课堂的学习和实践。这对改善我与翻转课堂的关系是一个千载难逢的机遇。于是，我利用课余时间，抓紧上网搜寻资料，更期望能找到课例进行速成学习，我跃跃欲试。结果想象和现实差距很大，虽然努力学习，但很多概念还是不甚明了，令人失望。于是，我积极响应校长的号召，参加了北京大学翻转课堂慕课的学习，开始了我和翻转课堂的第一次亲密接触。我仔细地，认真地学习，领略了什么是翻转课堂，结合职业高中课堂教学的特点，琢磨、领悟、斟酌、探索着……开始了我艰难、惊险而又快乐的翻转课堂探索旅途。

一、翻越"微视频"这座山

制作"微视频"对我来讲就像一座山，我站在山脚下，抬头望着峰顶，怎样才能翻越这座山呢？于是，我研读教材，根据教学目标和重难点内容，分析着我的学生，思考最多的问题是，"微视频"怎么做才能让学生喜欢？让学生真正从内心想看？职业高中学生源于初中学生没有考入高中行列的"差等生"，他们的物理水平是初中毕业，不仅电学知识掌握得不多，而且都不太爱学习。现在让他们接受高中物理，有难度，并且难度不小。我想过用PPT，不行，PPT中文字比较多，动作不够生动、连贯。于是我想到了用Flash软件，虽然说用这个软件制作比较麻烦、有难度，可做出来的效果好，能把物体的运动做得形象逼真。很快我就用Flash软件制作出了半导体二极管的课件。课件配制声音对我来讲是难点，从来没有上镜录音的我，讲课没问题，对着话筒竟然不会说话了，有一种张不开口的感觉。于是，我就在下班以后，一个人在办公室里反复地录制，说得嗓子都沙哑，直到满意为止，就这样体会着爬山的艰难。高中物理要有真实的实验才能激发学生学习的兴趣，那么，实验部分又怎么做呢？我想用手机录像就行了，可是做起来就不是那么回事了，用手机声音的效果不好，我又改用摄像头，自认为效果不错，拿给校长看，校长说："不行，有点不清楚，做微课一定要画面清楚才行。"校长提供一个高清摄像机，我高兴极了，可是谁给我摄像呀，我总不能一边实验一边摄像呀，这时我就又想到了一个办法，把摄像机固定对准我的操作台。终于录下来了，最后用"CS"软件把录制的Flash课件和实验部分合起来。"微视频"终于完成了，到达了山的顶峰。此刻准备下山，我提前十天把"微视频"传到15汽车班的QQ群中，让学生下载观看。这是我学做的第一份"微视频"，可以说是我面对的第一个挑战，我不断地激励自己，"世上无难事，只怕有心人"。反反复复，几经修改，一共重复了近百遍，直到自己满意。我千辛万苦做出来的微视频，学生看了效果会是怎样的呢？我利用晚自习的时间，在班级自习课里放一遍让学生感受一下，结果是真的出现了奇迹，学生看的过程很安静、很认真。并且看完了之后，都有上好电子技术课的决心。终于，我翻过"微视频"这座山，感觉制作微课虽然不容易，但也没有想象的那么难。

二、再过"任务单"这条河

学习任务单，简单来说，就是一张关于自主学习任务的表格。但要设计科学的学习任务，并不是一件容易的事。职高学校学生生源较差·基础薄弱，很多学生是抱着拿毕业证书来学习的，很多家长也是抱着"只要孩子不学坏，成绩好坏都无所谓"的态度送孩子来学校的。这种情况下注定了学生学习主动性欠缺，学习缺乏热情，学习行为习惯差，综合素质不高。所以，对职高学生来讲，设计"任务单"，设计既符合课程标准要求，又适合学生水平的学习任务，就是一条河，那么，我是怎样学会设计"任务单"，蹚过这条河呢？

这得从一次"测电阻"的实验课说起。当时我驾轻就熟地备好了整堂课的教学内容，满怀信心地提着实验仪器，走向我的汽车班上课，心里不时默念着我的课堂引入语，要让这堂实验课从一开始就充满活力。"同学们，今天我们来一起重温一下美国西部掘金者的探金秘诀。"同学们显然是被调动了，一下子身体坐直，个个眼里放出了光彩，正合我意。"请看探金法宝。"我从身后提出实验仪器，在同学们好奇的目光聚焦下，实验仪器摆上了讲台。同学们看到熟悉的仪器，顿时猜到了我的后话，"我还以为是什么呢！"坐在第一排的课代表陈刚首先泄了气，但为了给我这个物理老师的面子，只好没精打采翻开笔记本开始准备记录。全班其他同学的表现居然几近相似，顿时觉得全班矮了一截，同学发亮的眼神瞬间消失，恢复了往日上课的姿态。一节课下来，我的计划破产了：课堂内容"顺利"完成，可是我再也没能看到同学们闪光的双眼，一切都如程序。留书后的作业，合上书本准备下课。我反思自己，为什么这样？快要走出教室，我的内心忽然有了一股冲动，为什么不让同学们自己去研究体验一下呢！把我的课堂交给学生自己呢？我的课堂应该这样翻转：我转过身，回到讲台，说出了我的冲动："今天的作业改一下，请你用所学的物理学知识，设计尽可能多的测定电阻的方法，下节课可以亲手做一下。"同学们显然是吃了一惊，但紧接着的是整齐地回应"好"。我得意地看到同学眼里的光彩又回来了，我的下节课的课前任务单就这样产生了，但是忽然又有了一分忧虑，同学们会去做吗？我真是摸着石头过河呀。

到了下节物理课，走进教室就发现几个同学聚在一起讨论着什么，莫非是在临时抱佛脚？但是随后的交流消除了我的顾虑，并且让我深受鼓舞。我居然看到了，在电工班的物理课堂里罕见的有人举手发言。一位破天荒第一次举手发言的同学居然想到了6种方案。学生思维的火花在知识整合中迸发，以测定电阻为中心紧密结合在一起，学生的学习积极性、主动性、创造性得到了充分的开发。面对热烈的课堂气氛，看着同学们在物理课上少有的自主学习激情，我的内心无比的高兴。

趟过"任务单"这条河，回头展望，理解和设计课前"任务单"也不是那么难。它能督促学生来上课；能让学生提出问题进行探讨；能让学生合作研究得出结论，分享成就感的快乐；它让学生有一种主动完成任务的愿望，形成积极向上的学习理念。

三、向"翻转的课堂"发起总攻

待一切准备就绪，我披甲上阵，要向翻转课堂发起总攻！

我的第一节翻转课，讲的内容是电阻串并联。课前使用的课前"任务单"和"微课视频"一起发放。我在任务单中提出如下问题：路灯大家都熟悉，晚上一起亮，早上又一起关闭，那么，这些路灯是串联的还是并联的呢？问题激起了同学独立思考和主动观看视频的兴趣。他们带着问题来到课堂。

上课伊始，同学们开始讨论，有的同学说：一起亮，一起关闭，肯定是串联的。还有的同学说：不对，我看到有一个路灯不亮，其他的路灯还在亮，这又是怎么回事啊？他们都想知道，这些路灯到底是串联的还是并联的呢？同学们跃跃欲试，按照学习小组进行协作探讨。首先是画出串并联电路图，进行展示，大家评价，最后让同学们按照串并联电路和图进行实验操作。在操作的过程中，同学们那个忙呀，指挥、连线、查看，接好电路，监督的同学还要检查，第一，开关是否合上？第二，滑动变阻器是否在最大的位置处？第三，操作时，要观察电流表和电压表的指针，时刻做好断开开关的准备，以防止电流表和电压表接线柱接错被烧毁，做到安全第一。小组协作得好，实验很快就成功了，否则就要落后。老师进行巡回辅导，整个课堂教学的氛围特别的活跃，学生是课堂的主人，学生们的探讨主导教学过程，教师是课堂的组织者。学生从实验可以得出正确结论，"路灯"都是并联的，之所以路灯一起亮和一起关掉是因为路灯并联后和开关串联在一起的结果。随后教师让学生谈自己的感受，学生分组交流，互谈体会。整个教学过程中，老师想方设法激活学生，让学生协作互助，动手操作，教学效果显著。

四、"战后"总结会

实战翻转课堂教学后，发现职业高中的"差等生"消失了，捣乱课堂的学生不见了，因为其他同学都在忙于活动或小组协作。没时间做无聊的事了，改变了学生的坏习惯，树立正确的学习理念，激发了学生的学习兴趣，是我翻转课堂的成功体现。我期望通过翻转课堂，能更好地关注到每位学生的个性化学习需求，帮助他们获得更自主，更深刻，更有效的学习经验，以学习方式的转变推动教学质量的提高。从"要我学"变成"我要学"，从"我厌学"变成"我乐学"。翻转课堂的精髓在于改变教学模式，绝非一朝一夕之功，需要循序渐进，对于老师和学生都是一种挑战！我会以微弱之光尽自己的绵薄之力，我想会有更多精彩的故事在演绎。

第五节　在翻转课堂中培养学生的自主学习能力
——山东省青岛市第二十六中学孔恬恬老师的翻转故事

学生缺乏自主学习能力是实施翻转课堂教学的最大挑战。当山东省青岛第二十六中学孔恬恬老师在翻转课堂尝试中意识到培养学生的自主学习能力，成为尝试翻转课堂教学的首要任务。刻意培养不得时，一次偶然的机会，她不得不放手让学生对自己的学习负责，却发现学生的自主学习能力得到了意外地提升。孔老师自述的翻转故事，会带给我们深刻的启示：放手，是最好的教育！

"很多同学都喜欢吃肯德基，你知道汉堡里含有哪些营养物质吗？""面包主要是淀粉做成的，它属于哪一类营养物质？"

"……"

"谁看了昨晚发到QQ群的视频？"

　　望着举起的寥寥几只手，我的心如刀割一般地疼痛。难道辛辛苦苦准备的视频就这样轻易地被学生忽略掉了？难道我昨天的千叮咛万嘱咐就这样被当作了耳旁风？

　　"你！站起来！说，为什么不看？！"心里的愤怒已经让我控制不住自己的音量了，不甘心的我还是想知道这是为什么。

　　"老师，妈妈怕我玩，不让开电脑。"

　　"老师，我，我做完作业都10点了，就忘了。"

　　"你呢？看了视频为什么还不回答问题？"我转向了举手的同学。

　　"老师，我没看懂啊。"

　　"老师，我确实看了，但是……"

　　就这样，我的第一次翻转实践还没开始就已经失败了，接下来的课堂已经无法按照既定流程往下进行，只能草草收场。

　　从那时候开始，我深刻地意识到了翻转课堂中保证学生自学完成率的重要性。对于我们这种家校翻转来说，如果学生不能在课前顺利完成自学，接下来的课堂内化活动根本无法开展，更别提拓展提升了。当然，对于这些已经在传统教学方式下成长了六年的初一孩子来说，似乎已经习惯了被喂着吃饭，现在突然要自己去找食物吃，别扭的不仅是他们，还有他们背后的家长。在家校翻转中，学生在家里的学习过程无法被教师掌控。如果学生没有强大的自控力和自主学习动机导向，很快就会被网络中纷乱嘈杂的不良信息所影响，甚至堕落。我的翻转磕磕绊绊地进行了一个学期，虽然学生在最后的期末考试中表现不错，但学生较弱的自主学习能力一直让我耿耿于怀。

　　暑假来了，从图书馆抱回一摞摞书，下载了一篇篇论文，报名了北京大学翻转教学法的慕课，我如饥似渴地学习着。渐渐地，我认识到学生自主学习能力是需要开发和培养的。翻转课堂对自主学习能力要求高，这正好是促进学生自学能力提升的机会。虽然翻转给了学生自学的空间，但并不等同于放任自流。

　　9月，我接手新的一批孩子。吸取了以往的教训，我在开学第一天就下发了调查问卷来调查学生家里的电脑和网络情况，确保学生在家有观看视频的网络环境。同时，向家长发放了自己录制的介绍翻转课堂的微课，向家长介绍生物学科即将全面开展的翻转教学，争取家长的支持和配合。开学的第一节生物课，除了介绍一些生物前沿知识激发学生兴趣以外，还讲了本学期的课堂变革，提到了自学能力的养成对学生一生发展的重要性，鼓励他们勇于锻炼自己，主动求知，做学习的主人。另外，我还告诉他们学习过程中的每一分努力都会作为评价的依据，老师更关注和鼓励踏实努力的同学。

实施了一系列措施后，效果还是很明显的，学生基本能按时完成自学。但很快又出现了新的问题，学生在课前学习效率不是太高，看视频的效果不理想。通过对学生课前数据的分析，我发现学生并没有掌握自学的方法；同时也发现自学内容对他们的现有能力来说难度较高。看来是手放得太快了，忽略了能力培养是一个长期的过程。翻转课堂的实践初期还是要牵着孩子走的，从简单的开始，等孩子们慢慢适应。接下来的一个月中，我又拿出几节课专门针对自学过程中的学习方法对学生进行了指导，并且在每次的任务单中重点标明学习的具体步骤，同时通过QQ群跟家长沟通学生在家完成自学的情况。虽然孩子们在课堂中的表现总能给我惊喜，大部分孩子的自学效果也越来越好，可是我仍然对他们的自学能力存有疑虑，在自学内容的选择上，只把相对来说容易掌握的内容放在里面。

时间一天天地过去了，翻转中的我越来越忙碌。每节课前分析教材，精心准备视频，精选自测题，设计任务，上传到云端。学生完成任务后，我还要通过云端的数据分析学生的自学效果，确立课堂教学重难点，然后设计相对应的课堂活动，及时对学生进行过程性评价，事情繁多杂乱。再加上每个班总有那么几个"问题"学生，需要耗费大量的精力进行干预才能保证他们自学任务的完成，漫漫长路上，我一刻也不敢停歇……

皮球也有泄气的一天。由于长时间从事繁重工作，加上精神压力过大，终于把我累倒了并住进了医院。医生建议休息治疗一周。我非常犹豫，因另一名生物老师也在病中，生物学科教师紧缺，很可能这一周无法安排代课教师。可如果我继续坚持工作，嗓子无法讲话，上课效果也不会好，这样下去势必会耽误教学进度。怎么办呢？突然，我灵光一闪："翻转课堂可以解决学生缺课的问题，是不是同样可以解决教师缺课的问题呢？"说干就干，我把这一周课程的所有教学内容相对应的视频和任务上传至云平台，按原教学进度发放，疑问解决用QQ群和平台的论坛。"每节课的基础内容和拓展内容都给学生，他们能掌握吗？"我有点担心，但我还是在每次的自测题里面又增加了一些灵活性较强、难度较高的中考题。

第一天下午放学后，我的班级QQ群的图标不停地闪动着。

"老师，你什么时候回来？今天代课老师上课，同学们都快睡着了。"一条信息闪出来。原来学校还是安排了代课教师，我心中暗喜。可是听到课堂的表现，我又有点生气，"为什么呢？"这些孩子，有代课教师都不好好学习。

"代课老师讲的内容我们已经在云课堂里学会了，再讲一遍好无聊哎！"

学生说出了心里的感受。孩子们居然完成了课前自学任务！我心里突然被另外一种欣喜占据了。呵呵，看来孩子们已经适应翻转课堂了。

"代课老师要教自己的班，还要给你们上课，很辛苦，你们要感谢她哦！"这时候还是要适时教育学生学会感恩。

"感谢归感谢，可她讲的那些自己学就能学会了啊。"

"真的都学会了？那我下周回去可就直接考试了。"

"老师放心吧，绝对不让你失望！"

看来学生对自己的学习能力很自信啊，将信将疑的我翻开了云端数据查看。

果然，这节课的十道自测题中有九道的正确率都在90%以上，其中还有一半是难度较高的中考题。再后来的几节课，学生的自学任务完成得都不错。但是因为教师紧缺，学校没能再安排代课教师。接下来的几天真的要靠他们自己了，我心里说不出有多担心。一周后，我在忐忑不安中休完了病假回到学校，我立刻组织学生进行了一周内容的综合检测。出人预料的是学生的及格率和优秀率大大超过他们之前的期中考试。这一事实打消了我长久以来的顾虑，也让刚刚病愈的我对翻转课堂的实践更加有信心了。

第六节 鼓励和引导下的语文翻转课堂

——江苏省淮安曙光双语学校
朱芹老师的翻转故事

在刚开始翻转郭沫若的《天上的街市》这首现代诗歌时，我提供给孩子们两个课前自学任务：①观看微视频《天上的街市》作者和写作背景介绍，反复自读诗歌后，提出自己的疑问。②根据自己读过诗歌的最初感觉续写一段诗歌。

我期待孩子们看过微视频《天上的街市》作者和写作背景介绍后，用便笺纸写下了自己的疑惑上交给我。我对学生提出的问题进行分析，挑选出一两个具有代表性又有趣味性的问题，来准备接下来的课堂活动设计。

但结果大大出乎我的意料。孩子们大多都不会提出问题，甚至是不敢提出问题，因为在小学阶段的语文学习中，他们早已习惯老师讲解、自己记笔记的这种教学方法了。而为了让孩子们适应翻转课堂学习，能在每篇课文学习之前提出一些有价值或者有意义的问题，还是需要教师不断激励和培养的。于是在开学之初，我就采用了提出问题加积分的做法进行大肆地鼓励，让孩子们说出自己的想法即可。慢慢地当孩子们养成了提问题的习惯，我就制定根据提出问题质量给积分的办法，渐渐引导孩子们在新课文课前自主学习阶段能有提出真正思考过并有价值的疑惑，且敢于和大家把自学过程中的疑惑分享出来。实践证明，此招有效。

课堂中，我从孩子们提出的问题中发现了一个看起来十分"无厘头"但却值得探究的问题："老师，当我读过郭沫若的《天上的街市》后，我就有这个疑问了，这首诗歌的第一小节这样写道："远远的街灯明了，好像闪着无数的明星。天上的明星现了，好像点着无数的街灯。'这应该是作者写出的一个充满光亮的街道，因为街灯是明亮的，星星是闪亮亮的，也不应该黑漆漆的，可以说是亮如白日的，那为什么到了最后一节作者要写道："那隔着河的牛郎织女……是他们提着灯笼在走。'那么，一条充满光明的街道，为何还要提着个灯笼走呢？这不是多此一举吗？"

说实在的，在整理孩子们课前自主学习中提出问题时发现这个似乎有些"无厘头"的问题，我当时还真不知道该怎么回答。于是，课堂一开始我就告诉学生们："对于这个问题，老师一下子也不知道该怎么回答，正好我们全班一起来讨论一下，如何？"

于是，个个小组像炸锅似的热烈地合作、讨论起来。两分钟后，陆续有个别小组代表举手了。随即，我就请出了最先举手的一个小组代表，是一个高个子的假小子，留着超短的男孩子帅气的头发。她挺直身板用理直气壮的口吻反问答道："夜晚即使周围都很光亮，也没有谁规定就不能提着灯笼散步啊，难道你父母吃烛光晚餐，就是因为家里或餐厅没有电灯的照明吗？这其实就是一种生活的情调，也是一种浪漫的代表啊！"当她一说完，全班立即响起了热烈的掌声。

我进而问道："那你们知道'浪漫'是什么意思吗？"问题一出，学生们便纷纷举手畅所欲言地说出了自己的观点。学生说出的观点不够全面、完整，有学生说浪漫就是温馨，也有学生说浪漫就是一种美好或者很幸福的事情。

就这样，在学生们对"浪漫"这个词理解碎片化的基础上，我提供给孩子们一个《关于浪漫主义》这个知识点的微视频。微视频的内容是用生动的画面和轻松的讲解来阐述了"浪漫主义"思想的起源及其表达方式。

因为，微视频中有个重要的知识点是，浪漫主义文学思想一般用夸张的语言、奇特的想象和联想的手法表达出来的。紧接着，我继续用问题引导的方式提出了：什么是想象和联想的手法，它俩有何区别？请结合诗歌的相关内容举一例说说诗歌中哪些内容体现了想象，哪些内容是作者的联想。孩子们再次走进了文本阅读，课堂也进入了沉思安静中，两分钟后陆续有孩子举手回答。可通过倾听学生的回答后，我发现学生对想象和联想这个知识点的概念和区别并不太清楚，就更别说结合诗歌举例说明了。

　　根据学生的回答，在学生渴望有带着些许疑惑的眼神中，我提供了一张PPT课件的图片，是一幅简单的示意图，一眼就能明白联想和想象的区别。接着再次引导学生简要地结合诗歌的内容举例说明了联想和想象的区别。

　　孩子们期待和兴奋的目光一直闪烁着，既然学生已经明确了想象和联想的区别，而这首诗歌中作者的浪漫主义思想也是通过这两种手法来表现出来的，那么，紧接着就是课堂活动的重头戏了：小组合作讨论、协作创作，找出这首诗歌中还能体现诗人浪漫主义思想的词语或句子，用合适或创新的方式来表达你的理解和感受。

　　让我感到意外的是，当我根据小组学生代表的展示内容进行深入引导，继续让学生深入理解"用想象和联想的表达方式来表现的浪漫主义思想"这个重点知识的时候，竟然有几个孩子能结合生活实际来谈自己遇到的最浪漫的故事。印象最深的是，其中有一个腼腆平时又不多言语的小男孩，主动举手讲述了他遇到的一件最浪漫的事情就是生日那天，妈妈故意装作忘记了，到了晚上吃饭的时候，妈妈还没有表示，但就在快要吃完饭的时候，家里的灯突然灭了，妈妈手捧一个插满蜡烛的大蛋糕，唱着轻柔的生日歌，缓慢地走到他跟前，那一刻，他觉得非常感动、幸福，浪漫。而当这个学生在教室讲述这个真实的浪漫故事的时候，所有的同学都睁大眼睛，竖起耳朵在倾听……

　　就这样在安静又浪漫的课堂氛围中，学生们似乎被他们自己的浪漫故事所陶醉了，45分钟的课堂时间已经所剩无几了，在下课铃响的那一刻，我抓住了最后的机会，鼓励学生用课堂所获得的知识，进一步修改完善自己课前的续写内容，带着浪漫主义感情大声念给你的好朋友听，或者互相分享、赠送自己的续写成果。

第七节　农村中学的翻转课堂改革

——山东省淄博市桓台县荆家中学的翻转故事

实施翻转课堂需要一定的信息化学习条件，那么，农村中学能否开展翻转课堂呢？山东省淄博市桓台县荆家镇中心中学给出了明确和肯定的答案。事实上，荆家中学是一所名副其实的农村中学，经济条件薄弱，就是在这种条件下，开展翻转课堂实验却有声有色。2014年6月22日，由山东省教育科学研究所主办的山东省翻转课堂课题研究暨观摩研讨会在昌乐县第一中学闭幕。会上，由荆家中学李栋副校长主持申报的课题获得山东省教育科学研究所立项，同时荆家中学被山东省教育科学研究所确定为"山东省教育科学规划重大攻关课题——翻转课堂与微课程开发实验基地"。这是省级教育部门对该校办学特色的又一次肯定。桓台县教学研究室主任工海军说："荆家中学的领导们老师们在全县最差的物质条件下办出了最有特色的教育，走出了一条新路，了不起！教育就需要这样的人。"

近年来，与当地其他乡镇中学一样，荆家中学也一直处于发展困境之中：办学经费依靠有限的财政拨款，校园基础设施简陋，学生和优秀教师大量流失，教育资源城乡分布不均极大地限制了学校的发展。要突破困境，必须探索新的发展之路。荆家中学的李栋副校长相信，互联网可以让农村的孩子获得一样优质的教育资源。从2013年开始，他带领一支年轻的教师队伍，顶着巨大的压力走上了改革之路，逐渐进行翻转课堂的尝试。

荆家中学的翻转课堂实验起步和探索之路非常艰辛。为了解决翻转课堂需要的信息化条件问题，荆家中学一方面积极争取各方面的赞助和支持，另一方面鼓励和说服家长为孩子购买笔记本电脑。尽管从2013年上半年开始每次家长会学校都给家长们看一些有关翻转课堂的视频，给他们介绍国外和全国的一些案例，先让家长们有一些认识。一些家长还是心存很多疑虑和不解，所以麻烦随之而来，电视台、报社等接到群众举报来学校调查，贴吧上也闹得沸沸扬扬，但是他们觉得问心无愧，他们为的就是让农村的孩子能够享受城市般的教育。为了取得家长和社会的理解与支持，他们利用周末和休息时间走家串户为每一位家长讲解我们的办学理念，解答他们的疑惑，功夫不负有心人，终于取得家长和社会的广泛支持，终于可以保证学生人手一台笔记本电脑，为顺利开展翻转课堂准备了良好的信息化条件。

荆家中学从初二的课堂翻转入手，逐步发展到全部科目的课堂翻转。翻转教学方案由各科教师组成的教研团队自行设计。荆家中学翻转的创新之处在于，课前除了让学生观看老师制作的微课视频，还鼓励学生上网查找其他学习资源，完成基本课程内容的学习。其他学校通常课前让学生大量完成测试题，荆家中学则偏爱让学生自学后自己梳理知识和问题，绘制思维导图，制作PPT或视频。在课堂上，学生人手一台笔记本电脑，面对面而坐，方便小组学习和交流。学生通过电脑用PPT或视频展示其学习成果（知识树和思维导图）或疑难问题，其他同学或质疑，或帮助，教师进行点拨提升或引导学生总结拓展。宝贵的课堂时间解决学生自己无法解决的问题。

荆家中学的翻转课堂还有一个创新和特色，就是以"师徒制"为基础的小组学习。为了配合翻转课堂和信息化教学改革，荆家中学的老师们还设计了一套周密而灵活的"师徒互助"机制。每一门课程由任课教师负责分组结对，每两人互为师徒，三对师徒为一学习小组，开展小组学习。分组结对过程充分考虑学生性别、性格、成绩等多方面个性化因素。任课教师为每个小组计分，部分任课教师将黑板划分出部分区域当场计分，课堂上回答问题以及其他教学环节的教学任务都与小组打分挂钩，学期末得分最高的小组可以获得奖励。师父在学习上帮助徒弟，师徒互相督促，确保学生学习的主动性和积极性，利用好课堂时间和课外时间。

经过两年多时间的翻转，成绩喜人，荆家中学学生考试成绩有了显著提高，相比于镇内的两所中学，进步幅度最大。尤其数学成绩，提升尤为明显。实行翻转课堂以来，学生的学习态度明显改善，曾经的几个"逃学王"也逐渐产生了学习兴趣，成为"遵纪守法好少年"，甚至从徒弟摇身一变成为师父。与我们对偏远地区农村孩子的固有印象不同，在访谈过程中我们发现荆家中学的学生不仅乐于交流，并且能够用标准的普通话与我们交谈，落落大方地表达自己的所思所想；课堂上，孩子们可以声情并茂地演讲。不仅能使用电脑在网络上搜索学习资源，也能用电脑软件制作课件和视频。流畅的表达和熟练的信息技能，都是翻转课堂教学改革的丰硕成果，使这些孩子受益终身。与此同时，翻转课堂也在改变着每一位教师。教育教学理念得到改变，教学能力和信息素养得到提升。由于学校在教育教学改革中的声誉日隆，地位提升，学校对优秀教师的吸引力越来越大。有一位女教师，放弃年薪十余万元的瑜伽教练工作，成为一名乡村女教师，也成为翻转课堂改革的中坚力量。

由于荆家中学的初始条件与许多农村中学的情况相差无几，因此荆家中学的翻转经验和翻转故事更显得具有广泛的学习借鉴意义。

第八节　翻转课堂打造"明星学校"
——广东省东莞市麻涌一中的翻转故事

麻涌一中是一所办学仅18年的年轻初中，坐落水乡。校长莫柏安谦虚地称其为"农村学校"。就在三四年前，2011—2012年，麻涌一中一度深陷严重的教学瓶颈中，连续两年教学质量堪忧，中考均比市平均分低15分左右，这令莫校长苦恼不已。如今，这所"农村学校"却在全市乃至全省名声大噪。2015年秋季开学至今，慕名到校观摩交流的学校超过40所、400多人次。2015年中考成绩超出市平均分10分左右，超过同等级学校平均分20多分。麻涌一中摇身一变，成了名副其实的"明星学校"。

是什么原因使麻涌一中迅速扭转局势，学生精神面貌焕然一新，成绩突飞猛进？学校给出的答案是：翻转课堂。

回顾2013年以前，莫校长回忆道，中考入围"五大名校"的尖子生不过区区50余人，初一、初二期末质量自查与市平均水平差距达到39分之多。更重要的是教师反映，学生遗忘率高，精力普遍不集中，厌学现象严重。据学校统计，当时有超过四分之一的学生属"学困生"。而另一方面，教师的职业倦怠感也极其严重，传统的"满堂灌"教学模式已经走到了非改革不可的地步。

而怎么改，学校尚无思路。此时，学校大批量、高频次选派教师前往全国教改先进省市名校"跟岗"学习，开拓教师的教学视野，以寻求医治学校的良方。

走访名校后，老师们的职业倦怠感得到救治，还为学校发现了"新大陆"。2013年9月，该校借鉴省外名校翻转课堂教学模式探索，并根据本校的实际，进行优化，由学校数学科组长黄若明牵头开展翻转课堂教学实验。为谨慎起见，当时只选了初一的一个班，一门学科，暂定实验一个学期。谁知，还不到一个月时间，这个班的学生就发生了明显变化：上课专注，互动积极，善于表达，成绩也提高了。这个是否是偶然事件呢？学校感觉还不能对翻转课堂下定论。但一个学期过去了，这个班的期末考试成绩远超年级平均分8.35分；一个学年过去了，这个班的期末考试成绩远超年级平均分15.06分。终于让学校师生无比欣喜并找回自信。

适逢东莞正在推行翻转课堂教育。莫校长便号召全校师生彻底"改革"，基于之前的"信息化小组合作学习"，推出了翻转课堂教学模式。为此，麻涌一中也成为东莞翻转课堂教育"吃螃蟹"的第一拨人，并成功探索出了新路子。

2015年9月，麻涌一中翻转课堂正式在全校初一、初二所有班级铺开。为此，校方投入300多万元，购置平板电脑600余台，为学校的师生搭建优质教学平台。目前，该校初二年级所有学生均用上了平板电脑。据该校邓先勇副校长透露，学校还将采购一批平板电脑，实现全校学生人手一台。学校老师笑称，"农村学校"走出了"国际范儿"。

麻涌一中是如何玩转翻转课堂的？据黄若明老师介绍，这种模式分为课前"导学"两步，课堂"合作学习"五步。在上新课程前，教师利用晚修时间，在平板电脑上观看事先制作好的微课，并完成导学案。学生可以根据自身情况，决定观看进度及次数，并在平板电脑上做相应的练习。到了课堂，老师先提点知识的难点，再由小组讨论，实则是为优生教差生的过程，然后小组抽派组员进行课堂展示，接着由老师做点评，并进行课堂的总结。

一个新知识点，学生事先利用平板电脑，通过观看微课，已经掌握几成，把不懂的在导学案中标注好。经过课堂讨论、展示，老师提炼总结，基本就能完全消化。相应地，这种操作模式更能加深学生的记忆，也有利于老师分析学生难点所在，能更有针对性地去解决问题。

邓先勇老师说，今后，通过信息数据的后台分析和管理，老师能够第一时间掌握每一个学生观看微课所用的时间，在哪停留时间最长，并能实时"阅卷"，掌握学生哪些问题的出错率最高，每道习题解答所耗时间。"在这样的信息化平台之下，教与学将更加高效。"

莫校长说，当年，数学是学校最差的学科，而今却变成了"王牌学科"。这几年来，学生学习积极性明显地提高，厌学现象大为减少，学生综合素质得到充分锻炼，让家长们连连称道。因此他期待这场变革够能为学校打造更多的"王牌"。

除了学生，莫校长说，学校老师也焕发教学的"第二春"。令人惊讶的是，这所勇敢改革、执行力强的学校，实际上是一所老龄化学校。相比其他学校，麻涌一中绝大多数教师教龄很长。可想而知，当年推行教育教学方式变革，学校面临多少阻力，而要推行翻转课堂，又有多少障碍。

莫校长采取的办法是，让教师走出去，让"先进"来说服他们。据悉，几年时间，该校教师共分17批分赴全国教改先进省市名校考察，如山东省昌乐二中、山东省杜郎口中学、江苏省洋思中学、江苏省东庐中学等，总共达170人次，几乎覆盖全校所有教师。这些教师走了一圈回来纷纷表示："很受刺激，很受启发，确实觉得为什么别人能做得那么好，我们需要学习。"

另外，学校安慰老师，翻转课堂可是"一劳永逸"的活。莫校长对老师们说，微课今年做了一次，明年就不用做了，而备课却年年都要更新。而且，在翻转课堂平台，教师能直接共享做好的微课。再则，有了翻转课堂平台，老师就再也不用批改试卷了。一听翻转课堂这么好，老教师们踊跃参与。虽然现阶段的翻转课堂并非如此，但事实上，自翻转课堂以来，老师们的工作量看似增加，实则减少了，上课不再那么费神，更有针对性，对学生的把控也更到位。

看到麻涌一中翻转课堂进展有声有色，成效明显，石龙三中直接将此模式成功复制过去。目前，石龙三中也成立了两个平板电脑实验班。

第九节 历史教学的翻转课堂

——上海市建平中学田颖城老师的翻转故事

"翻转"，是美国人萨尔曼·可汗开创的一种教学模式。他为表妹辅导数学时想到制作录屏视频（以下简称"视频"），效果很好，后来他把视频传到YouTube网站上，创建可汗学院，利用上传到网络的视频免费授课引起关注。本该教师在课堂上讲课、学生听课的传统模式却变成学生在课下看视频并师生网上互动，师生课堂上交流。如此"翻转"，得到了比尔·盖茨高度赞赏，也激起了我一探究竟的愿望。

为此，我进一步查找、查看了可汗本人《视频重塑教育》演讲视频以及可汗学院部分教学视频，尽管最初觉得此模式更适合操作性极强的低年级数学，而不太适合思考性较强的高中历史学科，可是可汗本人演讲时听众多次起立鼓掌表达敬意以及比尔·盖茨赏识的目光，还有其历史学科视频中独特的展示，还是吸引我忍不住对其进一步观察和思考，并决定动手试一试。

一、"翻转"好在哪儿

我要先考察这种教学模式到底好在哪儿，观察下来，发现"翻转"虽有不足，但好处十分明显。

首先，服务周到。借助现代技术的教学服务意识和周到程度，让我佩服。可汗把教学视频课前先给学生，学生可以随时随地看、反复看，无论是课前预习还是课后复习都十分方便，教师真正可以做到学科教学服务随叫随到、不厌其烦。

其次，便利交流。网上互动为师生交流由课上延伸到课下创造了方便条件，同时学生课前的视频学习也可以给课上交流预留大量时间。

最后，方便营造合适的亲近感、时空感。教学视频只闻其声，不见其人，教师的声音就在耳畔娓娓道来，边看边听，很舒服。在其"从詹姆士镇到南北战争"视频中，面板左侧是自动画出的时间轴，右侧是地图，随着教师的讲解，时间轴向下画出，越向下标出的年代数字越大，教师介绍什么时间在什么地点发生了什么事情十分方便，学生看着也方便。

二、"翻转"之前面临的问题

我决定一试，高二教学进度正好要学到"新文化运动"，就从这开始。但真正动手试时，问题接踵而来。

1. 录屏录什么才合适？

中美历史课程标准不同，学生对历史课的需求也不同，照搬不可以，要满足学生应考需求，更要满足学生现实生活中所需思维能力和价值观方面的发展需求。思考下来，我想每课试着给学生两种视频，一是基础介绍，二是探讨性问题和阅读指引（同时把"探讨性问题"上传到手机"微信"用于师生即时交流）。

2. 学生去哪看我给的视频？

用手机观看视频。由于没有十分方便的类似YouTube网站，我决定把视频传到学生几乎人人都有的智能手机上，手机"蓝牙"或电脑上传都可以，通过手机视听播放器就可以播放。

3. 课下我和学生去哪儿交流？

用手机"微信"交流。把"探讨性问题和阅读指引"视频中相关文字上传到手机"微信"分享，随时探讨互动上"微信"就可以解决。

4. 用什么软件来录屏？

录屏软件网上较多，我试用"屏幕录像专家"软件就可以，但不能写出比较理想的即时板书。可汗学院"从詹姆士镇到南北战争"视频中的即时板书虽可以及时引起学生注意，但笔迹特别细，写画多的时候观看起来也不清晰，我用事先做好的PPT做背景来代替，录屏后十分清晰，效果很好。

三、"翻转"后的效果

1. 学生喜欢。

看手机"视频"学历史，学生喜欢。课前、课后，想看就看，看累了，还可以听，看不清PPT上的板书，还可以用播放器暂停来看。学生可以选择最方便的方式来听历史课，真正是招之即来的"手机课堂"。学生也喜欢在"微信"上发表看法，这都是传统历史课堂教学做不到的。

2. 教学效果很好。

一方面，基础知识达成度高。用手机看视频学历史，学生兴趣高，一遍不懂，可以再看再听，有助于理解记忆，基础知识掌握的程度比传统课堂教学效果好得多。

另一方面，学生有备而来，课堂交流效果好。"翻转"之后学生有基础、有思考，发问层次也不一样，如本课有学生问"新文化运动'运动'起来了吗？""零星的文化活动叫'运动'合适吗？""今天回望，谁的文章更有价值？""谁的人生选择更值得借鉴？""毛泽东为什么看重鲁迅？"也有学生提出"可以发表这类文章，可否说明袁世凯政府没有书上说的专制"。这些问题，传统课堂学生很难提得出来。

3. 方便了教学。

不管是板书、历史地图或其他图片、文字材料，还是历史活动的内在联系，都可以十分清晰地通过视频展现给学生。我想随时随地帮学生预习、授课和辅导，"视频"帮我解决了；我想把文字材料给学生并随时探讨互动，"微信"帮我解决了；我想随时让学生看到教学视频和文字材料，几乎人人手里都有的手机帮我解决了。我想满足学生个性化需求，这种教学模式可以让我方便做到——"基础介绍"视频可以满足全体学生基础性需求，"探讨性问题和阅读指引"可以满足部分学有余力的学生拓展视野、丰富人生经验的需求。我想让教学摆脱一种尴尬的局面，即在有限课堂教学时间内基础知识教学和课堂讨论往往顾此失彼的问题，这种教学模式也可以让我方便做到。

四、"翻转"后有待探讨的问题

1. 技术问题。

受条件限制，我能制作录屏视频，但可汗所用录屏软件我还不熟悉。我能跟学生方便交流，但只是在智能手机上，可汗所用的 YouTube 这样十分方便的视频分享网站还不能用。更好的"翻转"效果，当然需要更好的软件技术和网络服务。

2. 教学处理问题。

目前，我感到最难的还不是技术，而是教学处理，即课前给学生什么样的视频和文字材料才合适，这是真正决定"翻转"成败的关键。

（1）视频和"微信"主题选定的方向。视频和"微信"，学生看得多了，一般的东西学生不愿意看，因此有趣和有实效很重要。"有趣"，是努力通过相对有趣的问题把学生的眼光引来看我的教学视频和"微信"；"有实效"，是想方设法把学生带到有利于达成教学目标的关键问题中去，理解最需要理解的东西。

（2）"基础介绍"视频介绍什么才合适。"基础介绍"当然是偏重基础，但怎样偏重才更合适，却需要思考。

首先是偏重基础理解。本视频只为满足学生最基本的目标需求提供帮助。本课我从学生可能感兴趣的话题开始，引导学生关注和理解最关键的问题。我从想不想考北京大学、当北京大学教授话题说起，说"历史上有一个人因为一篇文章被北京大学校长蔡元培看中，被聘为北京大学教授、文科学长，这人是陈独秀，这篇文章是《敬告青年》，后代史家更是说这篇文章和发表这篇文章的杂志引发了一场文化运动——'新文化运动'，这篇文章好在哪？'新'在哪？"这样把学生引入最关键的问题——新文化运动"新"在哪以及"新"的价值。之后，我

第八章 翻转课堂的经典故事

又以陈独秀《敬告青年》部分原文为例说出对其"新"及价值的理解，特别是在当时特殊社会背景下对中国由传统到现代社会转型中价值的理解。

其次是侧重基础示范。选中本课问题的关键点，用正确的思维方法，理解最关键的问题，给学生做好示范。往这个方向努力的目的是希望学生看过"基础介绍"视频后自己面对本课"探讨性问题"时能知道用什么方法、往什么方向思考。本课我只以理解陈独秀的文章做示范，至于其他三位代表人物及文章，在下一个视频中作为本课"探讨性问题"引导学生自己理解。

（3）"探讨性问题"视频往什么方向问。尝试后，深感围绕关键点发问、在示范基础上发问、用有趣的话题引出要问的问题、问题的量要适当，都是发问的方向，但具体操作中怎样往这样的方向问才合适，更需反复推敲。

本课，我试着三问：胡适、鲁迅、李大钊文章（教科书提到的代表作）之"新"及价值的理解；新文化运动为什么能"运动"得起来；有人把"太平天国运动、新文化运动、'文化大革命'"三件事并列，说其共性都是对传统文化的否定，你怎么看？

本课三问，都围绕对新文化运动之"新"及价值的理解，"基础介绍"视频中用陈独秀的文章做过理解示范。直接问学生，没趣，那就创造出有吸引力的问法把问题引出来，如新中国成立后绞死李大钊的绞刑架被送入天安门广场东侧的中国革命博物馆，列为国家一级文物，革命文物编号为0001号，中共回顾革命史如此重视李大钊，与其所写《庶民的胜利》有关系，这样对李大钊这篇文章之"新"及价值的理解问题就可以引出来了。对本课三问，"微信"互动中能讨论完成的，就不在课上再讨论。讨论不到位的，才拿到课上来讨论。把三个人文章的关键部分文字史料选取出来，并给予合适的"阅读指引"，都可以帮助学生节省完成讨论所用的准备时间。

（4）"阅读指引"指什么。给学生思考"探讨性问题"提供最有价值的帮助，是学生最需要的。

一是给文献史料。本课本问涉及三篇文章，精选其中最关键的局部给学生。学生观看视频时用暂停键就可以看得清，同时也可以"微信"查看。

二是给拓展阅读建议。本课三问涉及的个人传记以及有代表性的学术界的声音指给学生。"个人传记"可以看基础的最方便查阅的"百度百科""学术界的声音",本课我推荐看王奇生写的《新文化是如何"运动"起来的》。

（5）到底给多少才合适。所给的量一定要适当，每课只给两个视频和一个"微信"文字，其中两个视频的总长度一定要在半个小时之内，"微信"文字最好扫一眼就可以看完，最多不可以超过一分钟。在最短的时间内把最该给的东西拿出来，把最该指的方向指出来，这最难，最需要认真探讨。

尝试中，我心中多次涌起对萨尔曼·可汗的敬意，是他开创的教学模式让我深深感受到现代技术给历史教学带来的便利，更被他的奉献精神所感动。如能根据现有条件认真思考现代技术和学科教学结合方面的改进，相信学生会从"翻转"教学中收获更多。

第十节　走在"翻转"与"改变"的路上

——青海省西宁市七一路小学祁海兰老师的翻转故事

在翻转课堂教学改革之风吹遍大江南北之际，我们学校也经历了一年多的大胆尝试。师生在"翻转"中相互交流，相互沟通，相互启发，深度思考，学生核心素养的生成初见端倪，老师的引导能力，学生的学习能力更是有了质的飞跃。然而，这些成绩的取得并不是一帆风顺的，我们在"翻转"路上历经了许多挫折和失败。但只要这些"拦路虎"被我们一个一个打败了，前面就是一片教育教学改革的广阔天地。

两年前，我刚调入现在所任教的学校，由于在原学校我承担教科研工作，对翻转课堂也有所了解，所以学校领导顺理成章地把学校教科研工作压到了我的肩上。有了这样的舞台，我梦想着在新学校大胆推广翻转课堂。可真正干起来，发现并不是想象的这么容易。首先，老师们对翻转课堂实验和探究不热情不积极，对教研活动消极对待。学生们虽然对这种学习方式表现出明显的兴趣，但显然还是处在迷茫、无措中。面对这一情况，我召集研究团队就这些问题进行了讨论。经过讨论，找出了困难所在：①老师不会制作微课视频或制作的质量不高；②学生不喜欢看老师尽心尽力制作的微课；③在前期的研究中班级成绩两极分化严重，总成绩有下滑的趋势。

根据以上问题，我们团队经过研究，采取了如下的策略。

首先是采取"边使用，边理解，会制作"策略，解决老师不会制作微课的问题。在开始制作微课之前，我们以"开班"方式对全校老师进行了微课制作培训，并要求自主制作微课，但没有取得预期的效果。于是，我们决定暂时放弃让老师自己制作微课的想法，取而代之的是让老师从网上找到适合的微课自己使用，让老师们在使用中理解、内化，直至学会制作。这个举措收到了意想不到的好效果，老师们在使用过程中，慢慢地对微课有了自己的认识，团队大部分老师开始尝试制作微课，我趁热打铁，重新组织团队老师制作微课。在制作微课之前，我们首先对教材和学情做出充分的分析，找准学困点，选择合适的微课制作工具，设计好微课脚本，最后大家分头制作。对制作好的微课，研究团队集体评议。在集体评议中，我们随时记录每个微课的优点，把这些优点汇聚在一起，形成我们自己的微课制作标准。在"标准"指引下，老师们逐步学会了制作微课。课堂中老师用白板的录频功能录制的视频，老师授课中解决某一问题的教学片断，甚至有些信息技术水平高，学习能力强的学生主动提供了他们对某一问题的解决方法视频，老师们稍作加工，都成了我们的微课视频。微课资源不再仅仅局限于老师专门制作的微课，微课主体不再仅仅是老师了，微课的载体也不仅仅是视频。绘本式的阅读资料，两三张幻灯片都成了我们有效的微课，微课制作难的问题得到顺利解决！

其次是用"微课个性化"解决学生不喜欢看微课的问题。当我们信心满满地把制作好的微课传到家长QQ群、班级云盘时，却遭遇了意想不到的尴尬。刚开始几天的新鲜劲一过，学生对我们精心制作的微课就失去了兴趣。面对困难，我们再一次选择迎难而上。我和研究团队的老师分头找学生了解问题的症结。经过调查，我们发现学生对微课的需求和对微课的使用条件存在非常大的差异性：①有的学生通过教材或是家长辅导或是亲身实践能解决自学任务单上的任务，没有看微课的需求；②有的学生觉得我们制作的微课太难，他看不懂，解决不了他课前学习困难，而有的学生又觉得我们的微课太简单，而且形式单一，对他没有吸引力；③有的学生因为家里没有观看微课的设备，所以没法看。

于是我们深思：我们制作微课的目的是什么？微课不就是为了帮助学生解决课前学习时遇到的困难吗？这里就有一个学生需求的问题，如果我们就从学生的实际需求出发，真正地找准学困点，再从学困点入手，考虑学生不同个体的需求，制作和推送个性化、多样化的微课，让学生可以选择，按需观看，问题不就迎刃而解了吗？于是，我们首先把学生分成了学优、中等、学困以及无条件看视频四种情况，对于学优生，我们提供的学习任务和学习材料只是概要性的一些文字和更高层次的问题解决要求；对于中等生，我们提供的是一些具有概要式微课视频；对于学困生，我们提供的是详解式微课视频；对于无条件看微课视频的学生，我们提供的是绘本式的阅读材料。例如，我们在学习《角的度量》这节课时，没有给优等生提供微课视频，只有学习建议：先在量角器上找到一度角，看看这些一度角的顶点在什么地方？它们有什么共同点等；给中等生给出的微课是由Flash软件制作的动画，首先提示学生找一度角，有困难点击继续按钮寻求帮助，此时微课显示量角器上刻度线延长相交于顶点，引导学生理解量角器的结构原理，从而找到一度角，然后提示学生试着自己度量两个角的大小，有困难的，继续点击帮助按钮寻求帮助，此时微课显示角的度量方法，同时，提示学生思考为什么量角器上有两圈相反方向的刻度？找不到答案的，点击继续按钮求帮助，此时微课显示两张图片，一张是没有外圈刻度的两个量角器度量两个相反方向角的大小图片，另一张是有外圈刻度的两个量角器度量两个相反方向的角的大小的图片，让学生在比较中明白量角器有两圈刻度的构成原理，进而理解量角器的度量原理。最后要求学生总结出测量方法；对于学困生，我们给出的微课是老师讲解，学生跟着老师的讲解找到量角器的各组成部分，再根据微课视频模仿老师的度量方法度量角的大小，最后老师总结度量方法，要求学生理解记忆老师总结的度量方法；对于无条件看微课视频的学生，我们把视频中的几个关键画面截取下来，再加上文字提示和说明，制作成绘本式的阅读微课，打印出来发给学生。这种彰显了人性化、个性化的微课，学生对微课的不同需求和学生没有条件观看微课的难题顺利解决。

最后我们采取"以强帮弱，对症考核"策略解决学生成绩两极分化和下滑的问题。为了解决这一问题，我们跟踪调查了学生课前自主学习情况，并对课堂中学生的汇报交流做了观察和分析。我们发现，在学生的课前自主学习中，学优生由于有学习基础、人缘、家长等各方面的优势，能轻松地完成自主学习任务，在课堂的交流、讨论中一直起着主导作用，享受了满满的成就感。在成就感的促使下，学习的兴趣越来越深厚，成绩也越来越好。中等生在老师提供的微课帮助下，也能基本完成课前探究任务，但任务的完成基本上是模仿老师的微课完成的，虽然也能享受成功的喜悦，但学生学习的兴趣并不高。有的学困生连基本的任务解析都做不到，更谈不上任务完成，而且家长大多由于工作忙等原因照顾不到孩子的学习，所以这部分学生基本上在家看不到我们提供的微课。针对这些问题，我们首先以学优生和学困生相搭配和小区就近分组为原则对学习小组重新进行分组并对小组合作学习提出了新的规则：一是学习评价以小组为单位考试评价为主；二是课堂上的汇报交流以竞赛的方式进行，主持人从各小组随机抽取某个学生代表本小组进行汇报分享，其他小组对该小组的汇报交流提出质疑并指定该小组的某个同学释疑，最后根据汇报交流情况由各小组组长画星星决定竞赛结果。由于汇报的学生是随机抽取的，释疑的学生也是各小组随机指定的，这就促使组长在课前小组合作学习时要保证每位小组成员都要有效地完成学习任务，促使学优生主动承担辅导学困生的任务。同时，授课老师还把微课保存到教室多媒体电脑中，方便学生汇报前随时查阅巩固学习。在课堂上的问题解决部分中，老师也有意识地根据探究任务的难易程度推荐不同水平的学生承担主持任务，老师则腾出更多的时间辅导学困生。结果我们欣喜地发现，学困生的成绩有了明显的提高，学生学习两极分化严重的问题得以解决，班里学生的总体成绩越来越好，学习后劲也越来越足，在一个学期快结束的时候，实验班的学生学习成绩明显优于平行班级。

在不断的实践研究中，老师的教学理念有了明显的变化，从以前不敢放手学生、不信任学生，到现在边研究边大胆放手学生、信任学生到最后的欣赏学生、享受学生带来的惊喜，课堂有了明显的变化。

我们在"翻转"路上遇到的另一个困难。"翻转"伊始，家长对翻转课堂教学模式不了解，不理解，有的家长甚至对老师提出质疑：如果我们孩子能在家里完成学习，要老师干什么？老师得到报酬，为什么不承担教学任务？甚至有家长打电话到学校教导处和区教育局投诉研究团队老师 "不作为"，让我们感到委屈和担忧。怎么办呢？我们研究团队又一次坐一起讨论研究，并邀请校领导参加。经过讨论研究，我们决定联合班主任召开家长会，对家长进行释疑。我们首先把学生的翻转课堂学习成果展示给家长看，又请对翻转课堂积极支持的家长从孩子参加活动的变化进行现身说法，请孩子们表达想参加我们这个教学活动的愿望，最后由我从孩子的心理、孩子的需求、学习金字塔（美国学者、著名的学习专家爱德加·戴尔提出的学习金字塔），陈述了翻转课堂教学研究的目的，预计达成的效果等方面进行了阐述。虽然还有一些家长在怀疑、犹豫，但绝大部分家长对我们的研究给予了支持和肯定。对那些仍然不支持我们翻转课堂教学实验的家长，我们要求他们让这些孩子先试着参与我们两个月的教学活动，两个月以后如果孩子成绩有明显的下降，我们研究团队的老师自愿免费为这些孩子当家教，把这些孩子的成绩提上去。在我们这样的保证下，这些家长终于勉强同意孩子参加我们的教学活动，在家长怀疑、担忧中，我们开始了"压力山大"的"翻转"之行。历经将近一学期的"翻转"，我们欣喜地发现，孩子们的学习能力越来越强，成绩也越来越好，用孩子们的成绩打消了家长的疑虑。家长由开始的抗拒，到最后的表示感谢，甚至非实验班的家长主动要求让他们的孩子加入到翻转班级，让我们倍感自豪、欣慰。

在"翻转"过程中，我们在学生学习能力方面同样遇到不少的困难。"翻转"伊始，学生们积极性很高，但学生自主学习的效果和课堂交流中的讨论不尽如人意，我们的"翻转"似乎有些流于形式。怎么办？经过调查研究，我们发现，由于以前学生的学习大多是被动的，是老师、家长或者学生责任心驱使下的学习，传统课堂思维模式和行为习惯强大的惯性力量、学生自主学习能力的水平差异直接成了横亘在学生自主学习路上的拦路虎。找到了问题的症结，我们决定对症下药。首先我们针对不同的学生学习风格、知识水平、学习能力等尽量设计开放、多元、多层次的学习任务，学生可以根据自己的学习风格和学习优势选择自己喜欢的任务去完成。其次我们以儿童喜欢的讲故事方式设计生动活泼的趣味微课。对于学生的自主学习的引导和能力的培养方面，我们决定通过半参与式引导学生学会课前自主学习，培养学生的自主学习能力。以《圆的面积》这一课为例。首先我们利用一个下午的时间和学生一起就自主学习任务单的解析和学习资源（微课、网络平台）的使用进行了讨论。明确了学习任务以后，由老师引导学生分组完成自主学习任务单中的任务。具体方法是学生分组自主完成，有困难找老师帮助，而老师也不直接给予帮助，而是提示学生观看微课获得帮助，同时不断把问题抛给学生：要想完成这个任务，你首先要干什么？接着要干什么？让问题引导学生慢慢分步完成任务。最后再组织学生就课前自主学习情况交流汇报。我们把交流的重点放在课前自主学习时出现的问题解决上。由于每个学生都亲自参与了学习，在真实的学习中产生了各种各样真实的问题，我们就抓住这些问题展开讨论。这种真实的交流讨论充分体现了课中交流分享的真正意义，使我们的课中交流分享彰显了真实的价值。在最后的学习结果分享阶段，由于任务是开放式的、多层次的，所以学生完成的学习结果也是多元化的，学生在课中交流时，每个学生交流的生成性成果都是属于自己或自己所在小组的成果，孩子们在自豪中充分享受着成功的喜悦！老师趁热打铁，让表现最好的小组介绍他们的成功经验，引导学生明白小组合理分工的重要性以及什么时候选择小组合作学习，什么时候选择独立自主学习。通过这种循序渐进，逐步放手、有的放矢的半参与式引导下，师生都慢慢地理解了"翻转"的实质："翻转"不是片面的学生课前看视频，课中交流分享，"翻转"是把学习的权利真正地交到学生的手上，让学生通过自主学习，发现更多可以引起深度思考的问题，在交流讨论中引起深度思考，在深度思考中生成学科核心素养。翻转刚开始时，学生都是被动等着老师来分配学习任务单，告诉他们学习方法和微课的使用方法，现在转变为学生主动要求老师下发自主学习任务单，尤其是课后的知识应用的反馈练习，学生更是迫不及待地想要拿到自主学习任务单。以前让孩子们头疼的写作业，现在变成了他们最渴望做的事情。

在"翻转"的路上，我们深深体会到，我们需要专家指导和引领，但更需要亲身实践、探索和发现。

一路走来，我们发现，"翻转"之路的确不易，但也没有想象的那么难。只要愿意亲身实践，反思和探索，就一定能领略到其中的奥妙和乐趣！

"鱼牛"的故事与翻转课堂

一、"鱼牛"的故事

在一个池塘里住着鱼和青蛙，它们俩是好朋友，都想出去看看外面的世界。因为鱼不能离开水，只好让青蛙独自走了。

"鱼牛"的故事

青蛙在外面周游了一番回来了，它告诉鱼："外面有许多新奇有趣的东西。比如说牛吧，它的身体很大，头上长着两只弯弯的犄角，吃青草为生，身上有着黑白相间的斑块，长着四条粗壮的腿……"

小鱼听着听着，这时，在它的脑海里，出现了"鱼牛"的形象。

二、"鱼牛"与翻转课堂

从认知的角度，"鱼牛"形象的出现，主要原因是鱼是根据青蛙的讲述来理解牛的。由于鱼从青蛙那里得到关于牛的信息非常少或不完整，它必须将该信息与头脑中已有的、最熟悉的动物（鱼）形象信息相结合，才勉强地构造了一个与真实相去甚远的形象——"鱼牛"。

事实上，"鱼牛"并不是真实的、真正意义上的牛。或者它只是一个价值非常小的替代品。虽然说，在信息不对称的条件下，"鱼牛"具有合理性，我们在生活中也在不断地构建各种各样的"鱼牛"，如阅读文学作品，"有一千个读者就有一千个哈姆雷特"这句话描述了阅读中的一种现实，即对同一文本的阅读，读者的阅读结果各不相同：每一位读者都在脑海中建构一个"哈姆雷特（鱼牛）"，关键是不仅读者脑海中的"哈姆雷特（鱼牛）"各不相同，与作者脑海中的"哈姆雷特（鱼牛）"也不相同。原因是文学艺术以语言文字为载体，从创作到欣赏，经历了两个过程，一是作者构想的形象转化为文字的过程，二是文字转化为读者想象的形象的过程。经过这两个过程，信息大失真，此形象，不是彼形象。这样的结果，不是文学艺术的魅力和福音，而是文学艺术的局限和悲哀之处。"鱼牛"不是我们想要追求的。我们认知世界，需要的是真实的牛，而不是"鱼牛"。

一些优秀的文学名著电影，经过对艺术形象的再创作，取得了非常好的艺术效果和教育效果。与此对比，一些语文教师尝试用多媒体再造课文描述的艺术形象，但因为没有电影艺术家的造诣，所以做出来的多媒体课件未能达到艺术电影的效果，有人以此否定多媒体在教学中的价值，认为多媒体破坏了学生的想象力。笔者认为，这不是教学多媒体的错，只是我们达不到电影艺术家的水平。

从这个故事中，我们可以对学习和认知的规律进行深入的思考：如果把鱼看成是孩子的隐喻，青蛙看成是教师的隐喻，牛是教学内容的隐喻，那么这个故事不正是向我们揭示了一个孩子建构其认知世界和教育教学规律的道理吗？

在传统课堂教学中，由于缺乏信息化环境的支持，学生每天依赖于教师的面对面讲授在脑海里构建各式各样的"鱼牛"，由于理解的偏差或不到位，就难以应用和解决问题。如果连"鱼牛"都构造不了，就死记硬背。但咱们不妨设想一下，如果故事中的青蛙，它不是依靠讲述，或者不仅仅依靠讲述，而带回一张张照片，甚至几段视频，给鱼观看，则结果可能会发生翻天的大逆转，鱼看到的是真正的牛，再也不可能出现故事中的"鱼牛"了。

在翻转课堂教学中，学生通过教学视频，看到了真正的牛，再也不会犯故事中"鱼牛"的错误。前提条件是，教学视频中要有关于"牛"的照片或影片。因此笔者在不同场合多次强调翻转视频或微课设计需要可视化和动态化设计。

即便有照片或影片的支持，可以消灭故事中的"鱼牛"，但在人的认知和学习中仍然会出现其他类型和形式的"鱼牛"和错误，所以，建构主义学习理论，不仅承认学习者对知识的建构存在"鱼牛"现象，而且提出可以协作探究和互动讨论来修正、消除认知错误和偏差，提高认知的有效性和可靠性。故事中的鱼看了青蛙带回来的照片或视频，知道真实的牛长什么样子，但它对牛的了解仍然局限于外部形象，只是表面的了解。如果它想对牛进行更深入了解，以获得更多关于牛的知识，包括牛的生活特性、对人类的贡献，是奶牛还是耕牛，它就要与青蛙（老师）或池塘里的其他同伴（同学）一起探讨。翻转课堂的课中互动研讨活动设计，正是满足这一要求。

参考文献

[1] 王奕标. 信息技术何以未能有效变革教育的框架分析——兼论技术变革教育的"社会变革中介论"[J]. 电化教育研究, 2012（2）:12~15.

[2] 肖月宁.信息技术能否改革教育——正确认识对信息技术与课程整合的期望[J]. 中国教育信息化（基础教育）, 2011. 10.

[3] 张诗亚，周谊.震荡与变革——20世纪的教育技术[M].济南：山东教育出版社，1995.116.

[4] 王奕标. 构建新一代互联网自主学习模式的理论和方法[J]. 电化教育研究, 2004（8）：36-39.

[5] 萨尔曼·可汗.翻转课堂的可汗学院[M].浙江：浙江人民出版社, 2014.

[6] 乔纳森·伯尔曼，亚伦·萨姆斯. 翻转课堂与慕课教学：一场正在到来的教育变革[M].中国青年出版社，2015.

[7] 金陵. 翻转课堂与微课程教学法[M]. 北京：北京师范大学出版社，2015.

[8] 重庆市聚奎中学. 学习的革命·翻转课堂：聚奎中学的探索与实践[M]. 西南交通大学出版社，2015.

[9] 萨尔曼·可汗. 怎样走向"翻转课堂"[J].金陵译.中国信息技术教育, 2012（10）：29.

[10] 黄阳，刘见阳，印培培等."翻转课堂"教学模式设计的几点思考 [J].现代教育技术，2014（12）：17.

[11] 王岚，张一春，兰国帅等. 论翻转课堂给我国教师带来的机遇与挑战——基于国内外典型案例的分析[J]. 中国医学教育技术，2014（5）：474~478.

[12] 蔡志全. 解析"翻转课堂"中的教师角色[J]. 兵团教育学院学报，2014（4）：46~48.

[13] 于天贞. 从"主演"到"导演"：基础教育翻转课堂中教师角色转换及其路径[J]. 上海教育科研，2014（5）：9~52.

[14] 张金磊，王颖，张宝辉. 翻转课堂教学模式研究[J]. 远程教育杂志，2012（4）：15.

[15] 杨刚，杨文正，陈立. 十大"翻转课堂"精彩案例[J]. 中小学信息技术教育，2012（3）.

[16] 王龙，王娟. 麻省理工学院开放课件运用项目经验评述 [J]. 开放教育研究，2005（4）.

[17] 中国教育部. 教育信息化十年发展规划（2011—2020年）.

[18] 李月霞，汪晓东. 翻转课堂：一朵带刺的玫瑰——一节微课的多重叙事[J].中小学信息技术教育，2014（12）:32~35.

[19] 柯清超. 超越与变革：翻转课堂与项目学习[M]. 高等教育出版社，2016，4.

[20] Bergmann J, Overmyer J, Wilie B. *The flipped class: Myths versus reality* [OL]. The Daily Riff.（http://www.thedailyriff.com/articles/the-flipped-class-conversation-689. php.）

[21] Davies RS, Dean DL, Ball N. *Flipping the classroom and instructional technology integration in a college-level information systems spreadsheet course* [J]. Educational Technology Research and Development, 2013（4）：563~580.

[22] Fulton K. *Upside down and inside out: Flip your classroom to improve student learning* [J]. Learning & Leading with Technology, 2012（8）：12~17.

[23] Herreid C, Schiller N. *Case studies and the flipped classroom* [J]. Journal of College Science Teaching, 2013（5）：62.

[24] 钟晓流，宋述强，焦丽珍.信息化环境中基于翻转课堂理念的教学设计研究[J]. 开放教育研究，2013（1）：58~64.

[25] 郭际. 翻转课堂：中美教育环境差异下的困扰[J]. 中小学信息技术教育，2014（1）：72~76.

[26] 姚佳. 翻转课堂教学模式在《液压与气动》教学中的应用[J]. 科技创新导报，2013（26）：132~133.

[27] 仇慧，赵堃. 翻转课堂教学模式在大学英语选修课程中的实施策略[J]. 齐齐哈尔大学学报（哲学社会科学版），2014（1）：159~161.

[28] 赖锦辉. 强调"竞赛标准+竞赛奖励"的翻转课堂教学模式[J]. 计算机教育，2013（16）：77~81.

[29] 赖文继. 简论"翻转课堂"的价值[J]. 广西教育，2012（37）：8.

[30] 何世忠. 科技改变课堂　文化塑魂教育——重庆市聚奎中学以"翻转课堂"为突破口推动学校整体改革的行与思[J]. 今日教育，2013（10）：15~17.

[31] 张跃国，张渝江. 透视"翻转课堂"［J］. 中小学信息技术教育，2012（3）.

[32] 韩涛."翻转课堂"来袭，教师如何应对[J]. 基础教育课程，2014（15）：12.

[33] 马骉."翻转课堂"翻转的是什么[J]. 上海教育，2013（36）：75.

[34] 萨尔曼·可汗：视频重塑教育[J]. 嵇成中译. 素质教育大参考，2013（04）：55~57.

[35] Theflipped classroom[EB/OL][2012-03-16]. http://digitalsandbox.weebly. com/flipped-infographic. html.

[36] The flipped classroom[EB/OL].[2012-04-12]. http://batchgeo.com/map/8a3b1332c605d5384c33f3d2a18ec545.

透视
翻转
课堂

后 记

　　近年来在中国教育改革进入深水区之际，"翻转课堂热"席卷全球，教育界对翻转课堂推动教育变革充满期待，一批高校、中小学及社会教育机构相继开启了翻转课堂实践探索。随着学习和研究的深入，我也意识到翻转课堂极有可能成为信息技术与教育教学深度融合创新的一个成功典范。因为它突破了信息技术引进教育教学领域的瓶颈问题。事实上这一新颖的教育模式的到来，也实实在在地冲击着中国传统的教育方式。

　　但在翻转课堂正迅速蹿红并成为不少地区的积极教育实践之际，一些关于翻转课堂的冷思考甚至质疑的声音铺天盖地而来：综观百年来技术应用于教育中的发展进程，技术在教育中的应用并没有达到人们预期的效果。翻转课堂能不能从本质上改变以知识为本位的应试教育现状？能否从真正意义上达到彻底革除教育的诸多弊端，提高教学质量，将教育提升到一个全新的层面？翻转课堂究竟能走多远？在对翻转课堂进行深入思考和探索的过程中，我隐隐感觉到关于翻转课堂的这些疑问和忧虑并不是多余的。因此我下决心将探讨翻转课堂的本质和目标，探索如何让翻转课堂保持生命活力、如何让翻转课堂为变革创新破解教育难题，以学思结合、知行统一、因材施教方式培养创新型智慧人才，如何重构学校教育，确定为我的重点研究课题。

我建立"透视翻转课堂群"，作为翻转课堂的研究交流平台与一线教师及研究专家一起深入探讨，并将自己的研究成果写成博客，与大家一起交流。经过深入的思考，我坚信"翻转课堂代表未来教育发展的方向"，因为传统教育技术用于增强课堂讲授，而翻转课堂却是借助信息技术的支持，将课堂讲授时间和空间腾出来满足学生的好奇心和互动探究创新知识的需要。

在上海师范大学黎加厚教授、华南师范大学柯清超教授、苏州市电化教育馆原馆长金陵、重庆市聚奎中学羊自力副校长、山东省昌乐县第一中学张福涛副校长等专家、教师的鼓励和支持下，我将初步研究成果写成《透视翻转课堂》这本小书。

在拙作正式付梓时，我要首先感谢金陵馆长。金馆长是我研习翻转课堂的导师。感谢金馆长在百忙之中，不顾眼疾的困扰给拙著写了情文并茂的序言。序言既包含了金馆长对拙著的研究成果和写作特色的中肯评价，也充满了鼓励和支持。

感谢广东省教育厅赵康巡视员对我的翻转课堂研究和写作工作的支持、鼓励和指导，并在百忙中热情为拙作撰写了精彩的序言。

感谢广东教育出版社责任编辑陈晓红老师为拙著的编辑出版所做的大量而精心的修改和编辑工作。如果没有陈老师的辛勤工作，拙作的出版不会这样快，也不会这样好。

感谢广东省教育技术中心教学资源部主任陈文红老师在百忙中抽空阅读初稿，并提出珍贵的修改意见和建议。

感谢重庆市聚奎中学何世忠校长、重庆市聚奎中学原副校长羊自力、广东省东莞市虎门镇太平小学邹燕老师、吉林省珲春市职业高中陈立华老师、山东省青岛市第二十六中学孔恬恬老师、江苏省淮安曙光双语学校朱芹老师、山东省淄博市桓台县荆家中学、广东省东莞市麻涌一中、上海市建平中学田颖城老师、青海省西宁市七一路小学祁海兰老师提供的翻转故事。这些故事为读者提供学习和参考的典型案例。

在翻转课堂的实践问题部分，介绍了孔恬恬老师的实践经验。

感谢希沃学院提供众多免费、开放的微课制作网络教程和简单实用、易学易用的微课制作软件给广大一线教师学习和使用。

感谢众多网友与我在线上线下互动交流。感谢所有关注我的博客的朋友。感谢王竹立老师的"零存整取"写作策略对我的启发。

感谢对翻转课堂质疑的朋友。我的许多深度观点都是在你们的质疑声中深入思考并逐步成熟的。

最后感谢家人的理解和支持。有了他们的支持和鼓励，我才能安心研究和写作。

后记